Eric Frey

DAS HITLER SYNDROM

Über den Umgang mit dem Bösen in der Weltpolitik

Eichborn

1 2 3 4   06 05

© Eichborn AG, Frankfurt am Main, Juli 2005
Umschlaggestaltung: Christiane Hahn
Lektorat: Carmen Kölz, Dr. Barbara Werner
Layout: Susanne Reeh
Satz: Fuldaer Verlagsanstalt, Fulda
Druck und Bindung: GGP Media GmbH, Pößneck
ISBN 3-8218-5615-7

Verlagsverzeichnis schickt gern:
Eichborn Verlag, Kaiserstraße 66, D-60329 Frankfurt am Main
www.eichborn.de

Inhalt

Einleitung

Vor einigen Jahren stieß ich beim Durchblättern des britischen *Economist* auf ein faszinierendes Inserat. »Wenn dir im Wald ein Bär begegnet, dann solltest du wissen, um welche Bärenart es sich handelt«, hieß es in der Schlagzeile. Der Text beschrieb im Detail die Unterschiede zwischen einem Schwarzbären und einem Grizzlybären. Wer in Alaska einem Grizzlybären begegnet, sollte sich demnach auf den Boden legen und tot stellen. Wer versucht ihn zu attackieren, hat kaum Überlebenschancen. Selbst wenn man ein Gewehr hat, sollte man gut überlegen, bevor man schießt, denn ein verwundeter Grizzlybär ist besonders gefährlich. Ein Schwarzbär hingegen lässt sich leicht vertreiben, indem man ihn anbrüllt und mit einem Stock auf ihn einschlägt. Liegt man allerdings wehrlos am Boden, greift der Schwarzbär wahrscheinlich an.

Das Inserat warb für eine Wertpapiergesellschaft und wollte suggerieren, man dürfe auch bei Finanzanlagen nicht immer davon ausgehen, dass jede Situation dem gleichen Muster entspricht. Obwohl ich nicht damit rechnen konnte, in absehbarer Zeit auf einen Bären zu treffen, machte mir die Anzeige Angst. Ich hatte bis dahin angenommen, dass es ein gültiges Verhaltensmuster für die Begegnung mit Bären gibt, das man vor einem Ausflug in den Wald erlernen kann. Doch offenbar gibt es zwei, und die Entscheidung über Leben oder Tod hängt davon ab, ob man den Bären in der Notsituation richtig identifiziert. Wehe dem, der den Grizzlybären für einen Schwarzbären hält, oder umgekehrt.

Gut gegen Böse

Die Frage, wie man politische Bedrohungen richtig erkennt und angemessen darauf reagiert, beschäftigt mich seit meiner Kindheit. Ich bin in

Österreich als jüdisches Kind aufgewachsen; mein Vater und meine Mutter überlebten den Holocaust nur, weil sie und ihre Eltern in kritischen Momenten die richtigen Entscheidungen trafen. Meine Mutter und meine Großeltern flüchteten im Sommer 1938 aus Österreich ins damals noch freie Ungarn. Mein Großvater erkannte früh, was auf die Juden zukommen würde. Sie konnten nicht mehr weiter flüchten, aber dank seiner Voraussicht konnte er sich mit seiner Familie in Budapest verstecken, als die Wehrmacht 1944 einmarschierte, und sie alle so vor den Gaskammern retten. Mein Vater war ein Teenager in Budapest, als ihm eines Tages befohlen wurde, mit Tausenden von Juden loszumarschieren. Er kannte das Ziel nicht, spürte aber, dass der Weg ins Unglück führen würde. Er täuschte einen lahmen Fuß vor und fiel immer weiter zurück, bis er es wagte davonzulaufen. Der Marsch der anderen endete im Tod.

Die Erfahrungen des Zweiten Weltkriegs prägen bis heute nicht nur unzählige Familiengeschichten, sondern auch das Denken über Politik. Adolf Hitlers Aufstieg wurde erst dadurch möglich, dass so viele Menschen seine Gefährlichkeit nicht erkannten – bis 1933 vor allem jene konservativen Kreise in Deutschland, die glaubten, ihn für ihre Zwecke verwenden zu können, später dann die Regierungen von Großbritannien und Frankreich, die das Dritte Reich mit Zugeständnissen beschwichtigen wollten. Das Münchener Abkommen vom September 1938, in dem die Briten und Franzosen die Tschechoslowakei, und damit einen ihrer Verbündeten, opferten, um sich den Frieden zu erkaufen, gilt als einer der größten Irrtümer der Geschichte. Vor allem die angloamerikanische Geschichtsschreibung spricht vom »München-Syndrom« – das Wunschdenken von Regierungen und ganzen Nationen, dass man einem Konflikt mit einem aggressiven Gegner aus dem Weg gehen kann, wenn man ihm in Verhandlungen nur möglichst weit entgegenkommt. »Appeasement«, wie diese Politik gegenüber Hitler genannt wird, ist seither ein Schimpfwort. Demokratien, die sich vom München-Syndrom leiten lassen, räumen dem Frieden absoluten Vorrang ein, wehren sich nicht ausreichend gegen äußere Bedrohungen und laufen Gefahr überfallen, okkupiert und zerstört zu werden.

Die Appeasement-Politik des Jahres 1938 führte in die Katastrophe. Die Bewältigung dieser Erfahrung hat einem anderen, gegenläufigen Syndrom den Boden bereitet – dem Hitler-Syndrom. Dahinter steckt die Tendenz, in jedem außenpolitischen Gegner einen neuen Hitler zu sehen, der

militärisch bekämpft werden muss, weil er sonst noch stärker und gefährlicher werden würde – auch wenn dieser mit dem nationalsozialistischen
Diktator wenig gemein hat und in der fraglichen Situation Verhandlungen
grundsätzlich möglich und sinnvoll wären. Statt die Natur der Bedrohung
genau zu analysieren, verweist man auf die historischen Erfahrungen, die
jeden anderen Weg diskreditieren. Das Hitler-Syndrom führt Demokratien dadurch in vermeidbare Konfrontationen und verschärft Konflikte,
die durch ein umsichtigeres Vorgehen beigelegt werden könnten.

Mit dem Hitler-Syndrom kann man etwa in der Außenpolitik der Vereinigten Staaten viele fragwürdige und zuweilen unverständliche Entscheidungen erklären – vom Vietnamkrieg bis zum Angriff auf den Irak durch
die Regierung von George W. Bush. Vor allem die Bush-Regierung betrachtet die Welt durch die Brille des Zweiten Weltkriegs und setzt Konflikte wie
mit dem Iran offen oder implizit mit dem Kampf gegen Hitler gleich. Ähnlich ist es in Großbritannien, wo außenpolitische Feinde oft als Reinkarnation von Adolf Hitler charakterisiert werden. In Israel bildet seit der Staatsgründung die Angst vor einem zweiten Holocaust einen psychologisch
wichtigen Hintergrund für den Umgang mit der arabischen Umgebung.

Ein Syndrom ist in der Soziologie und Politikwissenschaft kein medizi-
nisches Krankheitsbild, sondern ein Verhaltensmuster, das auf inneren
Zwängen statt auf der Beobachtung und Analyse der Realität beruht. Es
führt zu irrationalen Entscheidungen, die sich oft in unvorteilhaften und
sogar selbstzerstörerischen Handlungen niederschlagen. Ein Land oder
eine Regierung, die sich in ihrer Außenpolitik von einem solchen Syndrom
statt von einer überlegten Strategie leiten lassen, müssen nicht immer
falsch handeln. Gelegentlich ist die irrationale Vorgehensweise – eher zu-
fällig – die richtige. Aber mittelfristig gefährdet sie meist die nationalen Interessen und sogar die nationale Sicherheit.

Gerade in Demokratien verfallen Politiker und Kommentatoren leicht
der Versuchung, komplexe Konflikte auf einen Kampf des Guten gegen das
Böse zu reduzieren. Auch mir ist diese Neigung nicht fremd. Als Jugendli-
cher habe ich J.R.R. Tolkiens *Herr der Ringe* verschlungen und in diesem
Epos der Fünfzigerjahre eine Parabel auf den Kampf gegen Nationalsozialismus und Kommunismus gesehen. Die liberale Demokratie – und davon
bin ich bis heute überzeugt – ist die einzige Regierungsform, die die Menschenrechte und Menschenwürde sichern kann, und die durch einen

Sozialstaat abgefederte freie Marktwirtschaft ist der einzige Weg, um einer breiten Bevölkerung Wohlstand und Lebenschancen zu bieten. Totalitäre Ideologien wie Faschismus oder Kommunismus haben sich als Irrwege der Geschichte erwiesen, und es gibt auch keinen »Dritten Weg«, der irgendwelche Vorteile zu bieten hätte. Es gibt das Böse, oder zumindest die Bösen in der Welt, und alle Demokratien stehen immer wieder vor der existenziellen Frage, wie sie sich gegen ihre Feinde wehren können. Das machte den Kampf gegen Hitler zu einem der großen Momente der Menschheitsgeschichte, dem ich letztlich mein Leben verdanke. Winston Churchill und Franklin D. Roosevelt waren die beiden Giganten des 20. Jahrhunderts, weil sie das Böse erkannt und bekämpft haben.

In meiner Jugend in Wien – nur 60 Kilometer vom Stacheldraht der Grenze zur Tschechoslowakei entfernt – trennte der Eiserne Vorhang zwei Welten, deren Unterschiede mir ständig bewusst waren. Mein Vater war 1947 nur knapp vor der kommunistischen Machtergreifung aus Ungarn geflüchtet, und dank mehrerer Verwandter im Osten erlebten wir die früher mörderische, aber inzwischen meist nur noch kleinliche Grausamkeit der kommunistischen Herrschaft hautnah mit. Meine Familie empfand die Präsenz der amerikanischen Truppen in Europa stets als Schutz vor der Tyrannei und war dafür dankbar.

Irgendwann kamen mir an dieser Weltsicht allerdings Zweifel. Ich bin zu jung, um die Zeit des Vietnamkriegs bewusst erlebt zu haben, als ältere Jahrgänge den Glauben an die Richtigkeit der US-Außenpolitik verloren. In den frühen Achtzigerjahren studierte ich in den USA und erlebte dort unter der Regierung von Ronald Reagan das Ende der Entspannungspolitik mit der Sowjetunion und die Rückkehr zu einem harten Antikommunismus. Reagan bezeichnete die Sowjetunion als »Reich des Bösen«, das die Welt erobern wolle, und verfolgte ein teures Aufrüstungsprogramm. Doch diese Politik war unstimmig, denn sie überbewertete die tatsächliche sowjetische Bedrohung. Ich hatte zwar wenig Verständnis für die »Lieber rot als tot!«-Parolen der europäischen Friedensbewegung und ihre Forderungen nach einer einseitigen Abrüstung. Aber ebenso wenig war ich bereit, alle Kritiker der amerikanischen Außenpolitik als »Fünfte Kolonne« der Sowjetunion zu verurteilen. Die Forderung nach unbedingter Solidarität mit der eigenen Seite, der Ruf nach einem nationalen Schulterschluss, die Bunkermentalität und die Qualifizierung von Dissens als Verrat sind mir stets suspekt gewesen. Ich halte das Recht auf eine eigene Meinung für einen höheren Wert als eine geschlossene Front der Gleichgesinnten. Eine ähnliche Erfahrung machte ich in Bezug auf Israel. Österreich bot nach 1945 dem kleinen Rest der einst so stolzen jüdischen Gemeinde ein sicheres Leben. Dennoch saßen viele meiner Freunde gedanklich auf gepackten Koffern und stellten sich die Frage, wann der Augenblick kommen würde, an dem auch sie an Emigration oder sogar Flucht denken mussten. Das Gefühl der Sicherheit sei eine Illusion, weil der mörderische Antisemitismus jederzeit wiederkehren könne, sagten sie, nur in Israel würden die Juden echte Sicherheit finden. Doch gerade die Israelis fühlten sich bedroht – von den arabischen Nachbarn und den palästinensischen Terroristen. Deshalb, so lautete der logische Schluss, müsse Israel alles tun, um für seine Sicherheit zu sorgen, und die Kritik aus dem Ausland an den israelischen Maßnahmen stelle das Überlebensrecht des jüdischen Volkes infrage. Als die Armee 1982 in den Südlibanon einmarschierte, um die PLO ein für alle Mal zu vernichten, schien das jedoch selbst den Freunden Israels zu weit zu gehen. Dieser Eindruck verfestigte sich in den nachfolgenden Jahren. Irgendetwas stimmte nicht an einer Weltsicht, die jedes militärische Vorgehen rechtfertigt und mit dem Hinweis auf historisches Unrecht und existenzielle Bedrohung das Leid der anderen Seite hinnimmt.

Gegensätzliche Bedrohungen

Während meines Studiums beschäftigte ich mich auch mit dem Ersten Weltkrieg und lernte dabei, dass dieser gewaltige Konflikt ein genauso relevantes Denkmuster für die Konflikte in der modernen Welt bietet wie der Zweite Weltkrieg – doch leider zu den entgegengesetzten Schlüssen führt. Im August 1914 gab es keinen bösen Aggressor, der unbedingt gestoppt werden musste, bevor er ganz Europa unterjochte. Der Krieg war unnötig und unsinnig; er brach aus, weil die europäischen Großmächte die Dynamik von Konflikten nicht begriffen hatten und überzeugt waren, dass ein entschlossenes, kriegerisches Vorgehen immer zum Erfolg führt. Sie irrten sich, und vier Jahre blutiger Stellungskrieg hinterließen ein Elend, das den Boden für die kommenden Gräuel des 20. Jahrhunderts bereitete: Kommunismus, Faschismus und der nächste große Krieg. In der Zwischenkriegszeit von 1918 bis 1939 zogen Großbritannien und Frankreich ihre Lehren aus dem Ersten Weltkrieg: Militärische Konflikte sollten fortan unter allen Umständen vermieden werden, indem man auch bei Feinden nach gemeinsamen Interessen suchte, die man identifizieren und sichern wollte. Diese Einstellung, die schließlich in die Appeasement-Politik mündete, erwies sich gegenüber Hitler als grundlegend falsch. Doch das schließt nicht aus, dass sie in anderen Situationen sehr wohl angebracht sein könnte.

Wir leben heute in einer Zeit, in der beide Muster der Weltpolitik relevant erscheinen. Es gibt Bedrohungen, denen man mit großer Entschlossenheit und Waffengewalt begegnen muss, und es gibt andere, bei denen der Einsatz militärischer Mittel das Problem verschlimmert oder gar in eine Katastrophe führt. Die Qualität der Bedrohungen zu erkennen und dadurch die richtige Strategie zu wählen ist eine der schwierigsten Aufgaben der internationalen Politik. War Saddam Husseins Irak eine Gefahr für den Weltfrieden, die unbedingt beseitigt werden musste, oder war er ein lokaler Tyrann, der hauptsächlich die irakischen Bürger bedrohte? Ist der Iran ein vernünftiger Verhandlungspartner, wie die Europäer denken, oder ein gefährlicher Aggressor, der Verhandlungen nur zum Schein führt und allein durch die Androhung militärischer Gewalt im Zaum gehalten werden kann? Kann Nordkorea durch Wirtschaftshilfe zur Räson gebracht werden, oder wird damit nur die Lebensdauer eines besonders grausamen und gefährlichen Regimes verlängert? Stehen wir am Beginn des 21. Jahrhunderts vor einem Weltkrieg gegen eine neue Form des aggressiven Totalitarismus, wie Bush in seinen Aufrufen zum »Krieg gegen den Terror« behauptet? Machen die, die sich diesem Krieg verweigern, den gleichen Fehler wie die westlichen Appeasement-Politiker der Dreißigerjahre? Oder schürt der Krieg gegen den Terror erst jenen Hass, der dem Terror immer neue Nahrung gibt? Gleicht unsere Zeit eher dem Jahr 1914 oder dem Jahr 1938?

Demokratische Staaten haben prinzipiell drei Möglichkeiten im Umgang mit Gegnern, die sie bedrohen: Sie können angreifen, abschrecken oder mit ihnen verhandeln. Doch welcher dieser Wege ist der jeweils richtige? Die Frage erinnert an die Geschichte mit den beiden Bären: Zuerst muss man wissen, was für ein Biest vor einem steht, bevor man entscheidet, was man tut. Wenn man sich bei der Identifizierung irrt, nützt auch die durchdachteste Vorgehensweise nichts mehr. Das bedeutet: Man muss den

Charakter und die Beweggründe eines verfeindeten Diktators, die Natur und die innere Dynamik eines gegnerischen Regimes oder die Ideologie einer gewalttätigen Bewegung verstehen, bevor man die passende Gegenstrategie entwickelt. Vor dem Hintergrund des München- oder des Hitler-Syndroms vorschnelle Lehren aus der Geschichte zu ziehen ist demnach politisch fahrlässig und kann katastrophale Folgen haben. Besonders heute. US-Präsident Bush hat zum Auftakt seiner zweiten Amtszeit den weltweiten Kampf gegen die Tyrannei zum wichtigsten Ziel der Vereinigten Staaten erklärt. »Die beste Hoffnung für Frieden in der Welt ist die Verbreitung der Freiheit in aller Welt«, verkündete er bei seiner Vereidigungsrede im Januar 2005. Dahinter steht der Gedanke, dass viele Diktaturen zu einer aggressiven Außenpolitik neigen, während Demokratien sich friedlich verhalten. Doch ist nicht gerade das Bestreben der USA, ihr politisches System und ihre Werte auch Ländern mit ganz anderen Traditionen aufzuzwingen, die derzeit größte Gefahr für den Weltfrieden? Oder ist stattdessen die von vielen Europäern geteilte Meinung, wonach viele Völker für die Demokratie nach westlichem Muster nicht reif sind, ein Zeichen von Überheblichkeit, Engstirnigkeit und Defätismus? Wird vielleicht gerade dadurch Millionen von freiheitsliebenden Menschen die Chance auf ein besseres Leben vorenthalten?

Raubtiere und Bienenschwärme

Die Grundmuster der weltpolitischen Gefahren, auf die ich in diesem Buch zu sprechen kommen werde, sind durch das Bild der beiden Bären nicht vollständig zu erklären. Bei aller Vorsicht gegenüber biologistischen Vergleichen will ich es durch zwei andere Bilder aus der Tierwelt ergänzen: Ein Gegner kann entweder ein Raubtier sein, das alles verschlingen will und durch Füttern nur noch mehr Appetit bekommt, oder ein Bienenschwarm, mit dem man in Frieden und zum gegenseitigen Nutzen zusammenleben kann, solange man ihn nicht durch aggressives Verhalten aufscheucht. Raubtier oder Bienenschwarm? Das ist die entscheidende Frage für den richtigen Umgang mit weltpolitischen Bedrohungen. Ein Bienenschwarm hat legitime Sicherheitsinteressen, auf die man eingehen muss. Bei einem Raubtier wäre das nicht nur sinnlos, sondern sogar gefährlich.

Wer vom Hitler-Syndrom erfasst ist, sieht überall nur die Raubtiere; wer unter dem München-Syndrom leidet, wird jedes noch so böse Raubtier wie einen Bienenschwarm behandeln. Die Trennlinie zwischen beiden Denkweisen verläuft heute zwar nicht nur, aber hauptsächlich zwischen Europa und den USA. Fast alle außenpolitischen Ansagen von George W. Bush und seinen Beratern entsprechen dem Hitler-Syndrom; in Europa sind hingegen zahlreiche Meinungsmacher davon überzeugt, dass nur der Krieg gegen das Böse und nie das Böse selbst eine Gefahr darstellen kann. Sie haben aus der Katastrophe des Zweiten Weltkriegs die Lehre gezogen, dass Kriege unter allen Umständen verhindert werden müssen – und nicht, dass man manche Kriege nur verhindern kann, indem man sich zum Kampf vorbereitet. Vor allem bei den Deutschen ist diese absolute Friedenssehnsucht weit verbreitet. Das offizielle Deutschland ist zwar von einer pazifistischen Außenpolitik weit entfernt, aber von Helmut Schmidt bis Gerhard Schröder mussten deutsche Kanzler akzeptieren, dass die öffentliche Meinung nur sehr eingeschränkt eine Entscheidung für Aufrüstung oder Krieg mitträgt. Andere europäische Regierungen haben die gleiche Erfahrung gemacht. Nur Großbritannien schlägt traditionell mit höheren Rüstungsausgaben und einer deutlich größeren Bereitschaft zu Militärinterventionen einen anderen Weg ein. Doch auch dort war die Regierung von Tony Blair während des letzten Irakkriegs mit einer breiten Ablehnungsfront konfrontiert.

Bei solch gegensätzlichen und festgefahrenen Vorstellungen über die Natur außenpolitischer Bedrohungen gleitet die Debatte zwischen Amerikanern und Europäern rasch in gegenseitige Schuldzuweisungen ab; eine intelligente Diskussion kommt dabei meist zu kurz. Wie bei der Begegnung mit dem unbekannten Bären kann dies jedoch lebensgefährlich sein. Wer in jedem Feind gleich einen neuen Hitler sieht, wird in unnötige blutige Konflikte hineingeraten, die möglicherweise genau jenen Kräften Auftrieb geben, die man bekämpfen will. Denn Gewalt sät Gegengewalt, Kriege schaffen Brutstätten für Radikalismus, und der Kampf gegen den Terror kann, wenn er ungezielt und brutal geführt wird, aus normalen Menschen erst recht Terroristen machen. Doch wehe dem, der einen zu allem entschlossenen Aggressor für einen Partner hält, der durch Verhandlungen und Zugeständnisse zur Vernunft gebracht werden kann. In einer gefährlichen Welt – und die Welt ist seit dem 11. September 2001 tatsächlich gefährlicher geworden – ist Appeasement unverzeihlich. Selbst wenn der Kniefall vor einem Tyrannen einmal ohne realpolitische Folgen bleibt, untergräbt er doch die moralische Autorität und Glaubwürdigkeit von Demokratien.

Dieses Buch ist als Anregung gedacht, diese Denkschablonen zu durchbrechen und die vorgefassten Meinungen durch eine präzise Beobachtung und Analyse der realen Gefahren zu ersetzen. Es beschreibt die Ursprünge des Hitler-Syndroms, verfolgt sein Wirken durch die Geschichte der letzten Jahrzehnte, untersucht die Natur aggressiver Regime und Bewegungen, analysiert jene aktuellen weltpolitischen Konflikte, in denen das Hitler-Syndrom eine Rolle spielt, und zeigt schließlich Wege zu seiner Überwindung auf. Gerichtet ist es sowohl an Europäer als auch an Amerikaner; an die fanatischen Kreuzritter gegen alles, was sie als Böse betrachten, wie auch an die ewigen Zweifler und Zauderer, die sich zwar für moralisch überlegen halten, aber niemals bereit sind, für ihre Werte zu kämpfen. Das Buch will und kann keine letztgültigen Antworten geben, es soll aber helfen, die richtigen Fragen zu stellen.

Das Entstehen des Hitler-Syndroms

Mehr als 40 Jahre lang hat die Bedrohung durch die Sowjetunion die USA und Europa aneinander geschweißt. Mit dem Fall der Berliner Mauer am 9. November 1989 und dem Ende des Kalten Kriegs ging dieser transatlantische Kitt verloren. Die westliche Allianz wurde in den Neunzigerjahren zunehmend spröde; immer mehr Risse taten sich auf, die mit viel diplomatischer Anstrengung auf beiden Seiten des Atlantiks repariert wurden. Europäer und Amerikaner waren zwar in vielen weltpolitischen Fragen – von Bosnien über Kuba bis zum Iran – uneins, aber letztlich kamen sie doch immer wieder zusammen. Gemeinsame Werte und Interessen gaben dem westlichen Bündnis genügend Halt, um solche kleinen Krisen zu überstehen.

Mit dem Amtsantritt von US-Präsident George W. Bush und vor allem nach den Terroranschlägen des 11. September 2001 kam es dann doch zum oft vorausgesagten Bruch in den transatlantischen Beziehungen. Das Verhältnis zwischen Europa und den USA verschlechterte sich rasant und bleibt trotz der jüngsten Versuche einer Wiederannäherung ziemlich unterkühlt. Das gegenseitige wirtschaftliche und politische Interessensgeflecht ist zwar weiterhin äußerst eng, der Handel zwischen den Vereinigten Staaten und der Europäischen Union nimmt von Jahr zu Jahr zu, und die Kooperation in vielen Einzelbereichen funktioniert. Aber seit 2001 wird zunehmend deutlich, dass hinter den zahlreichen Differenzen über Sachfragen – angefangen beim Klimaschutz über den Streit um den internationalen Strafgerichtshof und den Kampf gegen den islamistischen Terrorismus bis zum Irakkrieg – nicht nur punktuelle Meinungsverschiedenheiten, sondern eine grundsätzlich andere Weltanschauung steht.

Die Mehrheit der Europäer ist über die ständigen Alleingänge der USA empört und hält wenig von der einseitigen Beschränkung auf militärische

Lösungen. Die meisten Amerikaner wiederum begreifen nicht, wie die Europäer angesichts der neuen Bedrohungen, die von islamistischen Terroristen und deren potenziellen Sponsoren ausgehen, derart hilflos und unentschlossen agieren können. Der Streit erreichte rund um den Irakkrieg im Frühjahr 2003 seinen Höhepunkt und hat seitdem kaum an Schärfe verloren. Die Wiederwahl Bushs im November 2004, auf die Europas Öffentlichkeit mit Enttäuschung und Entsetzen reagierte, hat in mancher Hinsicht die Kluft zwischen Amerika und Europa noch weiter vergrößert. Konnten die Europäer nach der Wahl im Jahr 2000 argumentieren, dass Bush die Mehrheit der Amerikaner gar nicht vertrete, ist das vier Jahre später nicht mehr möglich.

Wie zahlreiche Umfragen zeigen, sind Europa und die Vereinigten Staaten auf der Ebene allgemeiner politischer und persönlicher Werte wie Demokratie, Toleranz und Marktwirtschaft immer noch vereint. Anders steht es mit der Religion, denn die Amerikaner sind weitaus gläubiger als die zumeist säkularen Europäer. Und in der Einstellung zur Weltpolitik trennt Europäer und Amerikaner die grundsätzliche Frage, ob und wann der Krieg als Mittel der Politik zulässig ist. Amerikaner sind eher zum Einsatz von Waffengewalt bereit als Europäer, die selbst unter den widrigsten Umständen diplomatische Lösungen vorziehen. Nach einer Umfrage des German Marshall Fund vom Sommer 2004 meinen 82 Prozent der Amerikaner, dass Krieg unter bestimmten Umständen notwendig ist, um Gerechtigkeit herzustellen. In der EU sind nur 41 Prozent dieser Meinung. Der Anteil der europäischen Befürworter eines »gerechten Kriegs« schwankt zwischen 25 Prozent in Spanien und 69 Prozent in Großbritannien. In Deutschland stimmen 31 Prozent dieser Aussage zu.

Die oft bittere transatlantische Debatte vor und nach dem Irakkrieg ist daher mehr als ein Streit über die richtige Einschätzung von Saddam Husseins Regime und die Wahl der Mittel. Dahinter steht die grundsätzlich andere Einstellung zu weltpolitischen Bedrohungen. Einer, der schon früh darauf hingewiesen hat, ist der konservative US-Politikwissenschaftler Robert Kagan. In seinem viel zitierten Essay *Macht und Ohnmacht* (*Power and Weakness*) vom Sommer 2002, der im Februar 2003 als Buch erschien, führt er die Differenzen auf verschiedenartige Einstellungen zu Macht und Machtausübung zurück. Kagans Argumente klingen plausibel und prägen bis heute die intellektuell-politische Debatte. Doch seine Analyse bleibt in den entscheidenden Punkten unzureichend – vor allem dort, wo das Hitler-Syndrom ins Spiel kommt.

Mars und Venus

»In zentralen strategischen und internationalen Fragen sind heute die Amerikaner vom Mars und die Europäer von der Venus: Sie stimmen miteinander kaum überein und verstehen einander immer weniger.« So beschreibt Kagan den Unterschied zwischen den USA und Europa. Der Autor weiß, wovon er spricht: Der Sohn eines konservativen US-Historikers lebt seit vielen Jahren in Brüssel und ist daher ständig mit transatlantischen Weltanschauungsunterschieden konfrontiert. Sein planetarisches Bonmot ist in Europa und den USA gleich populär geworden; die tiefere Analyse und Wertung, die dahintersteht, allerdings nicht.

Nach Meinung von Kagan streben die Europäer »ein posthistorisches Paradies von Frieden und relativem Wohlstand« an, das aber nur verwirklicht werden kann, weil die militärische Macht der USA es gegen äußere Feinde verteidigt. Während die Europäer Immanuel Kants »Ewigen Frieden« zu verwirklichen suchen, »bleiben die Vereinigten Staaten der Geschichte verhaftet und üben Macht in der Hobbes'schen Welt aus, in der auf internationale Regelungen und Völkerrecht kein Verlass ist und in der wahre Sicherheit sowie die Verteidigung und Förderung einer freiheitlichen Ordnung nach wie vor vom Besitz und Einsatz militärischer Macht abhängen«. Daher neige, so Kagan, die europäische Kritik an der kriegerischen amerikanischen Außenpolitik grundsätzlich zur Heuchelei, da Europa sein »postmodernes Paradies« der Verteidigung durch die hochgerüsteten und kriegsbereiten USA verdanke. Er sieht Europa als verträumten Kindergarten, der von seinem erwachsenen Verbündeten beschützt wird.

Kagan zählt zur politikwissenschaftlichen Schule der Realisten, für die sich internationale Beziehungen immer um die Ausübung von Macht durch Staaten drehen. Deshalb ist es nur logisch, dass er den Unterschied zwischen Europa und den USA allein auf den Faktor Macht zurückführt. Die USA sind bereit, militärische Macht einzusetzen, weil sie viel von ihr haben. Europa hat durch die Ereignisse des 20. Jahrhunderts viel an »harter Macht« abgeben müssen und setzt aus diesem Grund auf jene »weiche Macht«, von der es immer noch genug hat. Kagan verwendet das Bild des Mannes, der im Wald einem Bären begegnet. Er differenziert dabei – anders als das in der Einleitung erwähnte Inserat – nicht zwischen verschiedenen Bärenarten und geht davon aus, dass allein die richtige Bewaffnung vor solchen Bedrohungen schützt: Hat der Mann nur ein Messer in der Tasche, werde er zu dem Schluss kommen, dass eine Jagd auf den Bären »risikoreicher ist, als sich ruhig zu verhalten und zu hoffen, dass der Bär nicht angreift. Derselbe Mann wird aber vermutlich das tolerierbare Risiko anders einschätzen, wenn er mit einem Gewehr bewaffnet ist. Weshalb soll er das Risiko eingehen, sich zerfleischen zu lassen, wenn er es vermeiden kann?«

Kagans Streitschrift entstand in der Phase zwischen dem Afghanistankrieg und dem Irakkrieg, als die ganze Welt der militärischen Macht der USA Bewunderung oder zumindest Respekt zollte. Die jüngsten Ereignisse im Irak nach dem Einmarsch der USA haben einige seiner Grundannahmen erschüttert – vor allem jene, wonach der, der die Macht hat, auch seinen Willen durchsetzen kann. Sein linksliberaler Kollege Joseph Nye von der Harvard University betont schon lange, dass die »weiche Macht« der Überzeugungskraft oder auch nur der höheren Attraktivität des eigenen Gesellschaftsmodells sich in der Weltpolitik oft als erfolgreicher erweist als nackte Waffengewalt. Dies habe sich im Kalten Krieg gezeigt, den der Westen weniger durch militärische Stärke als durch die Überlegenheit seines politischen und wirtschaftlichen Systems gewonnen habe. Auch Kagan räumt indirekt ein, dass zu viel militärische Macht zu einer verzerrten Weltsicht führen kann. »Wenn du einen Hammer hast, fangen alle Probleme an, wie Nägel auszusehen«, beschreibt er das Dilemma einer Nation wie der USA, die mehr als 40 Prozent aller Rüstungsausgaben der Welt zur Verfügung hat, fügt aber sogleich hinzu: »Wenn du keinen Hammer hast, willst du nirgends einen Nagel sehen.«

Die Existenz und die Größe des Hammers bleiben für Kagan die entscheidenden Faktoren, wenn es um die Differenzen zwischen der außenpolitischen Weltsicht Amerikas und Europas geht. Doch diese Erklärung lässt viele Fragen offen. So ist die militärische Macht eines Landes keine Konstante, sondern abhängig von den jeweiligen politischen Entscheidungen. Die USA sind militärisch so mächtig, weil sie seit 1945 deutlich mehr für ihr Militär ausgegeben haben als die Europäer – in den Achtzigerjahren waren es bis zu 6 Prozent, 2003 immer noch 3,7 Prozent des amerikanischen Bruttoinlandsprodukts. Die Briten gaben im gleichen Jahr 2,4 Prozent für Verteidigung aus, die Deutschen lediglich 1,5 Prozent. Das mag am Anfang eine logische Folge der ökonomischen Gegebenheiten gewesen sein, doch spätestens seit den Siebzigerjahren stand den Europäern dank ihrer wieder erstarkten Wirtschaft der amerikanische Weg zur Macht offen. Sie haben ihn nicht gewählt; ihre Bürger und Eliten haben den Sinn der nackten Machtausübung in Zweifel gezogen und freiwillig auf Macht verzichtet. Dies war nicht eine einmalige Entscheidung, sondern eine, die sich von Jahrzehnt zu Jahrzehnt wiederholte. Die Konsequenz: In keinem europäischen Land genießt das Militär heute ein so hohes Ansehen wie in den USA. Während in der US-Politik die eiserne Regel gilt, dass man Wahlen nur mit dem Versprechen höherer Militärausgaben gewinnen kann, ist in Europa ein solcher Vorschlag meist der Todeskuss für Parteien oder Kandidaten.

Entgegen Kagans Annahmen ist es oft nicht möglich, von der objektiven militärischen Stärke eines Landes auf die Bereitschaft, diese für außenpolitische Zwecke einzusetzen, zu schließen. Aus rein militärischer Sicht hätten Frankreich und Großbritannien in den Jahren nach 1933 Adolf Hitlers Expansionspolitik durchaus stoppen können. Doch sie taten es nicht. Genauso wenig schrumpfte nach der amerikanischen Niederlage in Vietnam die militärische Stärke der USA, sehr wohl aber ihre Bereitschaft, in Konflikte einzugreifen. Auch später schreckten die USA immer wieder vor möglichen militärischen Interventionen zurück oder brachen diese nach relativ kleinen Rückschlägen wieder ab, zum Beispiel im Libanon 1983 oder zehn Jahre danach in Somalia.

Nationale Interessen

Eine weitere Ursache für die unterschiedlichen Einstellungen zur Macht in Europa und den USA sieht Kagan in den unterschiedlichen nationalen Interessen, die – auch hier folgt er den traditionellen Vorstellungen der Realisten – im Zentrum der Außenpolitik eines jeden Staates stehen, oder zumindest stehen sollten. In der Welt der Realisten ist das wichtigste Staatsinteresse die nationale Sicherheit – also der Schutz vor äu-ßeren Feinden. Darüber hinaus streben Staaten eine Maximierung ihrer wirtschaftlichen Ressourcen an. Bis zur industriellen Revolution war bei-des am ehesten durch Gebietsgewinne zu erreichen, was die ständige Kriegstätigkeit vorindustrieller Staaten erklärt.

Dieses Konzept wirkt in einer Welt der wirtschaftlichen Interdepen-denz und der diffusen Bedrohungen höchst veraltet. In keiner westlichen Demokratie gibt es einen Konsens darüber, woraus die nationalen Interes-sen bestehen. Es gibt mehr als einen Weg, um Sicherheit zu erreichen. Na-türlich wollen alle Amerikaner vermeiden, wieder Opfer von Terroran-schlägen wie am 11. September 2001 zu werden. Doch ob der Irakkrieg diesem Ziel genützt hat, darüber gehen die Meinungen auseinander. Selbst in Israel, wo das nationale Überleben nach wie vor die entscheidende Frage ist, zeigt sich die Bevölkerung tief gespalten in der Frage, ob die Besetzung des Westjordanlands und des Gazastreifens die Sicherheit erhöht oder mindert. Dort, wo zwei oder mehr Länder um die Kontrolle von Territo-rien streiten, geht es eher um nationale Emotionen als um objektive natio-nale Interessen wie Sicherheit oder Wohlstand. Die treibenden Kräfte hin-ter solchen Konflikten sind üblicherweise nationalistische Gruppierungen, die sich davon innenpolitische Vorteile erhoffen. Dies gilt selbst dann, wenn in dem umstrittenen Gebiet wichtige Rohstoffe liegen. Denn in der modernen Industriegesellschaft sind Rohstoffe nicht mehr der Schlüssel zum Wohlstand. Sonst wäre der Kongo eines der reichsten und die Schweiz eines der ärmsten Länder der Welt.

Auch in der Außenwirtschaftspolitik, etwa bei so genannten Handels-kriegen, sprechen Regierungen zwar oft vom nationalen Interesse, wenn sie sich für Schutzzölle, Subventionen oder andere Handelsbarrieren ein-setzen. Aber in Wirklichkeit geht es dabei meist nur um die Interessen be-stimmter Lobbys, die sich zur Steigerung des Profits hinter der National-flagge verstecken. Der breiten Bevölkerung aller beteiligten Länder wäre mit einem möglichst hemmnisfreien Handel eher gedient, und der ist per Definition kein nationales, sondern ein transnationales Interesse.

Selbst eine grundsätzliche Frage wie die Mitgliedschaft in der Europäi-schen Union lässt sich nicht immer im Kontext nationaler Interessen be-antworten. Die Briten sind zutiefst gespalten, ob die EU-Mitgliedschaft gut oder schlecht für ihr Land ist. In Frankreich und Deutschland ist die Europäische Union unumstritten, nicht aber ihr zukünftiger Charakter. Selbst in der Türkei, wo rund 80 Prozent der Bevölkerung den Eintritt in die EU befürworten und diesen als großes nationales Projekt verstehen, ist nicht klar, ob die EU-Mitgliedschaft tatsächlich den Interessen des Landes dienen wird. Nationale Interessen lassen sich eben nicht als Faktum definieren; sie sind entweder der Ausdruck von Partikularinteressen oder von bestimmten Überzeugungen, deren Richtigkeit nicht objektiv überprüft werden kann.

Die Macht der Geschichte

Diese zwiespältige Definition nationaler Interessen findet sich in der transatlantischen Debatte wieder: Die Frage der Machtanwendung spaltet die amerikanische Gesellschaft genauso wie die europäischen Staaten. In den Neunzigerjahren warfen US-Republikaner Präsident Bill Clinton eine Scheu vor militärischer Machtanwendung vor und führten diese auf das »Vietnam-Syndrom« der liberalen Elite zurück, die seit dem Vietnamkrieg den Willen zum Kämpfen verloren habe. Für sie war Clinton ein verkappter Europäer. Ähnlich erging es im Wahlkampf 2004 dem demokratischen Herausforderer John Kerry, dessen Kritik in den Augen der Gegenseite die europäischen Bedenken widerspiegelte. »Kommen nicht eher die Republikaner vom Mars und die Demokraten von der Venus?«, fragt daher, frei nach Kagan, der einflussreiche britische Publizist Timothy Garton Ash. In Europa sind dagegen viele Osteuropäer, vor allem die Polen, mit den USA auf einer Linie, obwohl sie kaum über jene Macht verfügen, die nach Kagans Meinung den Einsatz von Waffengewalt attraktiv macht. Während des Irakkriegs fand Bush wichtige Unterstützung in den westeuropäischen Hauptstädten von London über Amsterdam bis Madrid und Rom. Und gerade beim Vergleich von Großbritannien mit Frankreich stößt man in der außenpolitischen Haltung der Eliten wie der breiten Bevölkerung auf Unterschiede, die sich mit objektiven Kriterien nicht erklären lassen.

So kann man wohl von »amerikanischen« und »europäischen« Verhaltensmustern in der Außenpolitik sprechen, wenn man diese als allgemeinen Typus und nicht als geografische Kategorie definiert. Sie lassen sich aber nicht allein auf strukturelle Faktoren, wie sie Kagan verwendet, zurückführen. Man muss vielmehr nach anderen Erklärungsmodellen suchen – etwa in der Soziologie oder in der Psychologie. Und ein ganz entscheidendes, aber oft unterschätztes Element beim Entstehen politischer Verhaltensmuster ist die Geschichte – sowohl die konkreten Geschehnisse, denen ein Land oder eine Gruppe in der Vergangenheit ausgesetzt war, als auch die Art und Weise, wie sich solche Erfahrungen in der nationalen Psyche verankert haben. Die genauen Geschichtsdaten mögen den Entscheidungsträgern und Meinungsbildnern nicht einmal bewusst sein, aber aus ihnen heraus wachsen politische Metaphern, die direkt in ihre Wahrnehmungen und Präferenzen einfließen. Der Einfluss solcher Bilder auf die politischen Haltungen von Völkern und auf die Politik ihrer Regierungen ist groß – selbst dann, wenn die Fakten ihnen nicht mehr entsprechen. Das kann ein Bild der Umzingelung oder einer anderen Bedrohung sein, die auf diese Weise nicht mehr besteht, oder ein Bild einer historischen Mission, die ihren Sinn verloren hat. Der Erhalt des Empire blieb zum Beispiel im 20. Jahrhundert noch jahrzehntelang das Leitmotiv britischer Politik, obwohl es längst seinen wirtschaftlichen und strategischen Zweck verloren hatte. Wer das außenpolitische Denken der verschiedenen Länder und Völker verstehen will, muss sich also ihrer Geschichte und der politisch-historischen Metaphern, die aus ihr erwachsen, bewusst werden.

Manchmal sind es weit zurückliegende Ereignisse, die das Denken eines Volkes bestimmen. Für die Serben gilt immer noch die Niederlage auf dem Amselfeld gegen die Osmanen von 1389 als ein nationales Trauma und eine Triebkraft für die Politik. Das aber ist eine Ausnahme. Meist sind es jüngere Ereignisse, die auf diese Weise nachwirken. Im Falle Europas und der USA ist das seit nunmehr 60 Jahren der Zweite Weltkrieg, der auch aus dem Blickwinkel des 21. Jahrhunderts das epochale Ereignis der Moderne bleibt. Sein ungebremster Expansionsdrang, sein fanatischer Rassismus, die Planung und Durchführung des schlimmsten Genozids der Geschichte und schließlich der von ihm verursachte Weltkrieg mit 60 Millionen Toten haben Adolf Hitler zum Synonym des Bösen in der Weltpolitik gemacht.

Der Aufstieg, das Wüten und der Zusammenbruch der NS-Herrschaft prägen das politische Denken bis heute – wenn auch auf äußerst unterschiedliche Weise. Für Großbritannien und die USA ist der Kampf gegen Hitler ein heroischer Akt. Die Briten verdanken dies der alles überstrahlenden Persönlichkeit Winston Churchills, der nach der Niederlage Frankreichs im Juni 1940 sein Land mit bewegenden Worten zum Kampf gegen Hitler aufrief: »Wir werden unsere Insel verteidigen, was immer es uns auch kosten möge, wir werden auf den Dünen kämpfen, wir werden auf den Landungsplätzen kämpfen, wir werden auf den Hügeln kämpfen, wir werden uns niemals ergeben.« In den Vereinigten Staaten besitzen die Weltkriegssoldaten Heldenstatus, die als »größte Generation« Amerikas nach Europa zogen, um dort gegen die Tyrannei und für die amerikanischen Werte von Freiheit und Demokratie zu kämpfen. Anders als die meisten europäischen und ostasiatischen Staaten blieb die US-Zivilbevölkerung von den Schrecken des Kriegs verschont.

In Kontinentaleuropa erlebte kein einziges Volk den Krieg auf so moralisch klare und den Nationalstolz fördernde Weise wie Briten und Amerikaner. In allen von NS-Deutschland besetzten Ländern gab es eine Mischung aus Kollaboration und Widerstand, wobei in den meisten Staaten die Kollaboration überwog. Die Folge ist eine Mischung aus Schuldgefühlen und Verdrängung, die bis heute ihre Wirkung zeigt. Am ehesten noch können die Polen und Franzosen auf eine Bilanz von militärischer, wenn auch vergeblicher Gegenwehr und nachfolgendem Widerstand verweisen. Aber auch hier gibt es einen entscheidenden Unterschied: Den Polen passen die heroischen Niederlagen, die sie gleich zweimal erlebten, nämlich im Krieg von 1939 und im Warschauer Aufstand von 1944, in ihr von Märtyrertum geprägtes nationales Selbstbild. Für die Grande Nation war der Zweite Weltkrieg dagegen eine nationale Schmach, die allein durch die Rolle von General Charles de Gaulle etwas wettgemacht wurde.

Vor allem in Deutschland bilden die NS-Ära und der Zweite Weltkrieg einen riesigen dunklen Fleck in der nationalen Erinnerung, mit dem sich – anders als bei den Siegermächten – nichts Positives verbinden lässt. Die meisten Deutschen haben daraus zwei Lehren gezogen: Sie wollen nie wieder Täter sein und nie wieder einen so furchtbaren Krieg erleben. Sie suchen seither ein Modell des friedlichen internationalen Zusammenlebens, das Kriege grundsätzlich verhindert und sie damit erst gar nicht in die Versuchung verwerflicher Taten führt. Das schlägt sich bis heute bei manchen Deutschen in einem deklarierten Pazifismus nieder – also einer Ideologie, die Gewalteinsatz prinzipiell ablehnt –, bei anderen aber in einer Einstellung, die Hannah Arendt als »nihilistischen Relativismus« bezeichnet hat.

Demnach tragen in jedem Konflikt alle Seiten gleichermaßen Verantwortung und begehen vergleichbare Verbrechen, weshalb es keine Schuldigen und keine Schuldlosen geben kann. Diese Sichtweise ermöglicht es, die Schuld der eigenen Eltern und Großeltern während der NS-Zeit zu relativieren – und in Konflikten keine Stellung beziehen zu müssen. Ein weiterer innerer Schutzmechanismus vor einer unerwünschten Parteinahme ist es, so lange wie irgend möglich die Augen vor den existenziellen Bedrohungen zu verschließen. Denn das Auftauchen eines gefährlichen Aggressors, mit dem sich der Konflikt nicht vermeiden lässt, würde das Bemühen um Neutralität und Friedfertigkeit zunichte machen.

Für Briten und Amerikaner war der Kampf gegen Hitler ein sinnstiftender Moment, der ihr weltpolitisches Denken bis heute prägt. Aber auch bei ihnen gibt es das Moment der Schuld: Schließlich sah die britische Regierung jahrelang dem Aufstieg der Nationalsozialisten tatenlos zu, akzeptierte ihre Forderungen nach einer Revision des Friedensvertrags von Versailles und lieferte im Münchener Abkommen vom September 1938 ihren demokratischen Verbündeten, die Tschechoslowakei, an Deutschland aus. Die USA wiederum schwelgten zu jener Zeit im Isolationismus, zogen sich außenpolitisch zurück und taten so, als gingen die Ereignisse in Europa sie überhaupt nichts an.

Appeasement hieß die politische Strategie, den Gegner durch Zugeständnisse zu beschwichtigen in der Hoffnung, dass dieser sein Verhalten ändern möge und dadurch ein blutiger Konflikt vermieden werde. In den Dreißigerjahren galt Appeasement in Frankreich und Großbritannien als respektable außenpolitische Doktrin. Doch vor allem Briten und Amerikaner, aber auch andere Europäer zogen aus den Erfahrungen nach dem Münchener Abkommen den Schluss, dass alle Aggressoren frühzeitig und bedingungslos bekämpft werden müssen. »München« wurde zum Schlagwort für eine fehlgeleitete Politik, das München-Syndrom zu einer Verhaltensweise, die Demokratien in ihrer Existenz bedrohen kann.

Bis heute ist die Vermeidung von Appeasement ein Grundprinzip amerikanischer und – mit gewissen Einschränkungen – britischer Außenpolitik. Dabei entsteht eine politische Dynamik, die in jedem Gegner a priori eine Reinkarnation Adolf Hitlers vermutet – also eines aggressiven, expansionistischen und zu allem entschlossenen Diktators, der Verhandlungen nur zum Schein führt, jedes Zugeständnis als Schwäche auslegt und jede

Vereinbarung bricht, wenn es seinen Interessen dient. Im Bemühen, nur ja nicht dem München-Syndrom zu verfallen und dadurch wieder eine Katastrophe wie 1945 heraufzubeschwören, ist das Hitler-Syndrom entstanden. Es ist ein Phänomen von Demokratien, die zu Recht erkannt haben, dass die Errungenschaften der Freiheit verteidigt werden müssen, diese Verteidigung aber zu einer Ideologie erheben, der sich alle Fakten unterordnen.

Wer außenpolitische Gegenspieler als Reinkarnation des Bösen sieht, spricht der Suche nach diplomatischen Lösungen von vornherein die Legitimation ab. Eine solche Kategorisierung des Feindes mag manchmal stimmen, oft aber nicht. Wer sie undifferenziert anwendet, wird sich in Konflikte verstricken, die vermeidbar gewesen wären. Er wird die Feinde, die er bekämpfen will, stärker machen oder überhaupt erst schaffen. Er wird Mittel anwenden, die den eigenen demokratischen und rechtsstaatlichen Werten widersprechen, weil im Kampf gegen das Böse die normalen Regeln außer Kraft gesetzt werden können. Und er wird Verbündete akzeptieren, die selbst nicht viel besser als der gemeinsame Feind sind, und deren Vergehen konsequent übersehen. All das sind die Gefahren, die vom Hitler-Syndrom ausgehen.

Kampf gegen das Böse

Das Hitler-Syndrom ist heute in mehreren Ländern ein Schlüsselfaktor der Außenpolitik – vor allem aber in den Vereinigten Staaten. Dort lässt sich seit Beginn des Kalten Kriegs eine Kontinuität im weltpolitischen Denken erkennen, das seine Inspiration immer noch aus dem Kampf gegen Hitler bezieht. Es schlug sich in Vietnam genauso nieder wie im Kosovokrieg, in beiden Kriegen gegen Saddam Hussein sowie im »Krieg gegen den Terror«. Bis in die Sechzigerjahre waren die Amerikaner in dieser Weltsicht vereint. Erst der Vietnamkrieg spaltete die Nation in Tauben, die sich aus den Denkmustern des Kalten Kriegs zu befreien versuchten, und Falken, die gerade diesen Sinneswandel für ein neues München-Syndrom hielten und ihm den Namen »Vietnam-Syndrom« gaben.

Ein Ausdruck dieser Kontinuität ist das »Committee on the Present Danger« (CPD): Am Höhepunkt des Kalten Kriegs 1950 als radikal antikommunistische Lobby gegründet, wurde es 1976 als Reaktion auf die Entspannungspolitik wieder belebt und prägte die Außenpolitik der frühen Reagan-Jahre. Im Sommer 2004 rief man das CPD dann zum dritten Mal ins Leben, um Lehren aus dem Kampf gegen Nationalsozialisten und Sowjets für den »Krieg gegen den Terror« umzusetzen. Das neu gegründete Komitee ist Teil jener mächtigen neokonservativen Bewegung, die in der Regierung von George W. Bush den Ton angibt. Für sie stellt das Hitler-Syndrom eine zentrale ideologische Plattform dar, die der US-Präsident übernommen hat. Mit folgenden Worten erklärte Bush wenige Tage nach den Terroranschlägen vom 11. September 2001 in seiner viel beachteten Rede vor dem Kongress die neue Bedrohung: »Wir kennen diese Typen, sie sind die Erben aller mörderischen Ideologien des 20. Jahrhunderts. Sie opfern menschliches Leben für ihre radikalen Visionen, sie verraten jeden Wert bis auf ihren Willen zur Macht, und sie folgen damit auf den Spuren des Faschismus, des Nazismus und des Totalitarismus.«

Hinter dieser Überzeugung stehen nicht nur die historischen Erfahrungen des Zweiten Weltkriegs und des Kalten Kriegs. Demokratien, die in den Krieg ziehen, benötigen Feindbilder weit mehr als autoritär geführte Staaten. Denn demokratische Regierungen müssen den Sinn des oft opferreichen Waffengangs der breiten Bevölkerung verständlich machen. Das geht leichter, wenn der Gegner als besonders gefährlicher Aggressor, Tyrann oder Massenmörder hingestellt werden kann – oder als »Schurkenstaat«, wie die USA die zahlreichen verfeindeten Länder nennen. Ein Krieg, der nur der Maximierung nationaler Interessen dient und keinerlei moralische Legitimation besitzt, lässt sich innenpolitisch nur schwer verkaufen. Gerade in der ausgeprägten demokratischen Kultur der Vereinigten Staaten erweist sich die Schwarz-Weiß-Malerei des Hitler-Syndroms als ausgesprochen nützlich, wenn es gilt, die öffentliche Meinung auf einen neuen Waffengang einzuschwören.

Genährt wird dieses Denken durch das manichäische Weltbild so vieler Amerikaner, die aus einer religiösen oder moralischen Inspiration heraus die Welt in Gut und Böse teilen und sich selbst – oder ihre Nation – als Vorkämpfer des Guten gegen die bösen Kräfte betrachten. In dieser Hinsicht ähneln die USA den weltumspannenden Tyranneien, die George Orwell in seinem Roman *1984* als Horrorvision der Zukunft beschreibt: »Es herrschte ununterbrochen Krieg, aber genau gesagt war es nicht immer der gleiche Krieg. ... Der Feind des Augenblicks repräsentierte stets das absolute Böse.« Solche Einsichten in die amerikanische Mentalität geben deutlich mehr Aufschluss über die Hintergründe der US-Außenpolitik als etwa der so gerne von Linken geäußerte Verdacht, das politische Handeln der Amerikaner werde von Wirtschaftslobbys, insbesondere von den Interessen mächtiger Konzerne getrieben.

In der britischen Politik dämpfen dagegen ein nüchterner Nationalcharakter und die Skepsis gegenüber einem überschäumenden Idealismus die historischen Erinnerungen, die das Hitler-Syndrom nähren, und ebenso die Sehnsucht nach demokratiepolitisch vermarktbaren Feindbildern. Eine Ausnahme mag hier Tony Blair sein, dessen religiös inspirierte Weltsicht viel eher in die amerikanische als in die britische Politik passt. Aber auch Blairs großes Vorbild, die konservative Premierministerin Margaret Thatcher, folgte in einem entscheidenden Moment ihrer politischen Karriere der Logik des Hitler-Syndroms: Im Frühjahr 1982 entsandte sie mehrere 1000 britische Soldaten und Matrosen in den Südatlantik, um in 13 000 Kilometer Entfernung die strategisch und wirtschaftlich völlig unbedeutenden Falklandinseln von den argentinischen Militärs zurückzuerobern. »Ich glaubte nicht an Appeasement, und ich konnte es nicht zulassen, dass eine Diktatur Macht über unsere Bürger gewinnt«, erklärte sie später.

Es ist nicht überraschend, dass auch viele Entscheidungsträger und Meinungsmacher in Israel – dem Staat, der von den Opfern Hitlers und als Reaktion auf dessen Vernichtungspolitik gegründet worden ist – den jahrzehntelangen Konflikt mit den Palästinensern und arabischen Nachbarstaaten durch die Brille des Holocaust sehen und von der Überzeugung geprägt sind, dass die Araber den jüdischen Staat in dem Moment zerstören werden, in dem er Schwäche zeigt. Außerhalb Israels bietet sich ein differenzierteres Bild jüdischen Denkens, da viele amerikanische und europäische Juden eine linksliberale und anti-militaristische Weltsicht vertreten. Dennoch ist auffallend, dass sich unter den US-Neokonservativen eine ganze Reihe von prominenten jüdischen Intellektuellen befindet.

Für viele Intellektuelle in Ostmitteleuropa steht der Kampf gegen totalitäre Ideologien gleichfalls im Mittelpunkt des außenpolitischen Denkens, wobei das Leiden unter der NS-Tyrannei fast nahtlos in die Erfahrung mit der sowjetischen Repression überging. Für die Tschechen bleibt bis heute das Münchener Abkommen ein nationales Trauma, für die Polen ist es der Hitler-Stalin-Pakt von 1939. In einem Interview mit dem *New Yorker* im

Februar 2003 begründete der scheidende tschechische Präsident Václav Havel sein Eintreten für den Irakkrieg mit folgenden Worten: »Es ist kein Zufall, dass die Idee, man müsse dem Bösen entgegentreten, mehr Unterstützung in den Ländern gefunden hat, die in unserer Zeit totalitäre Systeme erlebt haben, als in anderen europäischen Ländern, die solche Erfahrungen nicht gemacht haben. Die tschechische Erfahrung mit München, mit Appeasement, mit dem Zurückweichen vor dem Bösen, mit dem ständigen Fordern von mehr und mehr Beweisen, dass Hitler wirklich böse ist – all das ist ein Grund, warum wir Dinge anders sehen als andere.«

Der ehemalige Dissident, der unter dem Kommunismus viele Jahre im Gefängnis saß, fand im Januar 2005 harte Worte für die Empfehlung der EU, kubanische Dissidenten nicht mehr zu den Empfängen der nationalen Botschaften in Havanna einzuladen. Das Regime von Fidel Castro hatte wegen solcher Einladungen die diplomatischen Beziehungen zu den meisten EU-Staaten eingefroren. »Es ist für die EU selbstmörderisch, wenn sie sich auf die schlimmsten politischen Traditionen Europas bezieht – die Idee, dass das Böse beschwichtigt werden muss und der beste Weg zum Frieden die Gleichgültigkeit gegenüber der Freiheit von anderen darstellt. Das Gegenteil ist wahr: Eine solche Politik beweist Gleichgültigkeit gegenüber der eigenen Freiheit und ebnet dem Krieg den Weg.«

Russland wurde auf andere Weise als die Westmächte durch den Kampf gegen Hitler geprägt. Die Sowjetunion war selbst eine Diktatur mit totalitärem Gedankengut, was jahrzehntelang eine Übernahme der Denkschablonen des Hitler-Syndroms verhinderte. Zwar versuchte der russische Präsident Wladimir Putin nach dem 11. September 2001, seine brutale Anti-Terror-Politik in Tschetschenien als Teil des USA-geführten »Kriegs gegen den Terror« darzustellen, doch stieß dies selbst in Washington auf Skepsis. Trotz zahlreicher Querverbindungen zwischen Al-Qaida und tschetschenischen Terrorgruppen ist die Motivlage höchst unterschiedlich: Die meisten Tschetschenen streben nach Autonomie oder nach der völligen Unabhängigkeit für ihre Heimat, verfolgen aber keine universalen ideologischen Ziele. Und die russische Politik wird weit stärker von einem traditionellen nationalen Großmachtdenken als von einer Fixierung auf den Kampf gegen das Böse schlechthin geprägt.

Im restlichen Europa finden sich Spuren des Hitler-Syndroms bei einigen Intellektuellen – in Deutschland bei *ZEIT*-Herausgeber Josef Joffe

oder *Spiegel*-Kolumnist Henryk M. Broder, in Frankreich bei Alain Fin-
kielkraut, André Glucksmann und Bernhard-Henry Levy. Diese Denker
haben allerdings wenig Einfluss auf die Politik ihres Heimatlandes oder
die der EU. In Europas politischem Diskurs sind eine moralisierende
Sprache und Schwarz-Weiß-Malerei verpönt. Selbst kontinentaleuro-
päische Regierungschefs wie Italiens Silvio Berlusconi oder, vor seinem
Rücktritt, Spaniens José Maria Aznar, die Bush im Irakkrieg unterstützten, gaben sich zu jener Zeit in ihrer Wortwahl meist gemäßigter als ihre
angelsächsischen Verbündeten.

In den öffentlichen Aussagen französischer, deutscher und anderer europäischer Politiker zu den Bedrohungen von heute – sei es Al-Qaida, Iran
oder Nordkorea – stehen Pragmatismus und Vernunft im Vordergrund.
Weder werden die Gefahren kleingeredet noch überdramatisiert. Tendenzen zum Appeasement sind nicht sofort erkennbar. Anders als jene Staatsmänner, die sich von Churchill inspirieren lassen, verzichten deren Kritiker
auf mitreißende Reden, in denen sie ihre Weltsicht kundtun. Kein Mensch
tritt dieser Tage dezidiert dafür ein, Diktatoren kampflos das Feld zu überlassen, und nur vereinzelte Stimmen in der Politik, den Medien und der
Wissenschaft stellen grundsätzlich die Notwendigkeit einer effektiven Verteidigung infrage. Radikaler Pazifismus ist aufgrund der schlechten historischen Erfahrungen außerhalb des linken politischen Randes und gewis-
ser kirchlicher Kreise nicht salonfähig. Selbst die deutschen Grünen mit
ihren pazifistischen Traditionen haben sich im Laufe der Jahrzehnte mit
der Notwendigkeit von militärischen Einsätzen abgefunden und mit Außenminister Joschka Fischer sogar einen Verfechter einer muskulöseren
deutschen Außenpolitik an die vorderste Front entsandt.

Dennoch ist es fraglich, ob die europäischen Vertreter einer »vernünftigen Außenpolitik« die globalen Bedrohungen stets klarer und besser erkennen als ihre amerikanischen oder britischen Kollegen. Die Bereitschaft
zum Appeasement ist vorhanden, auch wenn sich öffentlich niemand dazu
bekennt. Indizien dafür sind die beharrlich zögerliche Außenpolitik in
Kontinentaleuropa und die betont niedrigen Verteidigungsausgaben. Auch
die beständige Kritik an einer übermäßig aggressiven US-Politik, die laut-
starken Rufe nach Verhandlungen mit allen Konfliktpartnern sowie die
Loblieder auf den Multilateralismus und das Völkerrecht lassen sich als
Symptome eines anhaltenden München-Syndroms diagnostizieren. Der

deutsche Bundeskanzler Gerhard Schröder hatte im Wahlkampf 2002 mit seiner Kritik am Irakkurs der USA grundsätzlich Recht. Aber indem er eine deutsche Beteiligung an einer militärischen Intervention von vornherein ausschloss, unterminierte er die Fähigkeit des Westens, auf reale Bedrohungen mit den bestmöglichen Mitteln zu reagieren.

Das ständige Hinweisen auf die Schrecken des Kriegs und dessen Verurteilung ohne jeden Bezug auf die jeweiligen Konfliktgründe deutet auf das Vorhandensein von Arendts »nihilistischem Relativismus« hin. So zog die deutsche Entwicklungshilfeministerin Heidemarie Wieczorek-Zeul (SPD) im September 2004 den Unmut der CDU/CSU und zahlreicher Kommentatoren auf sich, als sie bei der Eröffnung einer Friedensausstellung erklärte: »Der Irakkrieg hat entsetzliches menschliches Leid und zahlreiche Opfer sowohl bei der Zivilbevölkerung aber auch bei den Soldaten mit sich gebracht. Das ist ein wirkliches Verbrechen.«

Europäer mögen in ihrer Kritik Recht haben, dass viele Amerikaner sich der schrecklichen Folgen militärischer Konflikte zu wenig bewusst sind und dessen Folgen als »collateral damage« auf eine allzu leichte Schulter nehmen. Bei all den amerikanischen Feldzügen der letzten 100 Jahre hat das amerikanische Volk die zerstörerische Kraft des Kriegs nie auf die gleiche Weise erlebt wie Deutsche, Russen, Japaner oder selbst die Briten. Bis zum 11. September 2001 blieb das Festland der USA von allen feindlichen Angriffen verschont, und die Todesbilanz dieses Tages verblasst im Vergleich mit dem Blutzoll der jüngeren europäischen Geschichte. Doch wer Kriegsführung grundsätzlich als Verbrechen betrachtet, wer in der Weltpolitik stets davon ausgeht, dass alle den Frieden wollen und sogar der aggressivste Gegner einen Partner für Verhandlungen darstellt, wer Konflikte a priori vermeiden will und nicht bereit ist, für seine Werte auch zu kämpfen, der tappt letztlich in die gleiche Falle wie die britischen und französischen Politiker der Dreißigerjahre, die Hitlers Aufstieg zur globalen Bedrohung erst möglich gemacht haben. Das ist die Straße zum Appeasement, auf der sich Europas Politik allen Dementis zum Trotz immer wieder befindet.

Fixe Denkmuster

Konfrontation und Diplomatie – keine dieser beiden Verhaltensweisen ist prinzipiell falsch. Ihre Angemessenheit hängt immer von der Art der Bedrohung ab. Kommen sie im falschen Konflikt und gegenüber dem falschen Gegner zur Anwendung, verleiten sie zu gefährlichen Irrwegen. Daher würde man eigentlich erwarten, dass in den außenpolitischen Debatten innerhalb der betroffenen Länder und auf der internationalen Ebene ausführlich über die Natur der jeweiligen Bedrohung gesprochen und von Fall zu Fall ein passender Kurs abgesteckt wird. Möglich und gelegentlich sinnvoll ist auch eine »Good Cop-Bad Cop«-Strategie zwischen Verbündeten, bei der einer in Verhandlungen Anreize bietet und der andere inzwischen droht. Eine solche Arbeitsteilung hätte sich im Jahr 2002 zwischen der EU und den USA gegenüber Saddam Hussein angeboten, oder heute gegenüber dem Iran. Doch auch wenn man sich für ein solches Vorgehen entscheidet, muss man das Verhalten des Gegners genau beobachten, um zu erkennen, welche der beiden Strategien besser wirkt.

Der polnische Kolumnist Konstanty Gebert, ein Veteran der antikommunistischen Oppositionsbewegung, bezeichnet dies als »Ingenieursmethode«: Schritt für Schritt ausprobieren, was funktioniert, und auf diese Weise zum Ziel gelangen. Doch stattdessen wird die Außenpolitik in den USA und Europa wie eine theoretische Wissenschaft betrieben, die ein bestimmtes Paradigma verteidigt, kritisiert Gebert. Meist seien die Denkmuster in den Köpfen der Entscheidungsträger festgefahren und würden von ihnen auch angesichts widersprüchlicher Fakten nicht hinterfragt. Dieses Phänomen ist psychologisch verständlich: Wer sich einmal davon überzeugt hat, dass der Gegner ein neuer Hitler ist, der wird nicht so schnell davon abrücken. Wer schon viel in Diplomatie investiert und Zugeständnisse gemacht hat, wird weiter versuchen, den Konflikt auf friedliche Weise zu lösen. In der oft aufgeheizten Atmosphäre großer außenpolitischer Debatten verstärkt sich dann bei vielen Teilnehmern – Politikern, Journalisten, Experten und anderen Meinungsmachern – die Fixierung auf eine der beiden Sichtweisen. Gleichzeitig schwindet die Bereitschaft, die Natur der Bedrohung genauer zu untersuchen und die eigene Position entsprechend zu hinterfragen. Dadurch steigt die Gefahr, dass man den falschen Weg einschlägt und von ihm nicht mehr abgeht.

Bei Robert Kagan hängt das Verhalten seines Mannes im Walde gegenüber dem fremden Bären nur von dem Umstand ab, ob er ein Messer oder ein Gewehr bei sich trägt. Ein kluger Außenpolitiker versucht hingegen erst zu ergründen, was für einen Bären er vor sich hat, bevor er über die Wahl der Waffen entscheidet. Diese existenzielle Frage jedoch wird in der jüngsten Vergangenheit zu selten gestellt. Stattdessen wird einfach von der letzten Bärenbegegnung auf die momentane geschlossen und die Erfahrung der Geschichte als Dogma präsentiert. »Ihr wisst doch, was passiert, wenn man Diktatoren nicht rechtzeitig entgegentritt«, ist in gewissen Kreisen genauso geläufig wie in anderen der Satz: »Wir wissen, wie furchtbar Krieg ist, daher darf es nie wieder Krieg geben.«

Das nächste Kapitel macht deutlich, was passiert, wenn die Fixierung auf die Geschichte zu solchen unverrückbaren und oft fehlgeleiteten Überzeugungen führt.

Die Geschichte als schlechte Lehrmeisterin

1. Von Sarajevo bis München: Zwei Irrtümer und ihre katastrophalen Folgen

»Generäle führen immer den vorigen Krieg«, lautet eine alte militärische Weisheit, die ebenfalls auf viele Politiker passt. Auch sie lassen sich oft von den jüngsten Erfahrungen leiten und gehen grundsätzlich davon aus, dass die aktuelle Krise der vorigen gleicht. In der öffentlichen Diskussion und im politischen Entscheidungsprozess fungieren solche historischen Vergleiche als übermächtige Argumente, mit denen alle Bedenken der Gegenseite und deren Hinweise auf eine veränderte Realität aus dem Weg geräumt werden können.

Doch da sich Geschichte nur selten wiederholt, ist die Wahrscheinlichkeit groß, dass die vermeintlichen Lehren aus der Geschichte in die Irre führen. Vor allem im 20. Jahrhundert sind solche Fehlschlüsse immer wieder offensichtlich geworden. Sie haben den größten Katastrophen der jüngeren Geschichte den Weg geebnet. Der Erste und der Zweite Weltkrieg lassen sich beide auf die falschen Lehren aus der Vergangenheit zurückführen und sind damit zu einem Symbol für jene politischen Fehler geworden, die heute noch begangen werden.

Kult der Offensive

Am Vorabend des Ersten Weltkriegs im Sommer 1914 herrschte unter Europas Eliten die Meinung vor, Kriege seien kurz, schmerzlos und zur Durchsetzung nationaler Ziele gut geeignet. Vor allem die Politiker im Deutschen Reich bewunderten Otto von Bismarck, der mit zwei kurzen

Feldzügen 1866 und 1870/71 Österreich und Frankreich besiegte und Preußen zur führenden europäischen Großmacht machte. Überlegene Taktik und Ausrüstung gaben der preußischen Armee einen bedeutenden Vorteil in der Offensive, der sie zu raschen Siegen führte. Die Kosten eines Kriegs waren überschaubar, der potenzielle Gewinn eines Sieges gewaltig. Diese Erfahrung prägte den »Kult der Offensive«, der auf zweierlei Weise den Ausbruch des Ersten Weltkriegs förderte: Er schürte die Siegesgewissheit auf allen Seiten und schuf die Überzeugung, dass der jeweilige Angreifer gegenüber dem Verteidiger im Vorteil sei. Politische Bedenken gegen einen Krieg und das Eintreten für Diplomatie galten daher als Behinderung der erfolgreichen Militärstrategie. Da keine Seite an die Chancen einer effektiven Verteidigung glaubte, ging man im Krisenfall rasch zum Angriff über und entzog so der Diplomatie den Boden.

Der »Kult der Offensive« wurde am lautesten von den französischen Militärs gefeiert. Seine krasseste Ausprägung aber fand er im Schlieffen-Plan, der um 1900 vom deutschen Generalstabschef Alfred Graf von Schlieffen entworfen und 1914 mit einigen Abweichungen umgesetzt wurde. Deutschland fürchtete den Zweifrontenkrieg gegen die Verbündeten Frankreich und Russland, sah jedoch eine Chance darin, dass die russische Armee weit länger für die Mobilisierung benötigen würde als die deutsche. Der Schlieffen-Plan zielte darauf, während der langen russischen Mobilisierungsphase die gesamte deutsche Streitmacht gegen Frankreich zu werfen und so den einen Gegner rasch zu besiegen. Zur Beschleunigung dieses Feldzuges wollte die deutsche Armee ungeachtet der Neutralität Belgiens über die belgische Tiefebene in Frankreich einfallen. Nach dem Sieg über Frankreich hätte Deutschland dann genügend Ressourcen zur Verfügung, um die russische Armee zu besiegen.

Die Österreichisch-Ungarische Monarchie suchte die militärische Konfrontation mit Serbien zur Abwehr des wachsenden slawischen Nationalismus, der den Vielvölkerstaat der Habsburger bedrohte, und wartete ungeduldig auf einen Anlass. Dieser stellte sich unerwartet am 28. Juni 1914 ein, als der Thronfolger Franz Ferdinand in Sarajevo vom jungen serbischen Nationalisten Gavrilo Princip ermordet wurde. Die kaiserliche Regierung in Wien reagierte mit einem Ultimatum an Belgrad, das unannehmbare Forderungen enthielt. Als Serbien ablehnte, erklärte Österreich-Ungarn – angestachelt von seinem Verbündeten Deutschland – den Krieg.

Damit wurde eine Dynamik der Eskalation in Gang gesetzt, die der Schlieffen-Plan noch verstärkte. Serbiens Verbündeter war das russische Reich, und als der Zar im August 1914 die militärische Mobilisierung befahl, um Serbien den Rücken zu stärken, wartete die deutsche Armee erst gar nicht ab, ob Russland tatsächlich Österreich-Ungarn angreifen würde, sondern eröffnete die geplante Offensive an der Westfront. Die russische Drohgebärde führte automatisch in den Krieg, die wahnsinnigen Pläne der Militärs raubten den Diplomaten jeglichen zeitlichen Spielraum. Der Einmarsch in Belgien und Luxemburg brachte den Deutschen zwar kurzfristig militärische Vorteile, führte aber zum Kriegseintritt Großbritanniens auf der Seite der Franzosen und Russen und verschob damit das militärische Gleichgewicht zugunsten der so genannten »Entente Cordiale«. Die politischen und militärischen Strategien der beteiligten Staaten passten nicht zusammen, und diese Diskrepanz erwies sich nach Meinung führender US-Politikwissenschaftler, die in den Achtzigerjahren den Ausbruch des Ersten Weltkriegs im Lichte des Ost-West-Konflikts studierten, als eine der Hauptursachen für den Kriegsausbruch 1914.

Schon bald zeigte sich, dass der Angreifer militärisch nicht zwangsläufig im Vorteil war. In der Schlacht an der Marne kam der deutsche Vormarsch vor Paris ins Stocken und mündete in einen endlosen Stellungskrieg. Neue Technologien – Schützengräben, Stacheldraht und Maschinengewehre – hatten das Antlitz des Kriegs komplett verändert und dem Verteidiger deutliche Vorteile gegenüber dem Angreifer verliehen. Die jubelnden Massen, die im August 1914 in die Schlacht zogen, wurden mit der grausamen Realität des modernen Kriegs konfrontiert. In den Stellungsschlachten an der Somme oder in Verdun verblutete eine ganze Generation junger Männer, ohne dass sich der Frontverlauf irgendwie veränderte. Doch sobald die Kriegshandlungen einmal angefangen und sich festgefahren hatten, gab es keinen Weg mehr zurück, denn keine Seite wollte auf einen Sieg verzichten und eingestehen, dass die Soldaten umsonst gefallen waren.

Mehr als vier Jahre lang währte die blutige Pattstellung. Dann waren 9 Millionen Menschen tot, in ganz Europa herrschten Hunger und Gewalt. Drei Kaiserreiche – Deutschland, Österreich-Ungarn, Russland – und das Osmanische Reich zerfielen, aber auch die Sieger Großbritannien und Frankreich waren wirtschaftlich, politisch und moralisch zermürbt. Selbst die USA, die keine Kriegsschäden erlitten und dem Konflikt als neue Weltmacht entstiegen, verloren die Lust an globaler Politik und zogen sich in den Isolationismus zurück. Der Weltkrieg bereitete dem Kommunismus und dem Faschismus den Boden; die Weltwirtschaftskrise erwies sich ein Jahrzehnt später als Wegbereiter des Nationalsozialismus und damit auch des Zweiten Weltkriegs.

Historiker sehen die Gründe des Ersten Weltkriegs heute in einer Mischung aus politischer Verantwortungslosigkeit – vor allem in den Staatskanzleien in Berlin und Wien, wo der Waffengang bewusst herbeigerufen wurde – und aus massiven Fehleinschätzungen auf allen Seiten. Unzweifelhaft ist, dass keiner der Entscheidungsträger vom August 1914 die späteren Ereignisse so wollte – und niemand als Sieger aus der Tragödie hervorging.

Völkerverständigung

Für viele Europäer brachte der Weltkrieg eine klare Lehre mit sich: Wer im Streit- und Krisenfall sofort die Konfrontation sucht, riskiert Konflikte, die deutlich mehr zerstören als für irgendeine Seite überhaupt zu gewinnen ist. Im industriellen Zeitalter zahlt sich ein Krieg nicht einmal für den Sieger aus. Begrenzte Kriege bleiben nicht begrenzt, und durch die moderne Waffentechnologie sind die wirtschaftlichen und menschlichen Verluste großer militärischer Auseinandersetzungen viel zu hoch. Die nationalen Interessen eines modernen Industriestaates sind nicht Eroberung, sondern Wohlstand und Sicherheit für seine Bürger. Beides aber lässt sich durch kluge Diplomatie viel eher erreichen als durch unberechenbare Waffengänge.

Diese Einstellung vertraten die westlich-demokratischen Siegermächte Frankreich, Großbritannien und die USA. Die Zeit nach 1918 wurde daher zur ersten großen Ära der Völkerverständigung, Abrüstungskonferenzen und Friedensproklamationen. US-Präsident Woodrow Wilson wollte mit dem Völkerbund eine kollektive Sicherheit schaffen, die jeden Krieg überflüssig machte. Obwohl der US-Senat den Beitritt zum Völkerbund letztlich verweigerte, blieb der Grundsatz des Kriegsverzichtes auch in Washington dominant. Im Briand-Kellogg-Pakt vom August 1928 erreichte dieser seinen Höhepunkt: 62 Staaten unterzeichneten das von den Außenministern Frankreichs und der USA verfasste Dokument, das den Krieg als

Mittel der Politik für alle Zeiten ächtete. Hielt sich ein Staat nicht an dieses Diktum, wurde er im neu gegründeten Völkerbund mit Sanktionen belegt. Die Löcher im System der kollektiven Sicherheit – neben der USA war auch die Sowjetunion kein Mitglied des Völkerbundes, und Deutschland hatte sich mit den schmerzhaften Auflagen des Versailler Friedensvertrages von 1919 nie abgefunden – wurden von britischen und französischen Politikern geflissentlich übersehen.

In anderen Ländern zog man die gegenteiligen Schlüsse aus dem vierjährigen Gemetzel: Nicht der Krieg, sondern die Niederlage oder der enttäuschende Friede waren eine Schmach, die man nur mit neuen Kriegen überwinden konnte. Vor allem in Italien und Deutschland entstanden aus diesem Geist faschistische Bewegungen, welche die Kriegslust und den Eroberungswahn der Vorkriegspolitiker mit einer neuen Qualität der Menschenverachtung und des Rassismus verbanden. Diese hasserfüllten Bewegungen erhielten besonders viel Zulauf von jenen Veteranen, die den Krieg am eigenen Leib erlebt hatten. Ihre Ambitionen machten die Friedenspolitik der Westmächte obsolet.

Die Kluft zwischen dem Ideal der Friedensbewahrung und der Realität hätte im demokratischen Europa spätestens Anfang 1933 bewusst werden müssen, als in Deutschland die Nationalsozialisten die Macht ergriffen. Adolf Hitler hatte sich offen zum Ziel gesetzt, die »Fesseln« des Versailler Vertrages abzuwerfen und durch territoriale Expansion den Deutschen zu mehr »Lebensraum« zu verhelfen. In Ostasien hatte bereits 1931 das von Militärs beherrschte Japan die Mandschurei als ersten Schritt zur Schaffung eines japanischen Großreiches angegriffen und erobert. Und Italiens faschistischer Duce Benito Mussolini marschierte 1935 in Äthiopien ein, weil er im Mittelmeerraum ein neues Kolonialreich errichten wollte. Die Diktatoren waren getrieben von einer Mischung aus Rassismus und Großmachtsucht; die Logik der kollektiven Sicherheit war ihnen fremd.

Appeasement

Hitlers Machtergreifung war nur dank der Unterstützung des deutschen Bürgertums möglich. Die meisten konservativen Politiker der Weimarer Republik betrachteten ihn als nützliches Gegengewicht gegen die

Kommunisten, nahmen seine offen verkündeten Absichten nicht ernst und glaubten, ihn für ihre Zwecke manipulieren zu können. Angesichts der brutalen Energie der neuen Kraft schien es leichter, sich ihr anzuschließen statt sie zu bekämpfen. Immer mehr rechte Kreise sprangen daher auf den fahrenden Zug in Richtung Diktatur auf.

Auf internationaler Ebene reagierten Briten und Franzosen in vergleichbarer Weise auf das Phänomen Hitler. Je lauter dieser den Versailler Vertrag attackierte, desto stärker wuchsen in London und Paris die Zweifel an der Rechtmäßigkeit des Diktatfriedens. Die Siegermächte redeten sich ein, dass die Nazis mit der Revision des Versailler Vertrags begrenzte und legitime Ziele verfolgten, deren Erfüllung sie zufrieden stellen würde. Auch als Hitler den Vertrag immer offener verletzte, blieben sie still. Briten und Franzosen wollten keinen Krieg riskieren.

Ihr Verhalten hatte verschiedene Gründe: Die Erinnerung an die Gräuel des Ersten Weltkriegs war noch allzu wach. Damals blieb das Sterben zum Großteil auf die Soldaten beschränkt, doch die Entwicklung der Luftwaffen eröffnete nun die Möglichkeit, auch die Zivilbevölkerung des Feindeslandes zu terrorisieren und massenweise zu töten. Der nächste Krieg, das war den Entscheidungsträgern klar, würde noch viel furchtbarer sein als der vorige. Und obwohl sich die Organisation gegenüber Mussolini und Hitler als untauglich erwies, wollten Briten und Franzosen auf jeden Fall innerhalb des Völkerbundes agieren. Dazu kam die Angst vor den wirtschaftlichen Kosten eines neuen Kriegs sowie die Sorge, die Sowjetunion könne einen Krieg der Westmächte gegen NS-Deutschland nutzen, um den eigenen Machtbereich zu vergrößern. Viele Konservative in Großbritannien und Frankreich hielten Stalin für eine größere Gefahr als Hitler.

Jahrelang war den demokratischen Politikern der Weimarer Republik um Gustav Stresemann die Korrektur des Versailler Vertrages verweigert worden, doch nun gestanden die Siegermächte dies ausgerechnet den Nazis zu. Als Hitler im März 1936 den Einmarsch der Wehrmacht ins laut Vertrag demilitarisierte Rheinland anordnete, kam von Frankreich keine Reaktion. Dabei hätte wahrscheinlich ein einziger Schuss der französischen Armee ausgereicht, um Hitler zur Umkehr zu bewegen und ihm damit eine schmerzliche politische Niederlage zuzufügen. Denn die Wehrmacht war damals für einen Krieg noch nicht gerüstet, und Hitler hatte seinen Truppen den Befehl gegeben, sofort umzukehren, wenn sich Widerstand regte. So aber triumphierte der Führer, und der Triumph stärkte seine Überzeugung, dass die dekadenten Westmächte ihm keinen Widerstand entgegensetzen würden. Das war der Startschuss für die Ära des Appeasements, der Beschwichtigungspolitik gegenüber Hitler.

Die nächste Etappe war der spanische Bürgerkrieg. Die Westmächte verweigerten der demokratisch gewählten Linksregierung in Spanien die Hilfe, als sich im Juli 1936 faschistische Militärs gegen sie erhoben und rasch einen Großteil des Landes unter ihre Kontrolle brachten. Den Liberalen war der Erhalt des Friedens wichtiger als die Verteidigung der Demokratie, die Konservativen hatten Angst vor möglichen Erfolgen einer – wenn auch demokratischen – linken Bewegung. Stattdessen griffen Deutschland und Italien auf der Seite der Faschisten ein, während die Sowjetunion Freiwilligentruppen zur Verteidigung der Madrider Regierung organisierte. Der Waffengang in Spanien machte erneut die Schwäche des Westens deutlich. Er wurde zu einem ersten Probelauf für den Zweiten Weltkrieg.

In den folgenden Jahren gaben die Regierungschefs von Großbritannien und Frankreich, Arthur Neville Chamberlain und Édouard Daladier, dem deutschen Diktator Schritt für Schritt nach. Nach dem Saarland, das 1935 durch eine legitime Volksabstimmung ins Deutsche Reich wieder eingegliedert wurde, war Österreich dessen nächstes Ziel. Den Anschluss an Deutschland, für den der deutschsprachige Rest der Habsburger-Monarchie 1919 einmütig plädierte, hatten die Siegermächte verweigert. Nach der Machtergreifung Hitlers änderte sich die Stimmung in Österreich, die Mehrheit wollte nun die Unabhängigkeit bewahren. Die regierende Christlich-soziale Partei entschied sich gegen die Schaffung einer breiten nationalen Front mit den Sozialdemokraten gegen die Nazis; sie argumentierte vielmehr, dass Hitlers Ambitionen am besten mit einer autoritären Regierung und einem Bündnis mit Italien abgewendet werden könnten. Doch Österreich wurde 1937 von Mussolini in Stich gelassen, und als sich Bundeskanzler Kurt Schuschnigg angesichts des wachsenden Drucks aus Berlin verzweifelt an Frankreich und Großbritannien wandte, erhielt er dort eine Abfuhr. Ungerührt sahen die Westmächte zu, wie die Wehrmacht im März 1938 in Österreich einmarschierte. Dass das Schuschnigg-Regime kampflos kapitulierte und Hunderttausende Österreicher auf dem Wiener Heldenplatz Hitler zujubelten, schien die Richtigkeit ihrer Entscheidung zu bestätigen.

Der »Anschluss« war Hitlers größter politischer Triumph, der ihn gegenüber potenziellen Kritikern in der Wehrmacht und der Wirtschaft stärkte. Er verschaffte dem Deutschen Reich, das durch die NS-Aufrüstungspolitik an den Rand des finanziellen Ruins getrieben worden war, den Zugriff auf die österreichischen Goldreserven. Hitler zeigte sich zunehmend stärker, selbstbewusster und entschlossener, und in der Tschechoslowakei forderte die deutschsprachige Minderheit in den westlichen Randgebieten immer lauter den Anschluss an das Deutsche Reich. Für den Diktator war die Annexion des Sudetenlandes der nächste expansive Schritt. Zwar hatte die tschechische Regierung eine britische Sicherheitsgarantie in der Tasche, aber London dachte gar nicht daran, seinen demokratischen Verbündeten zu unterstützen. Am 29. September 1938 flogen Chamberlain und Daladier nach München und setzten dort ihre Unterschriften unter das Münchener Abkommen, in dem die Tschechoslowakei gezwungen wurde, das Sudetenland an das Deutsche Reich abzutreten. Tief enttäuscht über diesen Verrat verzichtete die tschechische Regierung auf militärischen Widerstand und übergab die Gebiete mit all ihren Befestigungen an Deutschland. Die letzte demokratische Insel in diesem Teil Europas war nun der Aggression des NS-Regimes ausgesetzt.

Wieder zu Hause verkündete Chamberlain, er habe »Friede für unsere Zeit« gesichert, doch dies erwies sich rasch als Illusion. Hitler ging es nicht um die Zusammenführung aller »Deutschen«, sondern um unbegrenzte Expansion. Die Kapitulation der westlichen Demokratien lieferte ihm die endgültige Bestätigung, dass niemand es wagen würde, seine Eroberungspläne zu durchkreuzen. Keiner erkannte dies klarer als Chamberlains konservativer Parteifreund Winston Churchill. »Sie hatten die Wahl zwischen Krieg und Ehrlosigkeit. Sie wählten Ehrlosigkeit, und sie werden Krieg bekommen«, warf er Chamberlain nach dessen Rückkehr aus München vor. Schon ein Jahr später wurde die Prophezeiung wahr: Im März 1939 brach Hitler das Münchener Abkommen, indem er die gesamte Tschechoslowakei, die nach der Aufgabe des Sudetenlandes und seiner Befestigungen praktisch wehrlos war, besetzte. Am 1. September 1939 griff die Wehrmacht Polen an und löste damit den Zweiten Weltkrieg aus. Der Kampf gegen Hitler und seine Verbündeten dauerte sechs Jahre und kostete 60 Millionen Menschen das Leben. Sie alle mussten dafür büßen, dass Hitlers Expansionsgelüsten nicht Einhalt geboten wurde, als es noch möglich war.

Selten hatte eine Folge politischer Entscheidungen derart katastrophale Konsequenzen. Das Urteil der Geschichte über die Appeasement-Politik der Dreißigerjahre ist dementsprechend verheerend ausgefallen. »München« wurde zur Metapher für eine Politik, in der die Demokratien das Gesetz des Handelns den Tyrannen und Kriegstreibern überlassen und so die Welt ins Unglück stürzen. Die Vermeidung eines »zweiten München« entwickelte sich zu einem Grundprinzip der US-Politik im Kalten Krieg und bildete den Kern jenes Hitler-Syndroms, das die amerikanische Außenpolitik bis in die Gegenwart prägt.

2. Der Kalte Krieg: Der lange Kampf gegen das »Reich des Bösen«

Mit dem Ende des Zweiten Weltkriegs waren die USA die mächtigste Nation der Erde. Deutschland und Japan waren besiegt und vernichtet, Frankreich hatte seine Befreiung anderen zu verdanken, Großbritannien war wirtschaftlich erschöpft, und die Sowjetunion, der einzige ernst zu nehmende militärische Konkurrent, war durch die Kriegsverwüstungen deutlich geschwächt. Die wichtigsten weltpolitischen Entscheidungen fielen von nun an in Washington, und die Denkmuster amerikanischer Präsidenten und ihrer Berater wirkten sich direkt auf die politischen Ereignisse auf allen Kontinenten aus.

Der amerikanische Historiker Ernest May hat 1973 in seinem Buch *Lessons of the Past: The Use and Misuse of History in American Foreign Policy* aufgezeigt, wie stark die US-Präsidenten sich in der Nachkriegszeit von historischen Analogien leiten ließen und dabei oft die falschen Schlüsse aus der Vergangenheit zogen. Fünfzehn Jahre später hat May gemeinsam mit Richard Neustadt im Buch *Thinking in Time: The Uses of History for Decision Makers* diese Art der Entscheidungsfindung weiter verfolgt und kritisiert. Vor allem das Appeasement der Dreißigerjahre diente, so May, immer wieder als abschreckendes Beispiel – auch in Situationen, in denen die Unterschiede und nicht die Parallelen überwogen. Doch die Planung der amerikanischen Nachkriegspolitik folgte während des Zweiten Weltkriegs einem ganz anderen Muster – einem, das nur wenige Jahre später in den USA erneut als Appeasement verurteilt wurde.

Partner oder Gegner?

Bald nach Eintritt der USA in den Krieg im Dezember 1941 begann sich die Regierung von Präsident Franklin D. Roosevelt Gedanken über eine neue Nachkriegsordnung zu machen. Roosevelt dachte dabei historisch: Er wollte die Fehler der Zwischenkriegszeit vermeiden. Anders als Churchill, der den traditionellen Kategorien eines Gleichgewichts der Macht verpflichtet blieb und die Welt in britische, amerikanische und sowjetische Einflusssphären aufteilen wollte, war Roosevelt von einem System der kollektiven Sicherheit überzeugt, wie es einst Woodrow Wilson vergeblich angestrebt hatte: Die USA würden am Aufbau der Vereinten Nationen aktiv teilnehmen und dafür sorgen, dass die Nachfolgeorganisation des Völkerbundes Schlagkraft erhielt. Ein Sicherheitsrat, in dem alle Großmächte über ein Vetorecht verfügen, würde Verstöße gegen den internationalen Frieden und jeglichen Völkermord – ein unter dem Eindruck der NS-Verbrechen neu geschaffener Begriff – mit wirtschaftlichen, politischen und militärischen Sanktionen bestrafen, bis hin zu einem durch die UNO sanktionierten Krieg. Roosevelt setzte dabei auf das Konzept der »vier Polizisten« USA, Großbritannien, Sowjetunion und China, die gemeinsam mit militärischen Mitteln für Ordnung sorgen würden. Frankreich spielte in den amerikanischen Konzepten keine Rolle, erst Churchill erreichte dessen Aufnahme in den Kreis der Siegermächte, um so das Gewicht Europas zu stärken. Ebenso wichtig war für die Amerikaner die Sicherung einer offenen Weltwirtschaft mit freiem Handel und Kapitalverkehr. Auch hier wollten sie aus den Fehlern der Weltwirtschaftskrise lernen und sowohl den Rückfall in den Protektionismus als auch ein instabiles System freier Wechselkurse vermeiden. Als Garanten für eine liberale Weltwirtschaftsordnung wurden 1944 in Bretton Woods der Internationale Währungsfonds (IWF) und die Weltbank gegründet.

In all ihren Überlegungen gingen Roosevelt und seine engsten Berater wie Harry Hopkins oder Henry Morgenthau stets von einer Gefahr aus – von dem Wiedererstarken des totalitären Militarismus in Deutschland und

Japan. Stalins Sowjetunion betrachteten sie hingegen als konstruktiven Partner für eine sichere Welt, den man nur nicht zu sehr verärgern dürfe. Zwar sei Stalin ein Diktator, aber durch die Einbindung in ein prosperierendes Weltwirtschaftssystem werde er sich zähmen lassen, war Roosevelt überzeugt.

Auf der Konferenz von Jalta im Februar 1945 akzeptierte der US-Präsident die sowjetische Vorherrschaft über weite Teile Osteuropas, auch wenn er auf eine demokratische Zukunft für Polen bestand. Der später entstandene Mythos, wonach Osteuropa in Jalta verraten wurde, ist falsch: Angesichts des Vormarsches der Roten Armee hatten die USA kaum eine andere Wahl. Dennoch war die Naivität der Roosevelt-Regierung in diesen Monaten aus späterer Sicht überraschend. »Wenn ich ihm alles gebe, was ich irgendwie kann, und nichts dafür verlange, dann wird er, *noblesse oblige*, nichts zu annektieren versuchen und mit mir für eine Welt der Demokratie und Frieden arbeiten«, soll der US-Präsident nach Hopkins' Aussage einmal erklärt haben, schreibt May. Ein deutlicheres Bekenntnis zum Appeasement ist kaum vorstellbar.

Bei Roosevelts Tod im April 1945 war vor allem im US-Außenministerium die Ernüchterung über die Sowjets schon weit fortgeschritten. Immer deutlicher zeigte sich, dass Stalin an den amerikanischen Konzepten für die Nachkriegsära kein Interesse hatte; er schlug immer schärfere anti-westliche Töne an und begann damit, in den von der Roten Armee besetzten Teilen Ost- und Mitteleuropas kommunistische Marionettenregime einzusetzen. Innerhalb eines Jahres schlug die Stimmung in Washington komplett um. Roosevelts Nachfolger Harry S. Truman scharte Männer um sich, die Stalin zutiefst misstrauten und die Kommunisten mit ihrem Streben nach Weltrevolution nicht als Garant, sondern als potenzielle Bedrohung der internationalen Ordnung betrachteten. Zwar hatte Stalin den wichtigsten Verfechter der permanenten Revolution, Leo Trotzkij, vertrieben und stattdessen den »Aufbau des Sozialismus in einem Land«, nämlich in der Sowjetunion, als Parole ausgegeben, doch wurde dies von den Russlandexperten mit einer gewissen Berechtigung als taktischer Rückzug gewertet und nicht als Abkehr von den eigentlichen Zielen. Sobald Stalin die Möglichkeit habe, so die Vermutung, werde er seine Expansionspolitik wieder aufnehmen. In einem dramatischen Paradigmenwechsel wandelte sich die US-Außenpolitik von einer Appeasement-Strategie zu einer Neuauflage des Kampfes gegen einen Feind, der in ihren Augen Adolf Hitler in nichts nachstand.

Containment

Die intellektuellen Argumente für die neue Politik der Härte lieferte der Diplomat und Russlandkenner George Kennan im Februar 1946 mit seinem »langen Telegramm« aus Moskau, dessen Grundthesen er im Jahr darauf unter dem Titel »Die Ursprünge der sowjetischen Politik« (»The Sources of Soviet Conduct«) in *Foreign Affairs* noch einmal ausführlich darlegte. Kennan versuchte darin der amerikanischen Öffentlichkeit klar zu machen, warum die Kriegskoalition mit Stalin zum Scheitern verurteilt war. Er sah Stalin dezidiert nicht als einen zweiten Hitler, den seine Ideologie zu ständig neuen Eroberungen trieb, sondern als einen traditionellen russischen Autokraten, der sich permanent von äußeren Kräften bedroht fühlte. Der Sowjetkommunismus sei von einem so tiefen Misstrauen gegenüber dem Westen geprägt, dass eine konstruktive Kooperation mit diesem System kaum möglich sei. Stalins paranoider Charakter würde dieses Dilemma weiter verstärken. Die vollkommene Sicherheit, die der sowjetische Alleinherrscher suche, werde er nie erhalten. Darüber hinaus sei seine expansionistische Politik die Folge der inneren Unterdrückungsmechanismen, die zur Aufrechterhaltung der inneren Legitimität einen äußeren Feind benötigten.

Daher mache es keinen Sinn, Stalins Forderungen in der Hoffnung nachzukommen, ihn dadurch zu einem besseren Verhalten zu bewegen, warnte Kennan. Seine Empfehlung, die er als Chefstratege des Außenministeriums in weiten Teilen umsetzen konnte, bestand aus einer »langfristigen, geduldigen, aber festen und wachsamen Eindämmung russischer Expansionstendenzen«. Für Kennan bedeutete Containment weder Krieg noch ständige militärische Aufrüstung. Er betonte die Notwendigkeit, den Sowjets stets einen Ausweg zu lassen, bei dem sie nicht das Gesicht verlieren würden. Er war sich der Gefahr einer überideologisierten und militarisierten Außenpolitik bewusst und warnte vor einer Verzettelung der Kräfte: Die USA müssten zwischen vitalen und peripheren Interessen unterscheiden und sich die Schauplätze und Mittel für jede Konfrontation selbst aussuchen.

Die Schwachstelle des Westens, befürchtete Kennan, war die anhaltende Anziehungskraft der kommunistischen Ideologie. Diese könnte es Stalin erlauben, ohne Einsatz militärischer Mittel seinen Einflussbereich auf ganz Europa und weite Teile Asiens auszudehnen. Deshalb war Kennans zentrale Idee der Aufbau einer politischen und wirtschaftlichen Ordnung in den westlichen Staaten, die der kommunistischen Herausforderung gewachsen war. Das Ergebnis war der Marshall-Plan, jene riesige US-Finanzhilfe, die ab 1948 den raschen wirtschaftlichen Wiederaufbau Westeuropas ermöglichte. Außerdem sollten die USA versuchen, Spaltungstendenzen innerhalb des kommunistischen Blocks zu fördern. Das gelang vor allem dank des jugoslawischen Machthabers Tito, der sich 1948 Stalins Vorherrschaft entzog und einen unabhängigen Kurs einschlug.

Containment war als Mittelweg zwischen einer grenzenlosen, riskanten Kriegspolitik und dem nachgiebigen und letztlich ebenso gefährlichen Appeasement gedacht. Ihre Feuerprobe erlebte die Strategie 1948 und 1949 während der Berlin-Blockade, als Stalin die amerikanischen und britischen Truppen aus Westberlin zu vertreiben versuchte, indem er der von sowjetisch beherrschtem Gebiet umringten Stadt den Nachschub abschnitt. Die Blockade war eine Schlacht, die der Westen nicht aus strategischen, sondern aus psychologischen Gründen gewinnen musste, und auch gewinnen konnte. Länger als ein Jahr wurde Berlin über eine Luftbrücke versorgt, bis Stalin schließlich die Sinnlosigkeit seines Unterfangens einsah und aufgab. Mit Geduld und Festigkeit hatte der Westen in einer geografisch und logistisch hoffnungslosen Situation einen politischen und moralischen Sieg davongetragen.

In den folgenden Jahren wuchs der politische Druck, die Auseinandersetzung mit der Sowjetunion nicht als begrenzten Konflikt, sondern als weltumspannenden Kampf zwischen Gut und Böse zu betrachten. Kennan selbst wusste stets zwischen Hitler und Stalin zu unterscheiden, auch wenn er 1952 als US-Botschafter aus Moskau ausgewiesen wurde, nachdem er die Sowjetunion mit NS-Deutschland verglichen hatte. Doch die sorgfältige Unterscheidung zwischen beiden Diktaturen ging in der aufgeheizten Atmosphäre der späten Vierzigerjahre verloren. Die Meinungsmacher in Washington verfielen zunehmend dem Hitler-Syndrom.

Dritter Weltkrieg

Einen Wendepunkt markierte der 1. Oktober 1949, als Mao Zedongs Kommunisten siegreich in der chinesischen Hauptstadt Peking einmarschierten. In den Monaten davor war die Truman-Regierung zu dem Schluss gekommen, dass das Regime der Kuomintang unter ihrem Generalissimo Chiang Kai-shek wegen seiner Korruption und Unfähigkeit verloren und selbst mit massiver US-Hilfe nicht zu retten war. Chiang flüchtete auf die Insel Taiwan und überließ das Festland den Kommunisten. Die Vertreter der China-Lobby in den USA, etwa der *Time*-Herausgeber Henry Luce, bewerteten die Vorgänge jedoch ganz anders. In ihren Augen wurde China ebenso dem Weltkommunismus ausgeliefert wie einst das Sudetenland – und damit die ganze Tschechoslowakei – an Hitler-Deutschland. Sie sahen darin eine Art des Appeasements vor allem jener amerikanischen Linksliberalen, die blind waren gegenüber der Gefahr des Weltkommunismus oder gar als dessen »fünfte Kolonne« dienten. Die Scharfmacher im rechten Lager wollten nicht erkennen, dass Chiangs Regime sich selbst zerstört hatte und in China keine dritte Kraft existierte, die den Kommunisten den Sieg streitig machen konnte. »Wer hat China verloren?« wurde zu ihrem Schlachtruf gegen die Truman-Regierung und deren angebliche Nachgiebigkeit.

Als dann im Juni 1950 nordkoreanische Truppen die Demarkationslinie zwischen dem kommunistischen Norden und dem kapitalistischen Süden überschritten und die südkoreanische Armee innerhalb weniger Tage aufrieben, schienen sich die Warnungen der Hardliner zu bestätigen. Südkoreas autoritär regierender Präsident Syngman Rhee war als Symbol der freien Welt ebenso ungeeignet wie Chiang Kai-shek und hatte vor dem Angriff Nordkoreas ähnliche Pläne für eine Offensive zur Wiedervereinigung der Halbinsel gewälzt. Die Truman-Regierung hatte in den Monaten zuvor eine Verteidigung Südkoreas ausgeschlossen und hätte den Angriff als Teil eines Bürgerkriegs bezeichnen können, der keine Auswirkungen auf die Interessen des Westens hatte. Eine Intervention im fernen Korea war militärisch und politisch wenig verlockend. Doch für Truman waren die historischen Parallelen zu den Dreißigerjahren wichtiger als das machtpolitische Kalkül seiner Zeit. »Es war entscheidend für den Erhalt des Friedens, dass dieser bewaffneten Aggression gegen eine freie Nation mit Entschlossenheit begegnet wird. ... Festigkeit war jetzt der einzige Weg, um neue Handlungen in anderen Teilen der Welt abzuschrecken«, rechtfertigte er seine Reaktion gegenüber den Verbündeten.

Die USA erklärten den nordkoreanischen Vormarsch zum Bruch des Völkerrechts und holten sich im UNO-Sicherheitsrat dank der Abwesenheit der Sowjetunion das Mandat für eine Militärintervention. US-Truppen landeten auf der Halbinsel, jagten die nordkoreanischen Verbände wieder über die Demarkationslinie und drangen schließlich unter der Führung des US-Oberkommandierenden Douglas MacArthur bis an die chinesische Grenze vor. Nun waren es die Vereinigten Staaten, die den Status quo zu verändern suchten. MacArthur ging es dabei nicht nur um die Vereinigung Koreas unter einem pro-amerikanischen Regime, sondern auch um einen möglichen Regimewechsel in China. Nach zahlreichen Warnungen griffen allerdings chinesische »Freiwillige« im Oktober 1950 in den Koreakrieg ein und trieben die US-Truppen zurück in den Süden. Die Folge war eine mehrjährige blutige Pattsituation, die erst im Juli 1953 durch einen Waffenstillstand beendet werden konnte.

In den Jahren des Koreakriegs änderte sich der Charakter der amerikanischen Containment-Politik. US-Politiker waren davon überzeugt, einer zentral gelenkten Weltverschwörung gegenüberzustehen, in der Moskau die Befehle an Peking, Pjöngjang und die vermeintlichen »fünften Kolonnen« im eigenen Land gab. Stalin setzten sie immer mehr mit Hitler gleich: Beide seien beseelt von expansiven Ideologien, die nach der Beherrschung der ganzen Welt strebten. Totalitäre Unterdrückung zu Hause, so folgerten sie, münde unweigerlich in eine aggressive Außenpolitik, und dieser dürfe man keine Handbreit nachgeben. Den Ost-West-Konflikt betrachteten die Politiker als Fortsetzung des Zweiten Weltkriegs gegen ein und dasselbe Böse, nämlich den aggressiven Totalitarismus; in diesem »Dritten Weltkrieg« bestimmte das Hitler-Syndrom ihr Denken und Handeln.

»Anders als frühere aufstrebende Hegemonialmächte ist die Sowjetunion von einem fanatischen Glauben beseelt, der unserem entgegensteht, und will ihre absolute Macht dem Rest der Welt aufzwingen. Konflikte sind dadurch endemisch geworden und werden von der Sowjetunion mit Gewalt und gewaltlosen Mitteln je nach Zweckmäßigkeit verfolgt«, hieß es in der Einleitung des Grundsatzdokuments NSC-68, das der Nationale Sicherheitsrat im April 1950 veröffentlichte. Darin zeichnete das wichtigste

Entscheidungsgremium der US-Außenpolitik ein düsteres, beinahe apokalyptisches Bild einer von der Sowjetunion bedrohten Welt und lieferte die ideologische Rechtfertigung für eine neue Sicherheitspolitik, die von massiver Aufrüstung und weltweiter Truppenstationierung geprägt war. Die Rüstungsausgaben stiegen 1951 und 1952 von 13 auf 52 Milliarden Dollar und machten 60 Prozent des gesamten Bundesbudgets aus. Die Folge war eine tief greifende Militarisierung der Außenpolitik, in der die Diplomatie von psychologischer Kriegsführung und Propaganda verdrängt wurde. Verhandlungen mit den Sowjets seien von vornherein zum Scheitern verurteilt, hieß es in Washington.

Auch die sorgfältige Auswahl der Schauplätze für die Konfrontation mit dem Kommunismus, auf die Kennan noch Wert gelegt hatte, spielte plötzlich keine Rolle mehr. Der Kampf gegen den Kommunismus wurde nun als grenzenloses und globales Unterfangen definiert. Er sollte an jedem noch so entlegenen Winkel der Erde geführt werden, sogar im eigenen Land: Amerikanische Linke und Liberale wurden undifferenziert als Kommunisten verdächtigt und vor die Untersuchungsausschüsse des erzkonservativen Senators Joseph McCarthy gezerrt, wo ihre Schuld von Anfang an besiegelt war.

An der innerdeutschen Grenze standen einander zwei hoch gerüstete Armeen gegenüber. Dennoch, oder gerade deshalb, kam es nie zu einer direkten militärischen Konfrontation zwischen der NATO und dem Warschauer Pakt. Dafür aber betrieben die USA und die Sowjetunion ein nukleares Wettrüsten, das die Gefahr eines Atomkriegs von Jahr zu Jahr in die Höhe trieb. Ein weiterer Konfliktschauplatz war die Dritte Welt. Beide Weltmächte umgarnten die Regierungschefs der neuen unabhängigen Staaten, und gelegentlich griff der Geheimdienst CIA ein, um demokratisch gewählte, aber linksnationalistisch agierende Regierungen zu stürzen. Dies geschah zum Beispiel 1953 im Iran und 1954 in Guatemala. Hatte Kennan sich noch mit den Spaltungstendenzen im Ostblock beschäftigt, wurde nun die Geschlossenheit der kommunistischen Welt als gegeben hingenommen. Man sah sich einem großen, aggressiven Gegner ausgesetzt: dem Weltkommunismus. Hinweise auf Brüche zwischen den kommunistischen Regimes, etwa zwischen der Sowjetunion und China, die als Argumentationshilfe für eine gemäßigtere Politik hätten dienen können, wurden sogleich verworfen.

Solange Stalin am Leben war, hatte die vom Hitler-Syndrom getriebene Politik eine gewisse Berechtigung. Wie zahlreiche Historiker nachgewiesen haben, suchte Stalin tatsächlich den Dauerkonflikt mit dem Westen. Erst sein Tod im März 1953 und vor allem die von Nikita Chruschtschow 1956 eingeleitete Entstalinisierung boten die Chance für einen Neuanfang. In dieser Zeit hätte eine geschickt und flexibel agierende US-Regierung die weltpolitischen Spannungen verringern und den Kalten Krieg vielleicht zu Ende bringen können. Doch diese Gelegenheit wurde von den USA nur zögerlich ergriffen, weil die Regierung des republikanischen Präsidenten Dwight D. Eisenhower einem sowjetischen Kurswechsel nicht traute. Das Bild von der totalitären und aggressiven kommunistischen Macht blieb in den Köpfen der amerikanischen Entscheidungsträger erhalten. Immerhin wurde die Sowjetunion wieder als Verhandlungspartner akzeptiert; im Juli 1955 kam es zehn Jahre nach der Konferenz von Potsdam wieder zu einem Gipfeltreffen der Siegermächte in Genf, bei dem Eisenhower und Chruschtschow erstmals zusammentrafen.

Die Spannungen blieben in den folgenden Jahren erhalten und nahmen Anfang der Sechzigerjahre sogar weiter zu. Chruschtschow versuchte, mit außenpolitischen Erfolgen seine innere Macht zu stärken, und Eisenhowers Nachfolger John F. Kennedy ersetzte die Vorsicht der späten Eisenhower-Jahre durch eine härtere Politik gegenüber Moskau. Der gefährlichste Moment im Kalten Krieg kam im Oktober 1962, als US-Aufklärungsflugzeuge entdeckten, dass die Sowjets die Stationierung von Atomraketen auf dem von Fidel Castro beherrschten Kuba vorbereiteten. Kennedy stellte Chruschtschow ein Ultimatum und errichtete eine Seeblockade rund um Kuba. Militärs und zivile Berater drängten den Präsidenten auf einen kompromisslosen Konfrontationskurs, um nur ja keine Schwäche gegenüber den Sowjets zu zeigen.

In einer Situation, die unter anderem im Film *Thirteen Days* dramatisch dargestellt wurde, bewies Kennedy nicht nur Umsicht, sondern auch die Fähigkeit, aus der Geschichte die richtigen Lehren zu ziehen. Robert Kennedy, Justizminister und Bruder des Präsidenten, beschrieb in seinem Buch über die Kubakrise, wie der Präsident im Krisenrat das gerade erschienene Buch *August 1914* der Historikerin Barbara Tuchman über den Ausbruch des Ersten Weltkriegs zitierte. Auch dies, so Kennedy, war ein Moment, in dem die Großmächte ungewollt in einen Krieg zu schlittern drohten, den keine Seite wollte – und dieses Mal in einen Atomkrieg. »Ich werde keinen Kurs verfolgen, der es jemandem erlauben wird, ein vergleichbares Buch über diese Zeit zu schreiben, *The Missiles of October*«, zitierte Robert den Präsidenten. Dieser befahl Zurückhaltung und entsandte seinen Bruder, um mit dem sowjetischen Botschafter über einen Ausweg aus der Krise zu verhandeln. Die Sowjets zogen schließlich ihre Raketen von Kuba ab, während die USA sich insgeheim verpflichteten, ihre – technisch ohnehin obsoleten – Raketen in der Türkei abzubauen. Die Diplomatie hatte im letzten Augenblick die Welt vor der nuklearen Katastrophe bewahrt.

Europas Weg

Die westeuropäischen Staaten waren die meiste Zeit treue Gefolgsleute der USA im Kalten Krieg. Sie waren der militärischen Bedrohung durch die Sowjetunion noch stärker ausgesetzt, und vor allem die Deutschen bekamen durch die Teilung ihres Landes die Härte der sowjetischen Unterdrückungspolitik direkt zu spüren. Sie betrachteten das nordatlantische Militärbündnis der NATO und die massive US-Truppenstationierung auf europäischem Boden als eine Art von Lebensversicherung, auf die sie keinesfalls verzichten wollten.

Der Schwerpunkt der europäischen Politik lag seit Beginn der Fünfzigerjahre jedoch nicht auf dem Kampf gegen die Sowjetunion, sondern auf der Vereinigung Europas. In denselben Jahren, in denen Amerika sich immer tiefer in den Kalten Krieg verstrickte, schufen europäische Politiker und Experten die Grundlage für eine völlig neue Art des internationalen Zusammenlebens. Es war die Vision des französischen Beamten Jean Monnet, durch eine allmähliche wirtschaftliche Integration eine politische Union zu schaffen. 1950 schlug der französische Außenminister Robert Schuman die Integration der westeuropäischen Kohle- und Stahlindustrie vor, die als Schlüssel für die industrielle und militärische Macht galten. 1951 gründeten Belgien, Deutschland, Luxemburg, Frankreich, Italien und die Niederlande die Europäische Gemeinschaft für Kohle und Stahl (EGKS). 1957 unterzeichneten sie den Vertrag von Rom und gründeten damit die Europäische Wirtschaftsgemeinschaft (EWG), deren Ziel die Beseitigung von Handelshemmnissen und die Bildung eines »Gemeinsamen

Marktes« war. Anfang 1963 bekräftigten Deutschland und Frankreich ihre politische Aussöhnung im Élysée-Vertrag. Im Jahr 1967 wurden mit der gemeinsamen Kommission, dem Ministerrat und dem Europäischen Parlament die wichtigsten Institutionen der neuen Europäischen Gemeinschaft geschaffen, die 25 Jahre später im Maastricht-Vertrag von der Europäischen Union übernommen wurden.

Das europäische Projekt stand nicht im Widerspruch zum Kalten Krieg, sondern war dessen wichtige Ergänzung und wurde deshalb tatkräftig von den USA unterstützt. Schließlich war der wirtschaftliche Erfolg der europäischen Marktwirtschaft eines der stärksten Bollwerke gegen die Anziehungskraft des Kommunismus. Aber dennoch unterschied sich das, was in Europa geschah, grundsätzlich von der amerikanischen Politik. Die europäische Integration war friedlich, wirtschaftsorientiert, regelbetont und multilateral. Sie diente der Aussöhnung der Völker und nicht dem Kampf gegen Aggressoren. Sie war ein Schritt zu Immanuel Kants Vision eines »Ewigen Friedens«, die Robert Kagan so belächelte. Und sie war letztlich eine Antwort auf die Ursachen des Ersten Weltkriegs, nicht des Zweiten Weltkriegs.

Ein auffallender Unterschied zwischen Amerika und Europa lag in der Geschlossenheit der Bevölkerung. In den USA genoss der stramme Anti-Kommunismus spätestens seit dem Koreakrieg breite Unterstützung in allen Bevölkerungskreisen. Der Dissens beschränkte sich auf eine kleine Minderheit und war fast ausnahmslos auf die Intellektuellen beschränkt. In Europa hingegen gab es in der unmittelbaren Nachkriegszeit vor allem in Frankreich und Italien mächtige kommunistische Parteien, die der Sowjetunion mehr oder weniger loyal gegenüberstanden und die USA als den gefährlichen Aggressor anprangerten. In Deutschland befand sich die antiamerikanische Linke zwar in der Defensive, war aber gerade unter den Intellektuellen ein nicht zu unterschätzender Faktor. Erst Chruschtschows Rede vor dem Parteitag der KPdSU im Februar 1956, in der er Stalins Verbrechen aufdeckte und verurteilte, führte bei zahlreichen europäischen Kommunisten zum Umdenken. Die Ebene der offiziellen Politik in Europa blieb von alldem unberührt. Die Grundsätze des Kalten Kriegs wurden hier nicht infrage gestellt.

Frankreich und Großbritannien kämpften in den Fünfziger- und Sechzigerjahren noch an einer anderen Front – nämlich um den Erhalt ihrer

Kolonialreiche oder zumindest um den postkolonialen Einfluss in der Dritten Welt. Während Frankreich bei seinem brutalen und erfolglosen Kampf in Indochina und später in Algerien den Prinzipien der traditionellen Machtpolitik treu blieb, verband Großbritannien seine realpolitischen Interessen mit einer eigenen Version des Hitler-Syndroms. 1956 stürzten sich beide Staaten in ein kriegerisches Abenteuer. Als der ägyptische Staatspräsident Gamal Abd el-Nasser im Juli des Jahres die Verstaatlichung des Suezkanals verkündete, der sich im Besitz britischer und französischer Gesellschaften befand, entwickelten die Regierungen in London und Paris gemeinsam mit dem Staat Israel einen geheimen Plan zur Rückeroberung des Kanals. Aufgebrachte britische Politiker verglichen Nasser mit Hitler und Mussolini und warnten, der ägyptische Präsident werde nach und nach die ganze arabische Welt unter seine Kontrolle bringen, wenn man ihn nicht in die Schranken wies. Die Besetzung des Suezkanals wurde zu einem politischen Desaster: Die Eisenhower-Regierung befürchtete, dass die Aktion den Einfluss des Westens in der arabischen Welt schwächen und damit der Sowjetunion nützen würde. Washington zwang London und Paris zu einem schmachvollen Rückzug. Der britische und französische Einfluss im Nahen und Mittleren Osten ging verloren; die westlichen Interessen in der Region wurden fortan von den USA vertreten.

In Südostasien erlitten die Franzosen bei der Schlacht von Dien Bien Phu 1954 eine vernichtende Niederlage und waren gezwungen, Vietnam in die Unabhängigkeit zu entlassen. Doch die Befreiungsbewegung Vietminh verfolgte nicht nur anti-koloniale Ziele. Ihr Anführer Ho Chi Minh war auch ein überzeugter Kommunist. Deshalb fühlten sich die USA auf den Plan gerufen. Sie übernahmen von Frankreich die Rolle der Schutzmacht des antikommunistischen Südens, wo sie den autoritären und eigenwilligen Katholiken Ngo Dinh Diem als Präsidenten einsetzten. Dieser verweigerte die zugesagten freien Wahlen und wurde darin von den USA unterstützt, die – wohl zu Recht – einen Wahlsieg der Kommunisten befürchteten. Südvietnam war strategisch und wirtschaftlich unbedeutend, Diem ein äußerst unangenehmer Verbündeter, dessen Schwächen man in Washington durchaus wahrnahm. Dennoch wurde die Verteidigung von Indochina gegen den Kommunismus in den folgenden 20 Jahren zum größten und kostspieligsten Projekt der amerikanischen Außenpolitik und zum blutigsten Krieg seit 1945.

Vietnam

In ihrem Buch *Die Torheit der Regierenden* beschreibt Barbara Tuchman Beispiele aus der Weltgeschichte, in denen politische Entscheidungsträger allen offensichtlichen Fakten zum Trotz an einem Irrweg festhielten. Sie fängt beim Trojanischen Pferd an und endet mit dem Vietnamkrieg. Aber weder Tuchman noch Dutzende andere Autoren können wirklich befriedigend erklären, warum fünf US-Präsidenten in Folge – von Truman bis Nixon – dieses arme Land im hintersten Winkel Asiens als zentralen Schauplatz des Kalten Kriegs wählten.

Die Indochinapolitik der USA kann nur im Kontext des gesamten Kalten Kriegs gesehen werden. Hier war das Hitler-Syndrom am Werk: Der Vietnamkrieg war der Höhe- und zugleich der Wendepunkt einer Weltsicht, die amerikanische Entscheidungsträger zu einer reflexartigen Reaktion auf jeden potenziellen Erfolg einer kommunistischen Bewegung zwang. Denn Untätigkeit, so die These, verlieh dem Feind mehr Kraft und spornte ihn zu neuen Aggressionen an.

Hinzu kamen in Vietnam die scheinbaren Parallelen zum Koreakrieg, die das Denken der US-Politiker in eine bestimmte Schablone zwängten: Wieder wurde ein ostasiatisches Land in einen kommunistischen Norden und einen vermeintlich »freien« Süden getrennt, der allerdings von einer echten Demokratie weit entfernt war. Wieder versuchte ein kommunistisches Regime, den Zusammenschluss mit militärischen Mitteln zu erreichen. Und wieder wurde diese Aggression in Washington nicht als Ausdruck des Nationalismus, sondern der kommunistischen Weltexpansion interpretiert. Bei einem Weltbild, das den Kommunismus als eine zentral gelenkte Weltbewegung betrachtete, die eine globale Herrschaft anstrebte, war Südvietnam ein Bollwerk, das nicht fallen durfte.

Ganz abwegig schien diese Interpretation der Ereignisse nicht. Die Sowjetunion, China und Nordvietnam waren anfangs eng verbündet – im Februar 1950 kam es zu einem Treffen zwischen Stalin, Mao und Ho in Moskau, wo auch über die kommunistische Machtübernahme in Indochina beraten wurde. Schon damals identifizierten die USA Indochina als einen entscheidenden Schauplatz des Ost-West-Konflikts. Nur am Rande nahmen sie allerdings wahr, dass im Laufe der Sechzigerjahre die Spannungen zwischen den drei kommunistischen Staaten wuchsen. Für die US-

Politik blieb die Einheit der kommunistischen Welt entgegen allen Fakten ein Dogma.

Der Zwang zur Intervention in Südostasien wurde in den USA durch das Denkmuster der so genannten Domino-Theorie verstärkt. Auch sie ist eine Variante des Hitler-Syndroms. Sollte Vietnam an die Kommunisten verloren gehen, würden demnach Schritt um Schritt alle anderen Länder in der Region wie Dominosteinchen fallen: Laos, Kambodscha, Thailand, Burma, Malaysia, Indonesien, die Philippinen und schließlich sogar Neuseeland und Australien. Der Fall Südvietnams wäre daher aus Sicht der US-Strategen genau jener Triumph für den Kommunismus gewesen, der die Verteidigungskraft des gesamten Westens in Zweifel gezogen hätte. Vor allem in der Endphase des Kriegs ging es gar nicht mehr um Südostasien, sondern um die Glaubwürdigkeit der USA in der Welt, vor allem an der zentralen Front des Kalten Kriegs in Mitteleuropa, aber auch zu Hause. Präsident Lyndon B. Johnson sah sich unter massivem innenpolitischem Druck: Er wollte unter keinen Umständen als jener Präsident in die Geschichte eingehen, der Vietnam dem Kommunismus auslieferte – so wie einst angeblich Harry S. Truman China oder Neville Chamberlain die Tschechoslowakei. Das Gespenst von München – und damit auch das Hitler-Syndrom – trieb die USA in einen hoffnungslosen Dschungelkrieg.

Ohne die militärische Unterstützung aus Amerika, das wurde rasch klar, hatte das Regime in Südvietnam keine Überlebenschance. Weder konnten die USA den Vietnamesen Demokratie bringen, denn dazu war die Unterstützung für die Rebellen der Vietkong zu groß, noch waren in einem blutigen Guerillakrieg mit hohen zivilen Opfern die »Herzen und Hirne« der Vietnamesen für die amerikanische Sache zu gewinnen. Die USA begriffen nicht, dass die meisten Vietnamesen den Krieg als Kampf zwischen einer bodenständigen nationalen Befreiungsbewegung und einer ausländischen Besatzungsmacht betrachteten, die das Erbe der Kolonialherrschaft angetreten hatte. So war der Krieg zwar militärisch für die Supermacht bei entsprechendem Einsatz zu gewinnen, politisch aber nicht.

Trotz der Entsendung von bis zu einer halben Million Soldaten mit weit überlegener Bewaffnung kamen die USA nie über ein Patt hinaus. Dadurch hatte jene Seite den Vorteil, die mehr Ausdauer beweisen konnte – und das waren natürlich die in den Kämpfen gegen Japaner und Franzosen gestählten und von patriotischem Eifer beseelten Kommunisten. Die Tet-

Offensive Anfang 1968 erwies sich als militärisches Fiasko für die kommunistischen Aufständischen, brachte ihnen aber gleichzeitig einen großen politischen Triumph: Die Bilder von den heftigen Kämpfen in ganz Südvietnam überzeugten auch viele Anhänger des Kriegs in den USA, dass der Konflikt militärisch nicht zu gewinnen war.

Präsident Richard Nixon versuchte ab 1969, die US-Soldaten schrittweise heimzuholen, indem er verstärkt auf Bombenangriffe setzte. Doch auch diese Strategie schlug fehl. In einem letzten Schritt weitete man den Krieg auf Kambodscha und Laos aus, um die Nachschublinien der Vietkong zu unterbrechen – mit dem Resultat, dass auch in diesen beiden Ländern kommunistische Rebellen an Zulauf und Macht gewannen. Am Ende mussten die USA kapitulieren. Das Pariser Friedensabkommen von 1973 sah zwar die fortgesetzte Teilung Vietnams vor, aber die USA konnten nicht einmal den Rückzug aller nordvietnamesischen Truppen aus Südvietnam erzwingen. Zwei Jahre später brach das südvietnamesische Regime unter dem Ansturm der nordvietnamesischen Armee innerhalb weniger Tage zusammen. Nach 20 Jahren Krieg hatte Nordvietnam sein Ziel erreicht und das Land unter seiner Herrschaft vereinigt.

Das Vietnam-Syndrom

Der Vietnamkrieg ließ viele liberale Amerikaner an der Richtigkeit der Politik des Kalten Kriegs mit seiner Bereitschaft zu weltweiten Militärinterventionen zweifeln. Einer von ihnen war Senator James William Fulbright. Dieser hatte Präsident Johnsons Vietnampolitik anfangs unterstützt, doch nach 1966 seine Meinung geändert. Fulbrights wichtigster Gegenspieler war Johnsons Außenminister Dean Rusk, ein überzeugter Kalter Krieger. Der spätere US-Präsident Bill Clinton, der in diesen Jahren in Fulbrights Büro arbeitete, fand in seiner Autobiografie eine interessante Erklärung für die unterschiedliche Weltsicht der beiden Männer: Sie hatten beide in der Zwischenkriegszeit als Rhodes-Stipendiaten in Oxford studiert, doch in unterschiedlichen Jahren. Fulbright kam 1925 nach England und erlebte die vergeblichen Versuche mit, eine nachhaltige Friedensordnung in Europa zu schaffen. Er sah die Fehler des Versailler Vertrages, der Deutschland erniedrigte und den Aufstieg Hitlers förderte.

»Fulbright war entschlossen, diesen Fehler zu vermeiden«, schreibt Clinton in *Mein Leben.* »Er sah Konflikte selten in Schwarz und Weiß, vermied die Dämonisierung des Gegners und suchte stets zuerst nach Verhandlungslösungen, vorzugsweise in einem multilateralen Rahmen.« Rusk hingegen war in den frühen Dreißigerjahren in Oxford und beobachtete von dort Hitlers Machtergreifung. »Rusk setzte den kommunistischen mit dem nationalsozialistischen Totalitarismus gleich und verachtete ihn genauso«, heißt es in Clintons Buch. »Die Politik der Sowjetunion zur Kontrolle und Gleichschaltung von Ostmitteleuropa nach dem Zweiten Weltkrieg überzeugte ihn, dass der Kommunismus eine Krankheit sei, die Nationen mit Feindschaft zur persönlichen Freiheit und einer unauslöschbaren Aggressivität infiziert. Und er war entschlossen, kein Appeaser zu sein. Er und Fulbright gelangten zum Vietnamkrieg von entgegengesetzten Seiten einer unüberbrückbaren intellektuellen und emotionalen Kluft, die Jahrzehnte vor dem Auftauchen Vietnams auf dem amerikanischen Radarschirm entstanden war.«

In den frühen Siebzigerjahren gaben Männer wie Fulbright den Ton in Amerikas außenpolitischen Debatten an; das Hitler-Syndrom schien überwunden. Die meisten Republikaner sowie demokratische Falken à la Rusk blieben hingegen überzeugt, dass die USA den Vietnamkrieg hätten gewinnen können, wäre er nicht aus Rücksicht auf die Weltöffentlichkeit und die Stimmung im eigenen Land mit angezogener Handbremse geführt worden. Und überhaupt hätte erst die Anti-Kriegsbewegung den Kampfwillen der US-Armee untergraben. Ein entscheidender Faktor war auch die Watergate-Affäre, die Nixon im August 1974 zum Rücktritt zwang und den Demokraten bei den Kongresswahlen im November eine massive Mehrheit gab. Als die Regierung von Gerald Ford den Südvietnamesen zu Hilfe eilen wollte, verweigerten die Abgeordneten die nötigen Mittel und ermöglichten damit Nordvietnam den Sieg. Den amerikanischen Soldaten wurde dadurch »die Erlaubnis zum Sieg verwehrt«, erklärte später Präsident Ronald Reagan.

Henry Kissinger prägte den Begriff »Vietnam-Syndrom«, um das Zögern seiner Landsleute vor Militäreinsätzen zu beschreiben und zu diskreditieren. Ein solcher neuer Isolationismus würde nicht nur die Sicherheit der USA schwächen, sondern die Kräfte der Freiheit in aller Welt gefährden, gaben sich Kissinger und andere Konservative überzeugt. Sie fanden die Bestätigung in den Erfolgen der Sowjetunion in Afrika, wo sich in den Bürgerkriegen von Angola und Mosambik linksgerichtete Rebellengruppen durchsetzten, sowie im Einmarsch sowjetischer Truppen in Afghanistan im Dezember 1979. Das Vietnam-Syndrom, so hieß es, habe die Regierung von Jimmy Carter dazu bewogen, ihren Verbündeten, den Schah des Iran, fallen zu lassen und die Machtergreifung von Ayatollah Khomeini in Teheran zu akzeptieren. Die ständigen Zeichen der Schwäche aus Washington hätten Khomeinis Anhänger schließlich ermutigt, die amerikanische Botschaft in Teheran zu stürmen und mit der Geiselnahme von 52 Amerikanern den aus ihrer Sicht »großen Satan« mehr als ein Jahr lang zu erniedrigen.

Das Unbehagen über die neue Richtung der US-Außenpolitik blieb nicht auf die politische Rechte beschränkt. Einige Linksliberale machten sich gleichfalls Sorgen, dass die USA den Willen zum Kampf gegen Aggression und Tyrannei verlieren und zu einem »Papiertiger« verkommen könnten. Einer von ihnen war der prominente jüdische Publizist Norman Podhoretz. Mit seinem Magazin *Commentary* wurde er zum Vater der neokonservativen Schule, deren Einfluss auf die amerikanische Außenpolitik von Jahrzehnt zu Jahrzehnt zunahm.

Die neokonservative Kritik an der US-Außenpolitik war einseitig und meist ungerecht. Die Protestbewegung gegen den Vietnamkrieg hatte ein dringend notwendiges Korrektiv in das Denken der US-Eliten gebracht, das weitaus näher an der Realität war als die radikalen Visionen der Kalten Krieger. Auch die Tauben in der Carter-Regierung, etwa sein Außenminister Cyrus Vance, waren keine Appeaser, sondern lediglich Skeptiker der traditionellen Kriegspolitik. Und sie sahen sich im Weißen Haus mit pragmatischen Falken wie Carters Sicherheitsberater Zbigniew Brzezinski konfrontiert, der als gebürtiger Pole mit dem Trauma des Zweiten Weltkriegs aufgewachsen war. Und selbst wenn es stimmt, dass die USA damals vom Vietnam-Syndrom befallen wurden, dann nur für sehr kurze Zeit: Bereits mit der Wahl von Ronald Reagan zum Präsidenten im November 1980 war es klar, dass Amerika den globalen Kampf gegen das Böse fortsetzen wollte. Doch noch Jahre später wurde das Vietnam-Syndrom von den Vertretern der amerikanischen Rechten als akute Gefahr für die Nation beschworen. Es diente zur Rechtfertigung einer ständigen Konfrontationspolitik und zur Diskreditierung der Kritiker. Die flüchtige Begegnung mit einer anderen Art des Denkens trieben die USA umso stärker in die Arme des Hitler-Syndroms zurück.

Entspannung

Der Vietnamkrieg öffnete eine breite Kluft zwischen Europa und Amerika. Keiner der westeuropäischen Verbündeten hatte viel Verständnis für die US-Politik, wobei bei deutschen Politikern die Sorge im Vordergrund stand, Washington könnte die Verteidigung Europas vernachlässigen. Auf den Straßen kam es zu anti-amerikanischen Protesten, die sich mit der Achtundsechziger-Revolte vermengten. Die Neuausrichtung der Ost-West-Politik als Entspannungspolitik, die in diesen Jahren ihren Anfang nahm, war zwar ein gemeinsames Projekt von Europa und den USA; die Grenzen der Entspannung wurden jedoch von den amerikanischen Politikern wesentlich enger gezogen als von ihren europäischen Kollegen. Die Nixon-Regierung nahm 1969 Verhandlungen mit der sowjetischen Führung über eine nukleare Rüstungsbeschränkung auf. Man einigte sich 1972 im SALT-I-Abkommen auf eine Höchstzahl von atombestückten Interkontinentalraketen sowie im ABM-Vertrag auf ein Verbot von Raketenabwehrsystemen. Aus der Sicht der US-Regierung, deren Außenpolitik vom Metternich-Bewunderer Henry Kissinger geprägt wurde, waren dies limitierte Vereinbarungen, die an der grundsätzlichen Gegnerschaft mit der Sowjetunion nichts änderten.

Für viele Europäer hingegen war die Entspannungspolitik ein Zeichen, dass der Kalte Krieg zu Ende gehen und von einer Ära der friedlichen Koexistenz abgelöst werden würde. Man machte sich keine Illusionen über den repressiven Charakter der sowjetischen Herrschaft – die Niederschlagung des Prager Frühlings hatte 1968 auch viele Kommunisten ernüchtert –, stufte aber die Sowjetunion immer weniger als aggressive und expansionistische Kraft ein. Das politische Tauwetter und die Erleichterung persönlicher Kontakte nahmen der Teilung des Kontinents die Schärfe, und der wachsende Handel mit dem Ostblock erwies sich als gutes Geschäft. Egon Bahr, der sozialdemokratische Architekt der deutschen Ostpolitik, sprach schon 1963 vom »Wandel durch Annäherung«. Diese Strategie der langfristigen Aufweichung der kommunistischen Herrschaft, die eines Tages

die Teilung Europas überwinden würde, setzte voraus, dass man zunächst
einmal die Tatsache zweier deutscher Staaten akzeptierte. Immer mehr
Westeuropäer fanden sich in den Siebzigerjahren mit der Existenz von zwei
Blöcken ab; kaum jemand rechnete mit einer Systemänderung jenseits des
Eisernen Vorhangs.

Als westdeutscher Außenminister und Bundeskanzler wurde Willy
Brandt zum Vordenker und Vorkämpfer der neuen Ostpolitik gegenüber
der Sowjetunion, Polen und vor allem der DDR. Für die Bundesrepublik
brachte die Entspannung einen grundlegenden Paradigmenwechsel: Statt
das SED-Regime zu isolieren und zu bekämpfen, glaubte Brandt daran,
durch eine förmliche Anerkennung der DDR die schmerzhaften Folgen
der deutschen Teilung lindern zu können. Die Bonner Regierung strebte
vornehmlich nach praktischen Verbesserungen auf der menschlichen
Ebene, etwa bei den Besuchsrechten, der Familienzusammenführung und
der Freilassung politischer Gefangener. All diese Zugeständnisse ließ sich
das Regime von Erich Honecker höchst teuer abkaufen. Die westdeutsche
Bevölkerung war dazu bereit, weniger aus Interesse am Schicksal der DDR-
Bürger, sondern weil sie sich davon die Verringerung der Kriegsgefahr an
der innerdeutschen Grenze erhoffte. Es war diese ausgeprägte Friedenssehnsucht in Westdeutschland, welche die Bonner Ostpolitik in den Augen
vieler Amerikaner als Vorstufe zum Appeasement erscheinen ließ. Aber
auch deutsche Kritiker verspotteten Brandts Politik als »Wandel durch An-
biederung«.

Höhepunkt der Entspannungsära war die Konferenz für Sicherheit
und Zusammenarbeit in Europa (KSZE), die 1975 im Abkommen von
Helsinki mündete. Darin wurden einerseits die Grenzverschiebungen nach
dem Zweiten Weltkrieg und indirekt auch die sowjetische Einflusszone in
Osteuropa anerkannt – für viele Konservative eine schmachvolle Kapitulation vor der kommunistischen Unterdrückungspolitik. Gleichzeitig aber
akzeptierte die Sowjetunion im so genannten »Dritten Korb« die Grundsätze der Menschenrechte. Anfangs kaum beachtet, erwies sich Helsinki als
wichtige Inspiration für die Dissidentenbewegung in Osteuropa und der
Sowjetunion. Der Dritte Korb war ein diplomatischer Sprengsatz, der ein
Jahrzehnt später die gesamte kommunistische Herrschaft zerstörte.

Nur wenige westliche Politiker begriffen in Helsinki die Tragweite dieser Entwicklung. Einer von ihnen war der sozialistische österreichische

Kanzler Bruno Kreisky, der in seiner Rede den Untergang des sowjetischen Systems voraussagte. Die Appeasement-Gegner in den USA, aber auch in Europa betrachteten dagegen die gesamte Entspannungspolitik mit Misstrauen. Sie verwiesen auf die fortgesetzte sowjetische Aufrüstung und die anhaltenden Menschenrechtsverletzungen und gaben sich überzeugt, dass die Sowjets bloß auf Kredite und Technologietransfer aus dem Westen schielten, um ihre Unterdrückung- und Expansionspolitik weiter vorantreiben zu können. Hatte nicht Lenin schon behauptet: »Die Kapitalisten werden uns noch den Strick verkaufen, an dem wir sie aufhängen werden«? Der Osthandel wurde daher durch die so genannte Cocom-Liste strikt limitiert, damit keine westliche Technologie in die Hände der sowjetischen Militärs fiel. Unter dem Begriff »Dual-Use« wurde sogar der Export rein ziviler Produkte blockiert.

Die Debatte über Sinn und Gefahren der Entspannungspolitik fand auf beiden Seiten des Atlantiks statt, denn auch die US-Wirtschaft profitierte vom Handel mit der Sowjetunion, vor allem durch große Getreideexporte. Doch gleichzeitig gewannen die Entspannungsgegner immer mehr Einfluss, zum Beispiel durch das »Committee on the Present Danger« (CPD), das 1976 unter der Leitung des damaligen CIA-Chefs und späteren Präsidenten George Bush sr. mit dem Ziel reaktiviert wurde, die US-Außenpolitik auf einen Konfrontationskurs gegenüber der Sowjetunion zurückzuführen. Auch unter Jimmy Carter war die Außenpolitik vom Misstrauen gegenüber dem Kreml geprägt, während in Europa die Hoffnung auf eine anhaltende friedliche Koexistenz zwischen Ost und West von Jahr zu Jahr zunahm. Für Carter lieferte der sowjetische Einmarsch in Afghanistan 1979 den Beweis für die anhaltende Aggressivität der Sowjetunion – für die meisten Europäer ein Irrweg einer zunehmend irrational handelnden Großmacht, der die Entspannungspolitik auf dem eigenen Kontinent nicht stören sollte. Mit Reagans Wahl zum US-Präsidenten war die Ära der Entspannung dann endgültig zu Ende. Sein außenpolitisches Team rekrutierte sich zum Großteil aus dem CPD und beabsichtigte, die Sowjets durch ein massives Aufrüstungsprogramm einzuschüchtern und von weiteren militärischen Abenteuern abzuschrecken.

Der Kampf zwischen Falken und Tauben auf beiden Seiten des Atlantiks entlud sich in der bitteren Debatte über die NATO-Nachrüstung. Im Schatten der Rüstungsverhandlungen über interkontinentale Atomraketen hatte die Sowjetunion in den Siebzigerjahren ihr Arsenal an Mittelstreckenwaffen aufgerüstet, die vor allem auf Westeuropa gerichtet waren. Ob die SS-20 genannten Raketen den Sowjets tatsächlich einen strategischen Vorteil verschafften, war unklar, aber in den USA und in Europa wurde dieser neue Waffentyp als Provokation und Bedrohung gesehen. 1979 erklärte die NATO in ihrem Doppelbeschluss, sie werde ab 1982 vergleichbare Mittelstreckenraketen vom Typ Pershing II und Tomahawk-Marschflugkörper aufstellen, falls Moskau bis dahin seine Raketen im Zuge einer Abrüstungsvereinbarung nicht wieder abgebaut habe. Was wie ein geschickter Verhandlungsschachzug der NATO-Politiker schien, erwies sich in der westeuropäischen Öffentlichkeit als gefährlicher Spaltpilz. Millionen von Menschen fühlten sich von der Sowjetunion nicht mehr genügend bedroht, als dass sie neue Atomwaffen auf ihrem Kontinent dulden wollten. Das Misstrauen wuchs nach Reagans Amtsantritt, denn die neue US-Regierung investierte wenig politisches Kapital in die Genfer Abrüstungsverhandlungen mit der Sowjetunion. Im Oktober 1982 zerbrach die sozial-liberale Regierung von Helmut Schmidt unter anderem am wachsenden Widerstand der SPD-Basis gegen die NATO-Nachrüstung. Hunderttausende Menschen gingen in ganz Europa auf die Straße, um gegen die neuen Raketen zu demonstrieren.

Zu diesem Zeitpunkt ging es kaum noch um die fraglichen Waffen, sondern um die Glaubwürdigkeit der beiden Bündnisse. Moskau sah seine Chance, mithilfe der täglich wachsenden Friedensbewegung der US-geführten NATO eine schmerzhafte politische Niederlage zuzufügen. Die westliche Führung von Reagan über Margaret Thatcher und François Mitterrand bis Helmut Kohl war sich einig, dass man genau dies verhindern müsse, unabhängig davon, ob die neuen Waffen notwendig seien oder nicht. Denn ein Kollaps der gemeinsamen NATO-Front würde die Sowjetunion ermutigen, Zwietracht im westlichen Bündnis zu säen und dessen Verteidigungswillen zu untergraben. Kritik an der Nachrüstung war nach Meinung vieler bereits Appeasement sowjetischer Aggression und Unterdrückung.

Die NATO hatte das Glück, dass die alternde Sowjetführung ihre eigene Position durch Intransigenz schwächte. Sie setzte alle Karten auf ein Nein der Europäer zur Raketenstationierung und machte kaum Zugeständnisse am Verhandlungstisch. Im November 1983 stimmte der deutsche Bundestag der Nachrüstung zu; die Pershing II und Tomahawks wurden in den folgenden Jahren aufgestellt. Die Sowjetunion hatte eine Schlacht verloren – eine zwar symbolträchtige, aber wie sich bald herausstellte, recht unbedeutende Schlacht.

Denn ohne dass es irgendjemand bemerkt hatte, war der Kalte Krieg zu diesem Zeitpunkt bereits entschieden. Die Sowjetunion und ihre Vasallen waren wirtschaftlich gegenüber dem Westen immer stärker ins Hintertreffen geraten und konnten ihre innere politische Legitimität und Stabilität nur noch durch Konsumgüterimporte aufrechterhalten, die man über Kredite bei westlichen Banken finanzierte. Die einstige Kornkammer Sowjetunion musste amerikanischen Weizen kaufen und diesen mit Geld aus dem Westen bezahlen. Der real existierende Sozialismus entfernte sich zunehmend vom Bild der totalitären Gesellschaft, das auf der anderen Seite des Eisernen Vorhangs jahrzehntelang als Feindbild gedient hatte. Die Abschottung funktionierte immer schlechter, die Anziehungskraft des Westens nahm immer mehr zu. Der Kommunismus wurde durch die Wirtschaftsbeziehungen mit dem Westen nicht, wie vielerorts befürchtet, gestärkt, sondern ausgehöhlt.

Vor allem in Polen sicherte das KP-Regime seine Macht immer mehr mit dem Versprechen eines wachsenden Lebensstandards ab, der aber nur über den Westen finanzierbar war. Als dann Ende der Siebzigerjahre die Unruhe unter den polnischen Arbeitern wuchs, konnte das Regime nicht zu den üblichen Mitteln der Repression greifen, denn damit hätte es die Kreditlinien gefährdet. So verlor die Diktatur ihren Schrecken und schuf jenen politischen Freiraum, in dem im August 1980 die Gewerkschaftsbewegung Solidarność entstand.

Der Solidarność-Aufstand und nicht die NATO-Nachrüstung war die entscheidende Schlacht der frühen Achtzigerjahre. Die Demokratiebewegung wurde zwar durch die Ausrufung des Kriegsrechts im Dezember 1981 niedergeschlagen, doch das erwies sich als Pyrrhussieg für den Kreml. Die Sowjetführung überließ es den nationalen Kommunisten und Militärs, die Ordnung wiederherzustellen, und signalisierte damit zugleich das Ende des sowjetischen Machtmonopols. Die Saat der Rebellion wuchs im polnischen Untergrund weiter. Die Wahl von Michail Gorbatschow zum Generalsekretär der KPdSU im März 1985 trat eine Lawine los, die vier Jahre später das gesamte sowjetische System unter sich begrub.

Reagan oder Brandt?

Auch 15 Jahre nach dem Fall der Berliner Mauer bleibt die Frage unbeantwortet, ob die Sowjetunion mehr durch den Druck von außen oder unter dem Gewicht ihres maroden Wirtschafts- und Gesellschaftssystems kollabierte. Sowohl die Hardliner in den USA als auch die Ostpolitiker in Deutschland beanspruchen den Erfolg für sich. Zwei Narrative, die zu völlig entgegengesetzten Schlüssen kommen, sind über das Ende des Kalten Kriegs entstanden. In dem einen ist Ronald Reagan der Held, in dem anderen sind es Politiker wie Willy Brandt. Seltsamerweise wird diese Debatte über die Interpretation der jüngeren Geschichte kaum bewusst geführt, obwohl sie für die Einschätzung der heutigen weltpolitischen Themen ganz entscheidend ist. Hier ein kurzer Versuch, die beiden Seiten darzustellen.

Im ersten Narrativ, das ich zwecks Vereinfachung das amerikanische nennen möchte, demoralisierte Reagans Aufrüstungspolitik, vor allem sein Raketenabwehrprogramm SDI, die Kommunisten und brachte die sowjetische Führung zu der schmerzlichen Erkenntnis, dass sie mit ihrem maroden Wirtschaftssystem bei der neuerlichen Rüstungsspirale nicht länger mithalten konnte. Nur deshalb habe Gorbatschow seinen Reformkurs eingeleitet, der die Sowjetunion letztlich von innen zerstörte.

Darüber hinaus sei die moralische Klarheit in Reagans anti-kommunistischem Kurs entscheidend für den Sieg des Westens gewesen. Indem er die Sowjetunion als »Reich des Bösen« titulierte, den polnischen Untergrund nach der Niederschlagung der Solidarność tatkräftig unterstützte und bei seinem Besuch in Berlin im Juni 1987 Gorbatschow zum Niederreißen der Berliner Mauer aufrief, habe der amerikanische Präsident der wachsenden Zahl von Regimegegnern in Osteuropa jene innere Stärke gegeben, mit deren Hilfe sie zwei Jahre später den Kommunismus besiegten. Obwohl die Befürworter von Détente und Ostpolitik die sowjetische Dominanz in halb Europa akzeptierten und dadurch die Lebenszeit des Kommunismus verlängerten, hätte der Westen letztlich den Versuchungen des Appeasements getrotzt und – unter der Federführung der USA – durch seine Wehrhaftigkeit und Entschlossenheit die totalitäre Ideologie des Kommunismus besiegt. Der »Dritte Weltkrieg« sei anders als der Zweite ohne großes Blutvergießen zu einem guten Ende gelangt – weil man aus der Erfahrung mit Hitler gelernt hatte.

Im zweiten, »europäischen« Narrativ verläuft die gleiche Geschichte ganz anders. Bis zu Stalins Tod 1953 gab es demnach eine Übereinstimmung mit der amerikanischen Haltung, doch in den europäischen Augen veränderte der Sowjetkommunismus seitdem seinen aggressiven Charakter und verlor seinen Schrecken. Gerade weil die Europäer sich näher am Geschehen wähnten, orteten sie Entwicklungen, die nicht in das amerikanische Bild des Kalten Kriegs hineinpassten: Stalins Nachfolger seien nicht mehr an der Ausbreitung des Kommunismus interessiert, sondern vor allem darum bemüht gewesen, ihre Herrschaft gegen die Kräfte der wirtschaftlichen und gesellschaftlichen Veränderungen zu verteidigen – durch fortwährende Repressionen in der Sowjetunion und die Niederschlagung der Reformbewegungen in Osteuropa. Die wachsende wirtschaftliche Kluft zwischen West und Ost und die Aufweichung des Eisernen Vorhangs durch die Entspannungspolitik hätten die Legitimation der kommunistischen Herrschaft immer stärker unterwandert. Der Zusammenbruch des Kommunismus sei 1989 zwar überraschend gekommen, habe aber den Sinn dieser Politik triumphal bestätigt. Nicht mit Waffengewalt, sondern durch den Mut der Bürger sei der Kommunismus besiegt worden. Nicht die »harte Macht« der Soldaten und Panzer der NATO, sondern die »weiche Macht« der Menschen, die vom erfolgreichen westeuropäischen Wirtschafts- und Gesellschaftsmodell motiviert wurde, habe den Kalten Krieg entschieden. In dieser Lesart hat die Aufrüstungspolitik der USA den Zerfallsprozess eher verzögert als beschleunigt: Außenpolitische Spannungen hätten den kommunistischen Herrschern stets dazu gedient, Veränderungen des eigenen Systems zu verschleppen oder zu blockieren. Deshalb seien Verhandlungen der einzig gangbare Weg gewesen.

Die unterschiedliche Interpretation der gemeinsamen Geschichte trennt heute nicht nur Europa und die USA, sondern auch das »alte Europa« und das »neue Europa«. In den ehemaligen kommunistischen Staaten Mittel- und Osteuropas tendiert die Mehrheit zur amerikanischen Sichtweise; gerade in Polen wird Reagan verehrt und George W. Bush unterstützt. In den meisten anderen europäischen Staaten hat sich hingegen seit dem Fall der Berliner Mauer die Meinung gefestigt, dass multilaterale Diplomatie, Verhandlungen und wirtschaftliche Anreize die besseren Mittel zur Lösung außenpolitischer Probleme darstellen als kriegerische Drohungen oder gar Militäreinsätze.

Ich selbst neige der deutschen beziehungsweise europäischen Interpretation zu, wobei allerdings die aktive Entspannungspolitik weniger wichtig war als die langfristigen Tendenzen in der sowjetischen und osteuropäischen Politik, auf die der Westen keinen Einfluss hatte. Neben Reagan und Brandt gibt es weitere Persönlichkeiten, die den Zusammenbruch der Sowjetunion mit herbeigeführt haben. Einer von ihnen ist Papst Johannes Paul II., dessen polnischer Patriotismus und Antikommunismus die ideologische Grundlage für die Solidarność-Bewegung schuf und ihr in den Jahren des Kriegsrechts die Stärke zum Weiterkämpfen gab. Der Papst stand zwischen Reagan und Brandt; er symbolisierte nicht den militärischen, sondern den moralischen Widerstand gegen den Kommunismus. Eine andere, weniger nahe liegende Figur ist Apple-Gründer Steven Jobs. Er steht stellvertretend für jene technologische Revolution der Siebziger- und Achtzigerjahre, die der unflexiblen kommunistischen Planwirtschaft den Boden entzog. Lenins und Stalins Wirtschaftsmodell konnte in der Zeit der großen Stahlwerke mit der freien Marktwirtschaft noch mithalten, in der Ära des Computers aber war es dem Untergang geweiht.

In einer entscheidenden Frage jedoch haben sich Falken und Tauben gleichermaßen getäuscht: Alle haben die Stabilität der Sowjetunion überschätzt. Die Hardliner in den USA und in Westeuropa betonten zwar die moralische Gebrechlichkeit des Kommunismus, blieben aber bis zuletzt von der militärischen und politischen Macht der Sowjetunion überzeugt und überzeichneten – absichtlich oder unabsichtlich – die Bedrohung, die von ihr ausging. Die Befürworter der Entspannung legten eine realistischere Einschätzung der sowjetischen Gefahr an den Tag. Dafür überschätzten sie die innere Legitimität der KP-Regime. Je mehr sich die Sowjetunion ihrem Ende näherte, desto stärker waren die Entspannungspolitiker überzeugt, dass sie sich mit ihr abfinden müssten – nach den Worten des Berliner Historikers Heinrich August Winkler ein »verkürztes Verständnis von Realpolitik«.

Diese Fehleinschätzung wird rückblickend besonders beim Umgang mit der polnischen Solidarność offensichtlich. Als der polnische Machthaber General Wojciech Jaruzelski im Dezember 1981 das Kriegsrecht ausrief und die Gewerkschaft in den Untergrund trieb, blieb die Kritik aus den europäischen Hauptstädten gedämpft. Die Bonner sozial-liberale Regierung wollte die guten Beziehungen zu Warschau und Moskau nicht gefährden,

und auch der französische Staatspräsident François Mitterrand hofierte Jaruzelski, der mit seinem Eingreifen einem sowjetischen Einmarsch zuvor-
gekommen war. Der Erhalt des Friedens war das oberste Ziel, das Vorrang
genoss vor der Ausbreitung der Demokratie. In der Euphorie nach dem
Fall der Berliner Mauer wurde dieses beschämende Kapitel westeuropäi-
scher Politik kaum aufgearbeitet. In den Köpfen vieler Osteuropäer wirkt
es allerdings als Beispiel für ein Appeasement weiter, das sich zwar als weniger fatal als in den Dreißigerjahren, aber moralisch ähnlich bedenklich
erwiesen hat.

3. Die neue Weltordnung und ihre Feinde

Anfang 1990 schien die Schaffung einer demokratischen, friedlichen
und auf Kooperation bedachten Weltordnung, die sich so viele schon nach
dem Zweiten Weltkrieg erhofft hatten, endlich in Reichweite. In Osteuropa
gab eine kommunistische Partei nach der anderen die Macht ab, die DDR
löste sich unter dem Druck ihrer Bevölkerung innerhalb weniger Monate
auf und vereinigte sich mit der Bundesrepublik Deutschland, und in Moskau verfolgte Gorbatschow das Ziel der inneren Liberalisierung und der
äußeren Versöhnung. Der Amerikaner Francis Fukuyama verkündete das
»Ende der Geschichte«: Die Marktwirtschaft hatte ihre Überlegenheit über
die Planwirtschaft bewiesen, und die Demokratie als einzige erstrebens-
werte Regierungsform stand außer Zweifel. Der legitime politische Diskurs
spielte sich nunmehr innerhalb des Rahmens der marktwirtschaftlich orientierten Demokratie ab, wo Bürger- und Eigentumsrechte gleichermaßen
gesichert sind.

Auch auf machtpolitischer Ebene war die bipolare Ära vorbei, die USA
als einzige Supermacht zurückgeblieben. Ohne die Rivalität zwischen amerikanischen und sowjetischen Klientenstaaten, so die Hoffnung vieler Experten, könne nun ein neues Zeitalter hereinbrechen, in dem der Krieg als
Mittel der Politik ausgedient habe. Endlich könne die Staatengemeinschaft
so funktionieren, wie Roosevelt es einst geplant hatte. Das Interesse wuchs
indes an neuen, globalen Problemen. Klimaerwärmung, Drogenhandel

und andere Formen der organisierten Kriminalität sowie die Migrations-
bewegungen von den armen in die reichen Länder: All das konnte nur
durch internationale Kooperation gelöst werden. In Asien, Lateinamerika
und Afrika bekannten sich immer mehr Staaten zur Marktwirtschaft, die
Expansion des Handels und des Kapitalverkehrs läutete die neue Ära der
Globalisierung ein, in der wirtschaftliche Zwänge den politischen Spielraum der Regierungen deutlich einschränkten. Auch China und Vietnam
entdeckten die Vorzüge des Kapitalismus, ohne allerdings die Vorherrschaft der kommunistischen Partei anzutasten.

An einigen Orten der Welt war diese jedoch deutlich unsicherer geworden. Der Ost-West-Konflikt hatte viele potenzielle Krisenherde innerhalb
der beiden Blöcke unter Kontrolle gehalten, vor allem im Osten brachen
durch den Kollaps der Vielvölkerstaaten Sowjetunion und Jugoslawien alte
ethnische Fronten auf besonders blutige Weise wieder auf. In der Dritten
Welt sahen manche Despoten den Tag gekommen, an dem sie ohne Einmischung der Supermächte ihre eigene Macht ausweiten konnten. Und in einigen islamischen Ländern erhielten radikale Prediger und Rebellenführer
Zulauf, die alle rechtgläubigen Muslime zum Kampf gegen die USA, ihre
Verbündeten und den gesamten Westen aufriefen.

Diese neuen Bedrohungen passten nicht in die Erfahrungen des Kalten
Kriegs und wurden von Amerikanern und Europäern in den entscheidenden Momenten falsch eingeschätzt. So wurde die Gefahr, die 1991 vom irakischen Staatschef Saddam Hussein ausging, von vielen Europäern herun-
tergespielt, von den USA hingegen überdramatisiert. Das blieb damals
ohne gravierende politische Konsequenzen. In Ruanda und in Ex-Jugosla-
wien hatte das Nichterkennen von mörderischen Ideologien und Regimes
durch amerikanische und europäische Politiker allerdings fatale Folgen.

Saddam Hussein

Spätestens seit der iranischen Revolution Anfang 1979, die mit dem
Schah von Iran einen der wichtigsten US-Verbündeten wegfegte und dem
ersten islamistischen Regime an die Macht verhalf, galt der Golf als Krisengebiet. Aus Angst vor den revolutionären Ambitionen des iranischen
Machthabers Ayatollah Khomeini unterstützten die USA den irakischen

Diktator Saddam Hussein in dessen blutigem und kostspieligem Krieg gegen seinen Nachbarn. Mit US-Militärhilfe rang Saddam dem Iran 1988 einen Waffenstillstand ab. Doch nun erwies sich Amerikas Protegé als neue und mindestens genauso gefährliche Bedrohung. Der deklarierte Bewunderer Stalins betrachtete sich als moralischen Sieger eines Kriegs, der die Golfstaaten vor den Iranern gerettet hatte, und als neuen Führer der arabischen Welt. So wie einst Ägyptens Nasser suchte Hussein die Konfrontation mit Israel und den traditionellen arabischen Regimes. Er drohte dem jüdischen Staat, diesen »mit allen Waffen in unserem Besitz« anzugreifen, und forderte massive Grenzkorrekturen des kleinen Emirats Kuwait, dessen Unabhängigkeit der Irak formell nie akzeptiert hatte. Nach mehreren Drohungen, die von den USA nicht ernst genommen wurden, schockierte Saddam im August 1990 die Welt, als er mit seiner Armee in Kuwait einmarschierte und das Emirat annektierte. Es war das erste Mal seit dem Zweiten Weltkrieg, dass ein international anerkannter Staat und UNO-Mitglied auf diese Weise von der Landkarte gelöscht zu werden drohte.

Die USA sahen sich in mehrerer Hinsicht zum Handeln gezwungen. Saddams Brutalität gegen innere und äußere Feinde war selbst für die arabische Welt außergewöhnlich; das hatte sich 1988 deutlich beim Giftgasangriff gegen aufständische Kurden in Halabscha gezeigt. Die gewaltsame Verschiebung internationaler Grenzen bedrohte die »neue Weltordnung«, von der Präsident George Bush sr. sprach. Durch den unwidersprochenen Zugriff auf die kuwaitischen Ölfelder würde Irak zum zweitgrößten Ölproduzenten der Welt aufsteigen und dadurch wirtschaftlich, politisch und militärisch eine noch größere Macht erlangen. Diese Macht könnte Saddam für eine Vereinigung der arabischen Welt unter seiner Herrschaft und einen Kreuzzug gegen Israel missbrauchen. In den ersten Tagen nach dem Einmarsch schien es sogar möglich, dass Saddam auch Saudi-Arabien angreifen und damit den Großteil der Ölreserven der Welt unter seine Kontrolle bringen würde.

Wer damals der Rhetorik des US-Präsidenten folgte, musste den Eindruck gewinnen, dass die Welt sich wieder im Jahr 1938 befand. »Wir haben es hier mit einem neuen Hitler zu tun, einem Totalitarismus und einer nackten Brutalität, die für die moderne Zeit beispiellos ist. Dies darf nicht so stehen bleiben.« Mit diesen Worten erklärte Bush am 15. Oktober 1990 die ersten Maßnahmen gegen den Irak, die schließlich in den Militäreinsatz zur Befreiung Kuwaits mündeten. Bush war nicht allein mit dieser Einschätzung. Selbst ein scharfsinniger Beobachter wie Hans Magnus Enzensberger nannte den irakischen Diktator in einem *Spiegel*-Essay im Februar 1991 »Hitlers Wiedergänger« und beschrieb ihn dort als blutrünstiges Monster, das nicht aus Interessenskalkül, sondern aus einer »Entschlossenheit zur Aggression« handele. »Der Todeswunsch ist sein Motiv, sein Modus der Herrschaft sein Untergang«, behauptete Enzensberger.

Für Enzensberger ebenso wie für andere Befürworter eines Militäreinsatzes waren die zahlreichen europäischen Kritiker des US-Kurses typische Appeaser. Tatsächlich gemahnten manche Argumente der damaligen Friedensbewegung an den Pazifismus zur Zeit des Münchener Abkommens. Ihre Vertreter rechtfertigten den irakischen Einmarsch mit völkerrechtlichen Zweifeln an den von den Kolonialherren gezogenen Grenzen und mit dem Hinweis auf die durch Ölreichtum korrumpierte Oligarchie, die Kuwait bis dahin regiert hatte. Sie warfen den USA vor, den Krieg nur deshalb zu führen, weil sie die Ölreserven am Golf unter ihre Kontrolle bringen wollten. Saddam sollte, wenn überhaupt, durch Diplomatie und sanften wirtschaftlichen Druck zum Einlenken bewogen werden.

Ein solches Vorgehen war allerdings auch in Europa nicht mehrheitsfähig, und das mit gutem Grund. Es hätte sich als strategisches, politisches und moralisches Fiasko für den Westen erwiesen und die Aufbruchstimmung nach dem Kollaps des Kommunismus zerstört. Saddam, darin hatte Enzensberger Recht, war ein Typ von Gewaltherrscher, wie ihn die Welt seit Stalins Tod kaum gesehen hatte. Sicher gab es Massenmörder wie Pol Pot und Tyrannen wie Idi Amin. Doch diese saßen weder auf den drittgrößten Erdölreserven der Welt, noch verfügten sie über Waffen, mit denen sie die anderen großen Erdölproduzenten kontrollieren und damit den Industrienationen die Energieversorgung abschneiden konnten.

Bush und Enzensberger hatten Recht – aber nur zum Teil. Die amerikanische Intervention zur Befreiung Kuwaits war richtig und notwendig, doch die Hitler-Rhetorik war es nicht. Saddam war ein brutaler Machtmensch, aber er passte weit mehr in das Muster eines opportunistischen Aggressors als in das eines ideologisch motivierten Welteroberers. Selbst seine regionalen Ambitionen waren unklar. Der Konflikt mit Kuwait hatte lokale Ursachen, für den von den USA behaupteten Plan für einen Angriff auf Saudi-Arabien gab es keine ernsthaften Indizien. Die Drohungen gegen Israel waren typisch für radikal-arabische Rhetorik, die Angriffe mit Scud-Raketen auf Tel Aviv kamen erst, nachdem die USA den Bombenkrieg gegen den Irak eröffnet hatten. Saddams Faszination mit Massenvernichtungswaffen war zwar gefährlich, aber nicht unbedingt eine strategische Bedrohung. Selbst wenn er in den Besitz einer Hand voll Atomwaffen gelangt wäre, hätte er sie nur schwerlich sinnvoll einsetzen oder sich gar zum Herrscher des Nahen Ostens aufschwingen können.

Tatsächlich deutet vieles darauf hin, dass Bush sr. selbst nicht allzu sehr an seine Hitler-Rhetorik glaubte. Ihm ging es im Irak darum zu beweisen, dass die USA zur Verteidigung der »neuen Weltordnung« in der Ära nach dem Kalten Krieg bereit seien und keinesfalls in einen neuen Isolationismus zurückfallen würden, wie es manche seiner republikanischen Freunde empfahlen. »Mensch, wir sind das Vietnam-Syndrom ein für alle Mal losgeworden«, erklärte er in einer euphorischen Siegesrede. Aber Bush war vor allem ein Realpolitiker, der das Gleichgewicht der Macht in dieser strategisch wichtigen Region sichern wollte. Nach dem raschen Kollaps der irakischen Armee verzichteten die US-Streitkräfte darauf, nach Bagdad zu marschieren und Saddam zu stürzen. Die USA verweigerten sogar ihre Hilfe, als sich die Schiiten im Südirak und die Kurden im Norden gegen das Regime erhoben. Washington wollte Saddam als Garant für eine innere Stabilität und als nützliches Gegengewicht gegen den Iran an der Macht belassen oder hoffte, falls dies nicht gelang, auf einen Machtwechsel innerhalb des Baath-Regimes. Der Militäreinsatz gegen den Irak erwies sich damit als begrenzter Schritt zur Sicherung des Völkerrechts und zur Wiederherstellung eines politischen Gleichgewichts, nicht als Kreuzzug gegen das Böse.

Die anfangs übertriebene Darstellung der irakischen Bedrohung wurde in dem Moment zum politischen Bumerang, als Saddam seine Macht konsolidierte. Absurderweise halfen ihm die USA beim Überleben, indem sie den aufständischen Schiiten im Süden keine Unterstützung gewährten. Zu jener Zeit war ihnen ein geschwächter Saddam als Herrscher in Bagdad lieber als ein Zerfall des Landes, der dem Iran mehr regionale Macht eingeräumt hätte. Rhetorisch jedoch hatte Amerika einen Hitler an die Wand gemalt, mit dem sie nun trotz aller militärischen Überlegenheit leben wollten. Die Folge war eine widersprüchliche Politik, in der einerseits ein strenges Sanktionsregime der UNO dazu gedacht war, Saddam zur vollen

Kooperation mit den internationalen Waffeninspektoren zu zwingen, andererseits aber die USA und Großbritannien jedes Zugeständnis an Saddam als moralische Kapitulation vor dem Bösen betrachteten. Sanktionen machen allerdings nur dann einen Sinn, wenn der Betroffene tatsächlich einen Anreiz hat, sein Verhalten zu ändern. Washington und London machten dies von Anfang an unmöglich, indem sie eine Aufhebung der Maßnahmen von vornherein ausschlossen, solange sich Saddam an der Macht befand. Die Sanktionen trafen dadurch die Zivilbevölkerung mit voller Härte, erfüllten aber keinerlei politischen Zweck.

Zwischenspiel in Afrika

Auch in zwei großen humanitären Krisen in Afrika wurden in den Neunzigerjahren die falschen Lehren aus der Geschichte gezogen und die Erfahrungen von einem Konflikt auf die nächsten übertragen. Im Dezember 1992 entsandte der scheidende US-Präsident George Bush sr. amerikanische Soldaten als Teil einer UNO-Friedenstruppe nach Somalia, wo der Kollaps der Staatsgewalt und der eskalierende Bürgerkrieg eine Hungersnot ausgelöst hatten. Die Blauhelme sollten die Lebensmittellieferungen absichern. Bill Clinton zog kurz darauf ins Weiße Haus ein und erbte diesen Konflikt. Seine Regierung ließ sich in einen Kampf mit einer der Bürgerkriegsfraktionen verstricken, die vom Klanchef Mohammed Farah Aideed geführt wurde. Nachdem bei einem missglückten Angriff 25 pakistanische Blauhelm-Soldaten ums Leben gekommen waren, erklärte die Clinton-Regierung Aideed zum Hauptfeind und nahm die Jagd auf ihn auf. Beim Abschuss eines US-Helikopters wurden 18 US-Soldaten getötet, einige der Leichen wurden durch die Straßen von Mogadischu gezerrt. Die Bilder erschütterten die Öffentlichkeit, die nicht verstand, was ihre Soldaten in diesem Konflikt überhaupt verloren hatten. Bald darauf kündigte das Weiße Haus den Rückzug an.

Clinton und seine Berater schlossen aus diesem Desaster, dass Interventionen in unübersichtlichen lokalen Konflikten in Afrika grundsätzlich zu vermeiden seien. Die USA könnten dort wenig ausrichten, aber politischen Schaden erleiden. Als im April 1994 das Morden zwischen Hutu und Tutsi in Ruanda ausbrach, hielt sich die Regierung an diese Maxime und trug aktiv dazu bei, dass die schwache UNO-Truppe vor Ort rasch abgezogen wurde, ohne in den Konflikt einzugreifen.

Doch Ruanda war kein spontaner Gewaltausbruch zwischen zwei verfeindeten Völkern, sondern der systematische Völkermord der zahlenmäßig überlegenen Hutu an der wirtschaftlich privilegierten Tutsi-Minderheit, getrieben von Rassismus und nationalistischen Ressentiments. Es war das, was seit 1945 dem Holocaust am Nächsten kam – mit dem Unterschied, dass die radikalen Anführer der Hutu nicht über Gaskammern, sondern nur über Macheten verfügten. Doch selbst so konnten sie in drei Monaten rund 800 000 Tutsi und moderate Hutu ermorden, bis sie schließlich von einer Tutsi-Rebellenarmee gestoppt wurden.

Eine direktere Verantwortung für den Genozid als die USA trugen zweifellos zwei europäische Staaten. Belgien stellte in seiner ehemaligen Kolonie Ruanda das Hauptkontingent jener UNO-Truppe, die für die Umsetzung eines Friedensabkommens sorgen sollte. Doch als beim Ausbruch der Gewalttätigkeit zehn belgische Soldaten ermordet wurden, befahl die Regierung in Brüssel sofort den Abzug. Sechs Jahre später entschuldigte sich der belgische Premier Guy Verhofstadt dafür: »Eine dramatische Kombination von Fahrlässigkeit, Inkompetenz und Zögerlichkeit hat die Bedingungen für eine Tragödie geschaffen.« Frankreich ging auf dem Weg zur Mitschuld noch einen Schritt weiter. Die kurzfristig nach Kigali entsandten Truppen kümmerten sich nur um die Rettung französischer Staatsbürger und taten nichts, um das generelle Morden zu stoppen. Erst als die Rebellenarmee auf Kigali marschierte und Hunderttausende Hutu in die Flucht trieb, startete die französische Regierung eine neutrale Militäraktion, um die Kämpfe zu beenden und die Flüchtlinge mit Lebensmitteln zu versorgen. Damit aber, so der Vorwurf, hätte Frankreich bloß den Vormarsch der Tutsi-Rebellen verlangsamt und die für den Genozid verantwortlichen Politiker und Milizen geschützt. Ein Kommentator schrieb, das sei nichts anderes, als wenn eine Armee von jüdischen Exilanten 1942 in Deutschland einmarschiert wäre und die USA eine Truppe zum Schutz flüchtender Nazis entsandt hätten.

Eine entschlossene Reaktion der Europäer hätte vieles in Ruanda verhindern können, die Führungsmacht des Westens waren allerdings die USA. Die amerikanische Publizistin Samantha Powers studierte die politischen Entscheidungen in Washington während des Genozids und kam zur

Überzeugung, dass eine einzige Drohgebärde aus Washington, ja sogar ein einziger Anruf die Hutu-Führung hätte abschrecken können. Diese hatte große Angst vor einer westlichen Intervention, wertete aber die Untätigkeit des Westens und den Abzug der UNO-Truppen als Signal dafür, dass man ihnen freie Hand zum Morden ließe. Mit all ihren politischen und militärischen Möglichkeiten schauten Europa und die USA dem Genozid tatenlos zu. Es war das wahrscheinlich größte moralische Versagen des Westens der vergangenen Jahrzehnte, aber nicht das einzige. Auch in einem anderen Land fand in diesen Jahren ein Völkermord statt – und das geschah nicht im »Herzen der Dunkelheit« von Zentralafrika, sondern inmitten des angeblich zivilisierten Europas.

Slobodan Milošević

Seit Anfang der Neunziger stellte der schleichende Zerfall Jugoslawiens die europäischen Staaten vor ihre größte Herausforderung. Die treibende Kraft hinter dieser Entwicklung war der serbische Nationalistenführer Slobodan Milošević. Kein anderer europäischer Politiker ist seit 1945 dem Archetypus Adolf Hitlers so nahe gekommen wie der Bankier aus Belgrad, der ein Jahrzehnt lang Südosteuropa terrorisierte. Und wie in den Dreißigerjahren reagierte die europäische Staatengemeinschaft lange Zeit mit Blauäugigkeit und Unentschlossenheit auf den Mann, der den ersten Genozid auf europäischem Boden seit 50 Jahren zu verantworten hatte. In der Euphorie nach dem Fall der Mauer wollten die Europäer nicht begreifen, dass ihr Kontinent vor gefährlichen Aggressoren und blutigen Konflikten nicht gefeit war. Vom Sommer 1991 bis zum Sommer 1995 erfüllte ihr Verhalten – und mit Abstrichen auch das der USA – alle Anzeichen des Appeasements.

Jugoslawiens Staatsgründer Josip Broz Tito hatte bis zu seinem Tod 1980 versucht, das Übergewicht der serbischen Bevölkerungsgruppe gegenüber den anderen Völkern – Kroaten, Slowenen, Bosniaken, Mazedoniern, Albanern und Ungarn – zu verringern. Vor allem das 1974 beschlossene weit reichende Autonomiestatut für den mehrheitlich albanischen Kosovo betrachteten viele Serben als ungerechte Einschränkung ihrer Rechte. Milošević erkannte, dass er die nationalistischen Emotionen der

Serben für seine eigene Karriere in der Kommunistischen Partei benutzen konnte. 1989 wurde er serbischer Präsident, beendete mit seiner neuen Macht die Autonomie des Kosovos und beraubte die Albaner ihrer politischen Rechte. Diese Politik erschreckte die anderen Volksgruppen, die nicht in einer serbisch dominierten Diktatur leben wollten, und förderte den zunehmend aggressiven Nationalismus der Kroaten unter der Führung von Franjo Tudjman. Die anhaltende Wirtschaftskrise des ehemaligen kommunistischen Vorzeigestaates trug zu den ethnisch-politischen Spannungen bei; die zentralen Institutionen des Landes, die KP, die Bundesregierung und die kollektive Präsidentschaft, hörten auf zu funktionieren. Nur die Armee, in der die Serben praktisch allein das Sagen hatten, hielt an einem vereinten Jugoslawien fest.

Anfang 1991 war die politische Führung in Slowenien und Kroatien zur Unabhängigkeit entschlossen. Milošević versuchte dies vorerst mit politischen Schachzügen zu unterbinden, legte dann aber sein Hauptaugenmerk auf die Sicherung der serbisch bewohnten Gebiete in Kroatien und Bosnien. In Kroatien setzten die ersten Gewaltakte gegen ethnische Minderheiten ein: Serben wurden aus den kroatischen Städten vertrieben, und die kroatische Dorfbevölkerung aus der serbisch dominierten Krajina. Nach der Unabhängigkeitserklärung von Slowenien und Kroatien im Juni 1991 verübte die jugoslawische Armee brutale Angriffe auf das ethnisch gemischte Ostslawonien und machte die pittoreske Barockstadt Vukovar dem Erdboden gleich.

In Washington und in den meisten westeuropäischen Hauptstädten wurden die Sprengkraft der Jugoslawienkrise und die Gefahr, die von der Person Milošević ausging, entweder verkannt oder verniedlicht. Die Vereinigten Staaten betrachteten Jugoslawien als europäisches Problem und hielten sich heraus. »Wir haben keinen Hund in diesem Kampf«, erklärte US-Außenminister James Baker nach einem gescheiterten Vermittlungsbesuch in Belgrad. Selbstbewusst stimmte ihm der luxemburgische Außenminister Jacques Poos zu: »Die Stunde Europas hat geschlagen.« Doch Europa hatte weder einen moralischen Kompass noch einen gemeinsamen Plan. Frankreich und Großbritannien wollten den Zerfall Jugoslawiens verhindern und zeigten daher mehr Sympathie für Milošević als für die kroatischen und slowenischen Sezessionisten. Deutschland stand ebenso wie Österreich auf der Seite der Slowenen und Kroaten und setzte sich damit dem Vorwurf aus, die Einheit Jugoslawiens zu zerstören und so die alte Balkan-Politik von Wilhelm II. und Hitler wieder aufleben zu lassen.

Als der Zerfall des Staates unvermeidlich wurde, zeigten viele westliche Politiker Verständnis für die serbische Forderung, wonach nicht die Grenzen der Teilrepubliken, sondern die ethnischen Siedlungsgebiete die neue Landkarte bestimmen sollten. Kroaten und Serben wurden für das anhaltende Blutvergießen gleichermaßen verantwortlich gemacht. Alle jugoslawischen Nachfolgestaaten wurden von der UNO mit einem Waffenembargo belegt – auch Bosnien, das selbst kaum über bewaffnete Truppen verfügte. Aus diesem Verhalten zog Milošević den Schluss, er werde auch in Bosnien-Herzegowina freie Hand haben, das sich nach der völkerrechtlichen Anerkennung Sloweniens und Kroatiens im März 1992 für unabhängig erklärte.

Bosnien

Bosnien war ein Vielvölkerstaat, in dem muslimische Bosniaken, Serben und Kroaten jahrhundertelang Tür an Tür lebten. Bosnisch-serbische Milizen, die von der jugoslawischen Arme ausgerüstet waren oder dieser noch kurz davor angehört hatten, betrieben eine Kampagne gegen die ethnischen Minderheiten, der vor allem die Muslime im Norden und Osten der Republik zum Opfer fielen. Drei Jahre lang wurde die Hauptstadt Sarajevo belagert und von serbischer Artillerie beschossen, mit einem für Europa unvorstellbaren Blutzoll. Die bosnischen Serben waren entschlossen, alle Hindernisse für einen rein serbischen Staat auf dem Großteil der zerfallenden ex-jugoslawischen Republik durch Terror und Massenmord hinwegzufegen. Zur großserbischen Ideologie kam eine anti-muslimische Hetze hinzu, in der die meist wenig religiösen Bosniaken als islamische Fundamentalisten gebrandmarkt wurden. Milošević bestritt, für die Massaker in Bosnien zuständig zu sein, aber es bestand kein Zweifel, dass die bosnisch-serbischen Führer Radovan Karadžić und Ratko Mladić massive Hilfe oder gar ihre Befehle aus Belgrad erhielten.

Milošević' Einschätzung erwies sich zunächst als richtig: Europa war von einem neuen München-Syndrom befallen. Innerhalb weniger Monate beherrschten die Serben die meisten von ihnen beanspruchten Gebiete und hatten Hunderttausende Muslime und Kroaten von dort vertrieben, Tausende dabei ermordet. Spätestens im Sommer 1992, als die Bilder von den ausgemergelten muslimischen Insassen der serbischen Konzentrationslager durch die Welt gingen, war es offensichtlich, dass die Serben die Aggressoren und die Bosniaken die Opfer waren. Erstmals seit 1945 fand auf europäischem Boden wieder ein Genozid statt – und der Westen reagierte wie gelähmt.

Großbritannien und Frankreich entsandten zwar UNO-Truppen, doch diese griffen nicht ins Kampfgeschehen ein, sondern kümmerten sich lediglich um die humanitäre Versorgung der Kriegsopfer sowie um den formalen Schutz der muslimischen UNO-Sicherheitszonen Goražde, Zepa und Srebrenica in Ostbosnien. In Deutschland und den USA wurden die Stimmen, die für eine Bewaffnung der Muslime und ein direktes Eingreifen auf ihrer Seite eintraten, immer lauter. Doch die Regierung Kohl erklärte, es sei zu früh, deutsche Truppen in ein Gebiet zu entsenden, in dem die Erinnerung an die Verbrechen der Wehrmacht fortlebte. Und Bill Clinton, der noch im Wahlkampf die Untätigkeit der Bush-Regierung beklagt hatte, wollte nach dem Fiasko von Somalia einen Einsatz in einem unübersichtlichen ethnischen Konflikt vermeiden.

Milošević, Karadžić und Mladić konnten sich in Sicherheit wiegen, dass der Westen militärisch nicht eingreifen würde. Eine Reihe von Vermittlern pilgerte nach Belgrad und in die bosnisch-serbische Hochburg Pale, um Friedenspläne zu unterbreiten. Doch die Serben sahen keinen Grund, selbst vorteilhafte Kompromisse anzunehmen. Die mächtige NATO beschränkte sich auf Hilfsdienste für die UNO-Mission. Als die Kommandanten der Vereinten Nationen dann doch endlich Luftangriffe anforderten, um den Druck auf das belagerte Sarajevo zu mildern, nahmen die Serben Blauhelme als Geiseln und stellten UNO und NATO bloß.

Einzig die Bosniaken versuchten, den Untergang ihres Staatsgebildes zu verhindern. In Srebrenica und Sarajevo leisteten ihre schlecht bewaffneten Truppen Widerstand gegen die übermächtigen Serben. Die Bilder aus dem belagerten Sarajevo, wo Woche für Woche Zivilisten von serbischer Artillerie getötet wurden, hielten die Welt in Atem und zwangen den Westen allmählich dazu, Partei zu ergreifen. Die Wende kam im Juli 1995, als serbische Truppen die ausgehungerte Enklave Srebrenica überrannten, die dortigen niederländischen UNO-Truppen vertrieben und 8000 bosnische

Männer kaltblütig ermordeten. Die Staatsmänner des Westens erkannten, dass die Politik der Nachgiebigkeit und Diplomatie versagt hatte und der Krieg in Jugoslawien das moralische Fundament der internationalen Ordnung bedrohte. Unter amerikanischer Führung begann die NATO mit gezielten Luftschlägen gegen serbische Einrichtungen, die den verbündeten kroatisch-muslimischen Truppen eine erfolgreiche Bodenoffensive ermöglichten. Angesichts der drohenden Niederlage willigte Milošević in Verhandlungen ein, die im Oktober auf einer US-Luftwaffenbasis in Dayton begannen. Der hemdsärmelige US-Vermittler Richard Holbrooke erzwang dort ein Abkommen, das aus Bosnien-Herzegowina ein von NATO-Truppen beherrschtes Protektorat machte. Holbrooke beendete damit zwar das Blutvergießen, schuf aber keine nachhaltige politische Lösung. Zehn Jahre und Milliarden an Wiederaufbauhilfe später bleibt Bosnien nach wie vor ein wirtschaftliches und politisches Krisengebiet.

Kosovo

In Dayton wurde Milošević trotz seiner offensichtlichen Verwicklung in zahlreiche Kriegsverbrechen als respektabler Verhandlungspartner und Garant für die Friedenslösung behandelt. Doch als einige Jahre später ein Guerillakrieg im Kosovo ausbrach, dem die Serben mit großer Brutalität entgegentraten, änderte sich das Bild des serbischen Machthabers schlagartig. Anders als in Bosnien war die serbische Politik hier von Übergriffen einer rücksichtslosen Anti-Guerilla-Kampagne gekennzeichnet. Und dieses Mal waren Europäer und Amerikaner entschlossen, die Fehler von Bosnien nicht zu wiederholen. Anfang 1999 wurde Milošević ins französische Rambouillet zitiert und bei den dortigen Verhandlungen mit einem Ultimatum konfrontiert: Entweder akzeptiere er eine Friedenstruppe und die völlige Autonomie des Kosovo, oder die NATO werde ihre Bomber losschicken.

Treibende Kraft hinter der harten Haltung gegenüber Serbien war US-Außenministerin Madeleine Albright. Wie keine andere amerikanische Spitzenpolitikerin war sie persönlich vom Hitler-Syndrom geprägt. Marie Jana Korbel wurde 1937 als Tochter eines tschechischen Diplomaten in Prag geboren und war erst ein Jahr alt, als ihre Familie von den Panzern der deutschen Wehrmacht vertrieben wurde. Nach ihrer Rückkehr nach Prag 1945 flüchtete die Familie ein zweites Mal, jetzt vor den Kommunisten, und ließ sich in den USA nieder, wo Madeleine Albright zu einer der führenden Expertinnen für Außenpolitik aufstieg. Doch immer noch sah sie die Welt durch die Brille ihrer Kindheitserfahrungen, und als Clinton sie 1997 zur ersten Außenministerin der USA ernannte, war sie entschlossen, ein »zweites München« zu vermeiden, wie sie Vertrauten immer wieder mitteilte. »Meine Gedankenwelt ist München, für die meisten meiner Generation ist es Vietnam«, erläuterte sie 1996 in einem Interview, warum sie so viel stärker für Militärinterventionen eintrete als andere Demokraten. »Ich habe gesehen, was geschieht, wenn man einem Diktator erlaubt, ein Stück eines Landes zu nehmen und das Land so den Bach hinuntergehen zu lassen. Und ich habe das Gegenteil von dem gesehen, als Amerika in den Krieg eintrat.«

Albrights persönlicher Hitler war Milošević, und in den Verhandlungen in Rambouillet wollte sie zeigen, wie man mit solchen Tyrannen richtig umgeht. Doch ihre Absicht, die Serben mit massiver Androhung von militärischer Gewalt zum Einlenken zu bewegen, ging nicht auf, genauso wenig ihre Voraussage, Milošević werde nach den ersten Bomben in die Knie gehen. Der NATO-Luftkrieg begann am 24. März 1999 und dauerte fast drei Monate. Hunderte Zivilisten kamen in Serbien und im Kosovo ums Leben, und Milošević befahl nun genau jene Vertreibungen, die der Westen ihm zuvor vorgeworfen hatte. Erst als die Zeichen für eine Bodeninvasion zunahmen, lenkte Milošević ein. Der Kosovo wurde zum NATO-Protektorat, aus dem die serbische Minderheit in großer Zahl flüchtete. Der serbische Präsident wurde schließlich ein Jahr später nach einer weiteren gefälschten Wahl von einem Volksaufstand gestürzt und von seinen westlich orientierten Nachfolgern an das Kriegsverbrechertribunal in Den Haag ausgeliefert. Nach der faktischen Abspaltung der Schwesterrepublik Montenegro ist von seinem Großserbien nichts mehr übrig.

Kosovo gilt daher im Rückblick als gelungene Militärintervention, in der eine internationale Koalition – wenn auch ohne UNO-Mandat – eingegriffen hat, um Menschenleben und Menschenrechte zu schützen. Vor allem die USA halten sich zugute, dass sie in Bosnien und im Kosovo den Europäern die Kastanien aus dem Feuer geholt und durch ihr Eingreifen eine brutale Aggression auf europäischem Boden gestoppt hätten. Den-

noch sind Zweifel an dieser Sichtweise angebracht. Anfang der Neunzigerjahre war Milošević brandgefährlich, doch bei seinen Angriffen in Kroatien
und Bosnien blieb er viel zu lange unbehelligt. Sein Vorgehen im Kosovo
war zwar brutal, aber weder der Beginn eines weiteren Genozids noch eines
neuen großserbischen Expansionsfeldzuges, sondern das Rückzugsgefecht
eines von allen Seiten bedrängten Regimes. Die Versäumnisse von Bosnien
wurden im Kosovo nachgeholt, mit deutlich weniger Berechtigung und
zwiespältigen Folgen. Der von den Serben als ungerecht empfunden
NATO-Luftkrieg trug nichts zu Milošević' späterem Sturz bei, festigte seine
Herrschaft vielmehr kurzfristig. Im Kosovo ist es dem Westen noch weniger als in Bosnien gelungen, eine dauerhafte Lösung des Konflikts zu finden. Die kleine Provinz bleibt ein politisches Pulverfass und ein wirtschaftliches Katastrophengebiet, das nur dank internationaler Hilfe überlebt.

Zwei Jahre nach dem Kosovokrieg gelang es dem Westen dann, in Ma-
zedonien eine militärische Konfrontation zwischen den albanischen und
mazedonischen Volksgruppen allein durch diplomatische Vermittlung abzuwenden. Endlich schien es möglich, ohne Waffengewalt auf dem Balkan
eine Lösung für die vielen ethnischen Konflikte zu finden. Zu diesem Zeitpunkt saß Milošević schon in seiner Zelle in Den Haag. Karadžić und
Mladić, die beiden Hauptverantwortlichen für die Massaker in Bosnien,
liefen hingegen weiterhin frei herum.

In den Beziehungen zwischen Europa und den USA war der Jugosla-
wienkonflikt eine Wiederholung des Zweiten Weltkriegs im Kleinen: Amerika fand sich zuerst in der Rolle des passiven Zuschauers und griff dann
doch ein, um einen Tyrannen zu stoppen, vor dem Europa in die Knie gegangen war. Eine frühere Demonstration westlicher Entschlossenheit, so
glaubt man heute, hätte auch ohne militärische Mittel das spätere Übel
verhindern können. Denn Milošević war weniger ein Ideologe als ein rücksichtsloser Opportunist, der den serbischen Nationalismus dazu ge-
brauchte, um an die Macht zu gelangen und sich dort zu halten. Eine kleine
Dosis des Hitler-Syndroms hätte den europäischen Politikern sicherlich
gut getan.

Rückblickend ist die Bilanz der Jugoslawienkriege daher für die USA
halbwegs befriedigend, für Europa aber nicht: Die europäischen Mächte
schauten zu, wie ein ehrgeiziger Politiker ein einst hoffnungsvolles Land
durch mehrere Kriege zerstörte, einen Genozid beging und dem Westen

jahrelang seine eigene Machtlosigkeit vor Augen führte. Milošević war zwar kein Hitler, aber dennoch das Schlimmste, was der Kontinent seit 1945 hervorbrachte. Die europäische Politik ist an dieser Herausforderung gescheitert – genauso wie einst 1938.

4. Der unfassbare Gegner: Amerika, Europa, Al-Qaida und der Irak

Das 20. Jahrhundert ging für den Westen dennoch in einer Hochstimmung zu Ende. Anfang 2000 boomten die Weltwirtschaft und die großen Börsen, in Lateinamerika, Asien, Afrika und im ehemaligen Ostblock breiteten sich Marktwirtschaft und Demokratie aus, und im Nahen Osten schien eine Friedenslösung in Reichweite. Die NATO hatte im Kosovokrieg ihre Handlungsfähigkeit bewiesen, und bis auf einige regionale Konflikte in Afrika schien der Weltfrieden gesichert. Die Wirtschaft der USA profitierte ebenso wie die der westeuropäischen Staaten von der »Friedensdividende«, der Senkung der Verteidigungsausgaben nach dem Ende des Kalten Kriegs.

Auch Saddam Hussein schien durch die UNO-Sanktionen und den beständigen militärischen Druck der USA und Großbritanniens, die im Norden und Süden des Irak große Flugverbotszonen bewachten, halbwegs eingedämmt. Mehrere Versuche der Clinton-Regierung, Saddam durch CIA-gestützte Aufstände zu stürzen, waren allerdings missglückt. 1998 mussten die Waffeninspektoren der UNO aus dem Irak abziehen, als Saddam ihnen nach einer neuerlichen militärischen Konfrontation mit den USA die Unterstützung entzog. Damit verlor die Staatengemeinschaft die Möglichkeit zu erfahren, ob der Irak chemische, biologische oder gar nukleare Massenvernichtungswaffen entwickelte. Hinzu kam, dass die Sanktionen zunehmend umgangen wurden und Bagdad unter dem Deckmantel des »Öl-für-Lebensmittel«-Programms immer mehr Zugang zu Erdöleinnahmen erhielt. Dennoch schien die Gefahr, die von Saddams Regime ausging, den meisten Experten überschaubar.

Warnungen

In den neokonservativen Kreisen der USA aber wuchs die Unruhe. In einer gemeinsamen Plattform, dem »Project for a New American Century«, forderten Männer wie Donald Rumsfeld, Paul Wolfowitz, Norman Podhoretz, Francis Fukuyama und Jeb Bush (der Bruder des späteren Präsidenten) schon im Sommer 1997 eine massive Anhebung der Rüstungsausgaben und eine offensivere Außenpolitik. Am lautesten waren ihre Warnungen vor Saddams Massenvernichtungswaffen, doch in ihrer Kritik an Clintons Irakpolitik ging es ihnen um mehr als nur um potenzielle Waffenarsenale. Das beharrliche Überleben des Diktators und seine politischen Erfolge gegen die Supermacht USA erzeugten ihrer Ansicht nach einen Eindruck der Schwäche, der den Feinden des Westens in aller Welt – vor allem aber in den islamischen Staaten – neuen Auftrieb geben würde. Diese Argumentation folgte ganz der Logik des Hitler-Syndroms, und die folgenden Ereignisse schienen den Konservativen Recht zu geben. Eine neue Art der Bedrohung tauchte auf, deren erste Anzeichen allerdings nur wenig ernst genommen wurden.

Im Februar 1993 versuchte eine islamistischen Terrorzelle, das World Trade Center in New York in die Luft zu sprengen. Der Anschlag wurde dilettantisch durchgeführt, die Opferzahl war mit sechs Toten relativ gering, und die Täter wurden rasch gefasst. Doch im Laufe der Neunzigerjahre nahmen die Anschläge auf amerikanische Ziele weltweit zu. Im Sommer 1998 explodierten schließlich gleichzeitig zwei Autobomben vor den US-Botschaften in Kenia und Tansania und töteten mehr als 200 Menschen. Die perfekt geplanten Anschläge gingen auf die Rechnung des Al-Qaida-Netzwerks des saudischen Millionärssprosses Osama bin Laden, der vom radikal-islamischen Taliban-Regime in Afghanistan geschützt wurde. Die Reaktion der Clinton-Regierung war – wie man heute weiß – zögerlich und ineffektiv: Die US-Streitkräfte beschossen ein Ausbildungslager der Al-Qaida in Afghanistan, wo sich bin Laden kurz zuvor angeblich aufgehalten hatte, und eine Pharmafabrik im Sudan, die von der CIA fälschlicherweise für eine Produktionsstätte von biologischen Waffen gehalten wurde. Nach diesen beiden Fehlschlägen war Schluss: Die USA verzichteten auf weitere Angriffe auf Afghanistan und beschränkten sich auf eine – nur teilweise erfolgreiche – kriminaltechnische Jagd nach den Attentätern.

Der Ausbruch der zweiten Intifada in den Palästinensergebieten im September 2000 und die Welle von Selbstmordanschlägen der radikal-islamischen Hamas bestärkten jene amerikanischen und israelischen Falken, die nie an ein Zusammenleben mit den Palästinensern und an die Erfolgsaussichten des Osloer Friedensprozesses geglaubt hatten. Für die Neokonservativen war es klar: Unentschlossenheit, überzogene Friedenssehnsucht und Nachgiebigkeit hatten die strategische Position der USA untergraben. Nur eine entschlossene Machtdemonstration würde der Großmacht wieder jenen Respekt verschaffen, der in diesem Teil der Welt Sicherheit gewährleistete.

Zu dieser Gruppe gehörte der ehemalige US-Verteidigungsminister Richard Cheney, den der republikanische Präsidentschaftskandidat George W. Bush zu seinem Vize machte. Mit Bushs umstrittenem Wahlsieg gelangten sie an die Schalthebel der Macht. Cheney machte seinen alten politischen Weggefährten Rumsfeld zum Verteidigungsminister, dieser ernannte Wolfowitz zu seinem Vize und dessen Mitkämpfer Douglas Feith zum Staatssekretär für politische Planung. Die Symbolfigur der amerikanischen Schwäche war in den Augen dieser Männer Saddam Hussein. Von Anfang an wälzten die »Neocons« daher geheime Pläne für einen Militäreinsatz zum Sturz des Diktators und ignorierten dafür dringliche Geheimdienstinformationen über bedrohliche Aktivitäten der Al-Qaida. Das haben zahlreiche Insider der Bush-Regierung, so auch der frühere Terrorbeauftragte Richard Clarke, bestätigt.

Der 11. September

Der 11. September 2001 war ein schwarzer Tag für die Vereinigten Staaten: Arabische Terroristen entführten vier amerikanische Passagierflugzeuge und verwandelten sie in tödliche Waffen. In den beiden Türmen des New Yorker World Trade Centers wurden nicht nur knapp 3000 Menschen getötet, auch der Mythos der amerikanischen Unverwundbarkeit wurde zerstört. Viele Amerikaner sagen, dass sie seit diesem Tag die Welt mit anderen Augen sehen. Auch George W. Bush erklärt immer, wie sehr sich sein Weltbild durch die Ereignisse des 11. September geändert habe, und beschuldigt seine Kritiker, in der Welt vom 10. September 2001 stecken geblieben zu sein.

Doch für Bushs engste Berater ist 9/11 kein Wendepunkt, sondern eine mächtige Bestätigung von allem, woran sie schon vorher geglaubt haben: Der Angriff auf die USA sei der Preis gewesen, den das Land für die fehlende Entschlossenheit im Kampf gegen die Todfeinde zahlen musste. Nun gehe es darum, diesen Kampf an allen Fronten zu führen. Ihr »Hitler« ist keine Person, sondern eine große Bewegung, zu der die Terroristen, deren Sympathisanten und die radikalen Regimes im Nahen Osten gehören: der Iran, Syrien und vor allem der Irak. »Ebenso wie die Nazis im Zweiten Weltkrieg und die Sowjetkommunisten im Kalten Krieg zielt der Feind von heute auf unsere Zerstörung ab«, fasste Cheney auf dem republikanischen Parteitag im Sommer 2004 die Weltsicht seiner Regierung zusammen. Und Podhoretz, der Vater der Neokonservativen, sprach von einem »Vierten Weltkrieg«.

Der *New-York-Times*-Kolumnist Thomas Friedman fand eine einleuchtende Erklärung für diese Weltsicht in einer arabischen Legende: Einer Beduinenfamilie wurde der Truthahn gestohlen, von dem sich der alte Beduinenführer die Wiederherstellung seiner Manneskraft erhofft hatte. Er rief seine Söhne zusammen und forderte sie auf, das Tier wiederzubringen. »Wir sind in großer Gefahr«, warnte er sie. Doch die Söhne ignorierten seine Forderung. Einen Monat später wurde das Kamel des Beduinen gestohlen, und wieder forderte er seine Söhne auf, den Truthahn zurückzubringen. Als schließlich seine Tochter vergewaltigt wurde, schrie er auf: »Das ist alles nur wegen des Truthahns passiert. Als sie sahen, dass sie uns meinen Truthahn wegnehmen können, wussten sie, dass sie uns alles nehmen konnten.« In einer Kolumne verglich Friedman im Februar 2002 die USA mit dieser Beduinenfamilie: »Der 11. September ist passiert, weil wir unsere Fähigkeit zur Abschreckung verloren haben. Zwanzig Jahre lang haben wir nicht zurückgeschlagen, wenn Amerikaner ermordet wurden. Amerikas Feinde haben unsere Schwäche gerochen, und wir haben einen hohen Preis dafür bezahlt.«

Cheney und Rumsfeld schienen tatsächlich davon überzeugt, dass Saddam mit den Attentätern des 11. September unter einer Decke steckte. Schon am Tag des Anschlags forderten sie die US-Geheimdienste auf, eine solche Verstrickung zu untersuchen. Doch es gab keine Hinweise auf eine Verbindung: Die Terroristen waren zum Großteil Saudis, und die Drahtzieher saßen bekanntlich in Afghanistan. Mit der Rückendeckung einer

UNO-Resolution und der breiten Unterstützung der Europäer griffen die USA in einem groß angelegten Militäreinsatz Afghanistan an und vertrieben innerhalb weniger Wochen die Taliban von der Macht. Trotz teilweise hoher Opferzahlen unter den Zivilisten gab es wenig internationale Kritik an dieser Intervention.

Osama bin Laden fand offenbar in den Bergen von Nordwestpakistan Zuflucht und entkam seinen amerikanischen Jägern. Zahlreiche andere Al-Qaida-Spitzen wie der mutmaßliche Drahtzieher der Anschläge vom 11. September, Khalid Scheich Mohammed, wurden hingegen gefasst. Al-Qaida selbst war dadurch noch lange nicht besiegt. Von Tunesien über Saudi-Arabien bis Bali zogen islamistische Terroristen, die zu Al-Qaida gehörten oder sich mit ihrer Ideologie identifizierten, in den Folgejahren eine blutige Spur.

Der zweite Irakkrieg

Der Kampf gegen Al-Qaida erwies sich bald als eine Nebenfront in den Plänen der Bush-Regierung, denn diese wandte sich schon wenige Wochen später wieder dem Irak zu. Mit dem Hinweis auf die neue Bedrohungskulisse nach dem 11. September versuchte sie nun, das eigene Volk und die Verbündeten von einem Militäreinsatz zum Sturz Saddam Husseins zu überzeugen. In seiner Rede zur Lage der Nation sprach Bush im Januar 2002 von der »Achse des Bösen«, die aus dem Irak, dem Iran und Nordkorea bestehe – ein deutlicher Verweis auf die »Achsenmächte« Deutschland, Italien und Japan, gegen die Amerika im Zweiten Weltkrieg gekämpft hatte. Nach dem japanischen Angriff auf Pearl Harbor im Dezember 1941 hatte Präsident Roosevelt »Germany First« zu seiner Maxime gemacht – der Kampf gegen NS-Deutschland besaß Priorität in der amerikanischen Kriegspolitik. Dieses Mal würde Saddam Husseins Irak als erstes Angriffsziel eines US-Präsidenten herhalten.

In der öffentlichen Darstellung wurden der Bush-Regierung für ihre Entscheidung, den Krieg gegen den Terror in den Irak zu tragen, viele verschiedene Motive unterstellt. Europäische Kriegsgegner sahen dahinter ein Streben nach Ölreserven, andere den Versuch des Sohnes, den Fehler seines Vaters zu korrigieren, Saddam nicht vollständig zu besiegen. Wieder andere hielten Bush und seinen Beratern zugute, dass sie die Informationen über Saddams Massenvernichtungswaffen tatsächlich glaubten und ein Opfer schlechter Geheimdienstinformationen waren.

Doch wer genau hinhörte, konnte in den Argumentationen der Kriegsbefürworter das Echo der Geschichte vernehmen: Die USA müssten gegenüber den Aggressoren von heute – wie einst gegen Hitler – unbedingte Stärke demonstrieren. »Wenn Amerika in diesem Jahrzehnt Unsicherheit und Schwäche zeigt, dann wird die Welt in eine Tragödie schlittern. Das wird auf meiner Wacht nicht geschehen«, verkündete Bush im Wahlkampf 2004, als er seine Irakpolitik gegen den demokratischen Herausforderer John Kerry verteidigte. Hitler war in zwei Inkarnationen zurückgekehrt: als der zynische Tyrann Saddam Hussein, der mit seiner Armee die Nachbarn bedrohte, und als der eifernde Massenmörder Osama bin Laden, dessen Ziel nach wie vor nichts weniger ist als die Zerstörung einer verhassten Kultur.

Auch der britische Premier Tony Blair schien von dieser Vorstellung beseelt. Ihn trieb wohl auch die Angst vor irakischen Massenvernichtungswaffen, aber die entscheidende Motivation lieferte das Vorbild Winston Churchills, der vor dem Bösen eben nicht zurückgewichen war, sondern es gemeinsam mit den USA besiegt hatte. Die Beweggründe der anderen westeuropäischen Regierungschefs, die in dieser Stunde auf Seiten der USA standen, darunter Italiens Silvio Berlusconi und Spaniens José Maria Aznar, sind schwieriger zu begreifen. Zum Teil war es Loyalität gegenüber dem großen atlantischen Verbündeten, zum Teil Abneigung gegen die deutsch-französische Freundschaft, die durch die gemeinsame Antikriegshaltung intensiviert wurde. Gerhard Schröder und Jacques Chirac standen in der Kritik, weil sie jeden Militäreinsatz ausschlossen. Damit nämlich würden sie jene internationale Front spalten, die zur Einschüchterung und Abschreckung des irakischen Alleinherrschers unabdingbar sei.

Eine entscheidende Lehre aus dem Zweiten Weltkrieg war, dass man in künftigen Konflikten auf jeden Fall frühzeitig handeln wollte. In den Jahren 1936 oder 1938 hätte man Hitler noch leichter stoppen können als 1940, und auch im Pazifikkrieg hatte sich Japan durch den Überraschungsangriff auf Pearl Harbor einen signifikanten Vorteil erkämpft. Die Bush-Regierung entwickelte diese Erkenntnis zu einer Doktrin des Präventivkriegs. »Wenn wir darauf warten, dass die Bedrohungen tatsächlich zustande kommen, dann haben wir zu lang gewartet«, sagte der US-Präsident in einer Grundsatzrede in West Point am 1. Juni 2002. »Der Krieg gegen den Terror wird nicht aus der Defensive heraus gewonnen. Wir müssen die Schlacht zum Feind tragen, seine Pläne vereiteln, und den schlimmsten Bedrohungen entgegentreten, bevor sie entstehen.«

Im Zentrum der »National Security Strategy«, die das Weiße Haus drei Monate später veröffentlichte, stand nun die Absicht, nicht nur reale, sondern bereits potenzielle Gefahren für die USA durch militärische Mittel auszuschalten und dabei auf internationales Recht oder die Haltung der Verbündeten keine Rücksicht zu nehmen. »Die USA können sich nicht mehr wie in der Vergangenheit ausschließlich auf eine reaktive Haltung verlassen«, hieß es darin. »Wir dürfen es nicht zulassen, dass unsere Feinde zuerst zuschlagen.« Die bekannten Bedrohungsszenarien wurden um die Facette der Massenvernichtungswaffen erweitert. Was passiert, fragte man, wenn Schurkenstaaten oder Terrorgruppen biologische Kampfstoffe oder gar Atombomben in die Hand bekommen und diese gegen amerikanische oder europäische Großstädte einsetzen? Die technischen Schwierigkeiten für den Bau, den Transport und das Zünden einer Atombombe machen einen nuklearen Terroranschlag eher unwahrscheinlich. Deshalb stellten die USA die Möglichkeit einer »schmutzigen Bombe« in den Raum – eines Sprengsatzes, der die Umgebung radioaktiv verseucht. All diese Szenarien dienten der Bush-Regierung als Argumente für einen raschen Schlag gegen Saddam Hussein.

Dass die Präventivkriegsdoktrin zuerst im Irak zur Anwendung kam, hatte noch einen weiteren Grund. Die Neokonservativen beriefen sich bei ihrem Wunsch nach einer Machtdemonstration gegenüber Saddam Hussein auf eine neue Art der Domino-Theorie. Der Sturz des Tyrannen und die Schaffung einer demokratischen Nachkriegsregierung im Irak würden der USA nicht nur zu einem neuen mächtigen Verbündeten verhelfen, der die Abhängigkeit vom fundamentalistischen und zunehmend instabilen Saudi-Arabien verringern würde. Demokratie und Marktwirtschaft würden auf die gesamte Region ausstrahlen, in allen arabischen Ländern den gemäßigten und pro-westlichen Kräften Auftrieb verleihen und dem frustrierten Mittelstand eine Alternative zum mörderischen Islamismus vom Schlage Osama bin Ladens bieten. Sogar die Palästinenser, so das neokonservative Wunschdenken, würden nach der Niederlage ihres Helden Saddam einsehen, dass sie keine Chancen auf einen Territorialstaat im gesamten Westjordanland und im Gazastreifen hätten, den Selbstmordterrorismus aufgeben und sich mit dem begnügen, was Israel ihnen biete.

Vieles in der amerikanischen Diagnose war grundsätzlich richtig: Die Dysfunktionalität der arabischen Welt – die korrupte und autoritäre Politik, die geringe wirtschaftliche Dynamik, die hohen Geburtenraten, die Diskriminierung von Frauen – war der Boden, auf dem der islamistische Terror wachsen konnte. Die Therapie aber war radikal: Anders als durch eine echte arabische Revolution, lautete die Überzeugung der republikanischen Ideologen, sei dem islamistischen Terrorismus nicht beizukommen. Die von den meisten Europäern empfohlene Alternative – mühsame kriminaltechnische Arbeit in Zusammenarbeit mit den Behörden der anderen Staaten – würde das Problem allenfalls mildern, aber nicht lösen. Für eine Supermacht mit so viel Glauben an die eigene Allmacht war das viel zu wenig.

Die Bush-Regierung hatte eines der größten soziopolitischen Experimente der Geschichte im Sinn: Die geplante Demokratisierung des Irak war nur vergleichbar mit der so erfolgreichen Transformation Deutschlands und Japans nach 1945. Der feste Glaube an dieses historische Modell führte die USA in das Abenteuer Irak. Der Plan schien allerdings zu irrwitzig, um ihn selbst der eigenen Bevölkerung verkaufen zu können. Zum offiziellen Kriegsargument wurde daher die Bedrohung durch die angeblichen irakischen Massenvernichtungswaffen erhoben. Das lückenhafte Wissen über Saddams Waffenprogramme erleichterte dies, denn niemand konnte mit Überzeugung sagen, ob der Irak auf diese Waffen wirklich verzichtete. Doch genauso dünn waren die Indizien für die Existenz der verbotenen Waffen. Der logische Schluss war die Wiederaufnahme der UNO-Inspektionen, die man 1998 hatte abbrechen müssen. Auf Drängen seines Außenministers Colin Powell suchte Bush tatsächlich zunächst die Zusammenarbeit mit dem UNO-Sicherheitsrat, der im November 2002, die vom Irak ultimativ und mit Erfolg den vollständigen Verzicht auf illegale Waffen und die Wiederaufnahme der Waffeninspektionen forderte.

Die neue Kooperationsbereitschaft des Irak wäre ohne den amerikanischen Truppenaufmarsch am Golf und die offenen Kriegsdrohungen nicht möglich gewesen. Wer Angst vor irakischen Waffensystemen hatte, durfte nun etwas aufatmen. Die USA jedoch hegten andere Absichten: Kaum waren die UNO-Inspektoren Ende November wieder im Irak, drängte Washington auf deren Abzug und den Beginn des Militäreinsatzes. Ein mächtiger Grund war das Wetter: Ab Ende April, so die Prognosen der Militärs, würden die steigenden Sommertemperaturen die Kriegsführung deutlich erschweren. Am 20. März 2003 eröffneten amerikanische und britische Truppen den Krieg.

Ihr rascher militärischer Erfolg übertraf selbst die optimistischsten Erwartungen. Saddams Armee wehrte sich kaum; innerhalb weniger Wochen standen die US-Truppen in Bagdad. Doch anders als im Zweiten Weltkrieg hatten die USA dieses Mal nicht für die Nachkriegszeit geplant. In weiten Teilen des Landes brachen Sicherheit und Ordnung zusammen, und damit auch die Versorgung mit den wesentlichsten Alltagsgütern. Die amerikanischen Truppen wurden nicht als Befreier, sondern als Besatzer betrachtet und von der Bevölkerung anfangs nur zögerlich unterstützt. Eine fehlgeleitete Besatzungspolitik, die immer mehr Iraker erzürnte, verwandelte die anfängliche Sympathie schnell in mörderischen Hass auf die USA. Saddam-Loyalisten, fanatische Sunniten, rebellische Schiiten und islamistische Kämpfer aus anderen arabischen Ländern terrorisieren seitdem die Besatzungsmacht und die Zivilbevölkerung mit einer Welle brutaler Selbstmordanschläge, die auch nach der Festnahme Saddam Husseins, der formellen Einsetzung einer irakischen Übergangsregierung und den ersten demokratischen Wahlen nicht nachlassen. Sie machen den Irak praktisch unregierbar und verhindern jede Form des wirtschaftlichen und sozialen Wiederaufbaus.

Wie einst Afghanistan ist nun auch der Irak eine Brutstätte des islamistischen Terrors, und die Bilder von den Misshandlungen irakischer Gefangener durch US-Soldaten im berüchtigten Gefängnis von Abu Ghraib geben den Feinden des Westens in der gesamten islamischen Welt weiteren Zulauf. Zwar ist die Führungsstruktur der Al-Qaida durch den Verlust ihrer Basis in Afghanistan und die Verhaftung zahlreicher Spitzenleute geschwächt, doch das Terrornetzwerk breitet sich weiter aus.

Die amerikanischen Menschenrechtsverletzungen von Abu Ghraib sind ebenso wie die Missachtung des Völkerrechts und der eigenen Verfassung bei der Internierung von Terrorverdächtigen in Guantánamo auf Kuba eine logische Konsequenz des Hitler-Syndroms. Folterungen sind an sich nicht Teil der politischen und militärischen Traditionen der USA. Die

Rechte von Verdächtigen wurden in der US-Verfassung ausführlich darge-
legt und gelten als Säule des amerikanischen Rechtsstaates, von dessen moralischer Überlegenheit auch George W. Bush überzeugt ist. Aber im Krieg
gegen »das Böse«, so die Überzeugung seiner Leute, darf man sich nicht
durch allzu große Rücksichtnahme auf die in Friedenszeiten geltenden Regeln einschränken lassen. Hatte nicht der Nordstaaten-General William T.
Sherman nach dem amerikanischen Bürgerkrieg gesagt »Der Krieg ist die
Hölle«, um die völlige Zerstörung von Atlanta zu rechtfertigen? Das bedeutet nichts anderes als: Jene, die den Krieg angezettelt haben, sind für die
Brutalitäten des Kampfes verantwortlich. Verletzte nicht Roosevelt die
Bürgerrechte der US-Japaner, als er sie im Zweiten Weltkrieg internierte?
Und räumte ihm nicht der Oberste Gerichtshof weit reichende Rechte ein,
um verdächtige Spione und andere gefährliche Ausländer unbeschränkt
festzuhalten? Schließlich ging es in diesem Krieg um das Überleben der
menschlichen Zivilisation.

Aus der Sicht der Bush-Regierung müssen im heutigen Kampf gegen
die Kräfte der Finsternis gleichfalls alle Mittel erlaubt sein, also auch die Inhaftierung und sogar die Folter unschuldiger Menschen. Moralische Bedenken dürften keine Rolle spielen, und die katastrophalen Auswirkungen
auf das Image der USA bei jenen Völkern, deren Sympathie es im Kampf
gegen den Terror eigentlich zu gewinnen gilt, seien weniger wichtig als der
militärische Erfolg gegen die »Achse des Bösen«. Auch mit dem Vorwurf
der Doppelmoral kann die Bush-Regierung gut leben, solange sie den
Krieg gewinnt.

Diese Einstellung hat sich nicht nur als moralisches, sondern auch als
strategisches Fiasko erwiesen. Die Bush-Regierung hat die Geister, die sie
bekämpfen will, erst recht heraufbeschworen. Das entschlossene Handeln
der stärksten Militärmacht der Welt hat die gegnerischen Kräfte nicht de-
moralisiert, sondern bestärkt. Und warum? Am Zenit ihrer Macht ließen
sich die Vereinigten Staaten von einer tollkühnen Theorie und einem falschen historischen Gleichnis leiten. Dadurch schlitterten sie in einen Krieg,
der das internationale Gleichgewicht zu ihren Ungunsten verschoben hat.
Doch die amerikanischen Wähler lassen sich von den Zeichen des Misser-
folgs nicht beeindrucken; sie geben Bush eine zweite Amtszeit. Seine offen-
sichtliche Entschlossenheit im Krieg gegen das Böse ist ihnen wichtiger als
die tatsächlichen Erfolge seiner Politik. Die USA bleiben dem Hitler-Syn-

drom verhaftet und scheinen nunmehr bereit, ihren Kampf auf andere Staaten auszudehnen.

Terror in Europa

Im Kampf gegen die neuen Bedrohungen gehen die Europäer ganz andere Wege. Nach den Terroranschlägen vom 11. September 2001 bekräftigten zwar alle EU-Staaten ihre Solidarität mit den USA, die NATO erklärte den Angriff sogar zum kollektiven Verteidigungsfall. Doch kein einziger Staat der Union, nicht einmal der treue Verbündete Großbritannien, übernahm danach das amerikanische Konzept eines »Kriegs gegen den Terror«, und viele Regierungen äußerten deutliche Kritik an dieser Art der militärischen Terrorbekämpfung.

Europas Politiker und Behörden blieben dabei nicht untätig. Überall wurden islamische Bethäuser mit radikalen Predigern und bekannte Extremisten unter Beobachtung gestellt. Frankreich und Großbritannien beschlossen weit reichende Anti-Terror-Gesetze, die zum Teil weniger Rücksicht auf die Bürgerrechte von Verdächtigen nahmen als der umstrittene »Patriot Act« in den USA. Europäische Politiker verwiesen auf ihre langjährigen Erfahrungen im Kampf gegen terroristische Bewegungen von der RAF in Deutschland über die nordirische IRA bis zur baskischen ETA. In all diesen Fällen konnte man durch mühsame kriminaltechnische Arbeit konspirative Zellen zerschlagen, einzelne Terroristen fassen und im Fall der IRA die Gewaltbereitschaft durch einen politischen Friedensprozess eindämmen. Europa zeigte sich von Anfang an entschlossen, die neue Gefahr des islamistischen Terrors auf gleiche Weise zu behandeln und nicht den USA in einen unbegrenzten Krieg zu folgen. In den Medien schwankte die Darstellung der amerikanischen Obsession mit der Terrorgefahr zwischen Belustigung und heftiger Kritik.

Anders als die Amerikaner fühlten sich die meisten Europäer nicht persönlich bedroht – und das, obwohl drei der vier Terrorpiloten des 11. September lange Zeit unauffällig in Hamburg gelebt und dort ihre Bluttaten geplant hatten. Mohammed Atta und seine Komplizen waren ein Teil jener rund 15 Millionen Muslime, die in der Europäischen Union schlecht oder gar nicht integriert zumeist in ethnischen Großstadtgettos leben. In diesem tristen Umfeld werden viele junge Männer anfällig für radikal-islamische Ideen.

Die Folge dieser Einstellung war, dass die Gefahr des islamistischen Terrors in der europäischen Politik nicht ernst genug genommen wurde. Auch der Anschlag auf der tunesischen Ferieninsel Djerba im April 2002, dem 14 deutsche Touristen zum Opfer fielen, verstand man nicht als Attacke auf Europa. Schließlich war das Ziel die lokale jüdische Synagoge. Als am 11. März 2004 mehrere ferngezündete Bomben in Pendlerzügen in Madrid in die Luft gingen und 191 Menschen in den Tod rissen, sprachen zwar viele Spanier von »unserem 11. September«. Doch auch dieses Mal ging noch keine echte Schockwelle durch Europa. Der Anschlag galt als spanisches Phänomen – als Antwort der Al-Qaida auf die unbedingte Loyalität von Premier Aznar gegenüber der Bush-Regierung und auf die Beteiligung Spaniens am Irakkrieg. Die Entscheidung des neuen sozialistischen Regierungschefs José Luis Rodríguez Zapatero, die Truppen aus dem Irak abzuziehen, stieß in Spanien wie in ganz Europa auf breite Zustimmung. Nur vereinzelte Stimmen, wie etwa Josef Joffe von der *ZEIT*, warfen den Spaniern wegen ihres überstürzten Abzugs ein Appeasement des »Islamo-Faschismus« vor.

Ein Sinneswandel scheint erst seit November 2004 einzutreten, nachdem der niederländische Filmemacher Theo van Gogh, der in seinen provokanten Filmen den Islam heftig kritisiert hatte, auf offener Straße in Amsterdam erschossen und erstochen wurde. Der Täter war ein Niederländer marokkanischer Herkunft, der in den Jahren zuvor in radikal-islamische Kreise geraten war. Seine Tat richtete sich nicht gegen eine bestimmte Politik, sondern gegen die Meinungsfreiheit an sich und damit gegen ein Grundprinzip der europäischen Gesellschaft. Plötzlich fühlen sich viele Europäer von einer fremden, feindlichen Kultur belagert und fordern eine Abkehr von der Politik der Toleranz gegenüber islamischen Einwanderern. In den einst so toleranten Niederlanden wurden Moscheen und islamische Schulen angezündet, in einer Welle der Gegengewalt brannten mehrere Kirchen.

Die Ermittlungen über das Attentat von Madrid und die Ermordung van Goghs ergaben ein schockierendes Bild islamistischer Netzwerke, zum Beispiel Ansar al-Islam, die dank der Bewegungsfreiheit im Schengener Raum und der mangelnden Kooperation der nationalen Behörden relativ frei agieren konnten. Die Verhaftung zweier Al-Qaida-Terroristen, die sich in Deutschland Material für eine radioaktive Bombe beschaffen wollten, ließ im Januar 2005 führende europäische Anti-Terror-Experten, darunter den EU-Sonderbeauftragten Gijs de Vries, von einer »neuen Qualität der Gefahr« sprechen, der man mit größerer Entschlossenheit begegnen müsse.

Hier setzen innere und äußere Kritiker an, die den Europäern vorwerfen, wieder einmal die Gefahr eines neuen Totalitarismus nicht zu erkennen und sich nicht ausreichend zur Wehr zu setzen. Sie verweisen auch auf die wachsende Zahl von Gewaltakten gegen jüdische Einrichtungen und Juden, vor allem in Frankreich, und stellen dies in einen Zusammenhang mit der kritischen Grundhaltung vieler Politiker, Journalisten und anderer Meinungsmacher gegenüber der israelischen Politik. Der US-Botschafter bei der Europäischen Union, Rockwell Schnabel, erklärte im Februar 2004, dass der Antisemitismus in Europa fast so schlimm sei wie in den Dreißigerjahren. Auch hier schwingt der Vorwurf des Appeasements mit.

Ein weiterer Vorwurf betrifft das Versagen der EU im Umgang mit muslimischen Einwanderern. Einerseits gebe die Politik den wenigsten Muslimen Hoffnung auf eine Integration in die europäische Gesellschaft mit all ihren wirtschaftlichen und sozialen Aufstiegschancen. Andererseits zeige sie viel zu viel Toleranz gegenüber dem radikalen Islamismus und lasse es zu, dass von Saudi-Arabien bezahlte Prediger ungestört junge Menschen mit ihren Ideen indoktrinieren und sogar als Terroristen rekrutieren. Die Rücksichtnahme auf die Prinzipien der Rechtsstaatlichkeit und die Angst vor der Diskriminierung ihrer muslimischen Mitbürger halten manche Behörden von einem harten Vorgehen selbst gegen deklarierte Feinde des westlichen Gesellschaftssystems ab. Davon profitieren Personen wie der als »Kalif von Köln« bekannte türkische Prediger Metin Kaplan, der mit dem deutschen Rechtsstaat jahrelang Katz und Maus spielen konnte, bevor er im Oktober 2004 endlich in die Türkei abgeschoben wurde. Ein anderes Beispiel ist Anfang 2005 der Freispruch vor einem Mailänder Gericht von drei Islamisten, die versucht hatten, Selbstmordattentäter für den Irak anzuwerben. Die Richterin begründete den Spruch mit dem skurrilen Hinweis, dass im Irak »zwischen Terrorismus und Guerillakampf unterschieden« werden müsse.

Dennoch können die Europäer mit gutem Grund behaupten, dass die geduldige Arbeit ihrer Polizeibehörden und Gerichte keine schlechteren

Ergebnisse gegen den Terrorismus hervorbringt als der amerikanische »Krieg« und dass die EU durch ihre weniger aufgeregte Haltung nichts versäumt. Was aber ist dann die adäquate Antwort auf den islamistischen Terrorismus? Um diese zu finden, muss man vor allem hinterfragen, ob der Kampf gegen Nationalsozialismus und Kommunismus irgendwelche Lehren für die Auseinandersetzung mit den gegenwärtigen Konflikten zu bieten hat. Das hängt in erster Linie von der Natur der aktuellen Bedrohung ab – in diesem Fall der Al-Qaida. Ist auch Osama bin Laden ein »Wiedergänger« Hitlers, um Enzensberger zu zitieren? Muss er also auf ähnliche Weise bekämpft werden wie einst der NS-Diktator? Einiges spricht dafür, etwa die mörderische Ideologie und der zerstörerische Nihilismus, doch vieles auch dagegen. Al-Qaida ist kein Staat mit einer mächtigen Armee, sondern eine diffuse Bewegung, deren Stärke in ihrer Anziehungskraft auf Tausende, ja Millionen orientierungsloser und zorniger Muslime liegt. Sie ist anders als all die anderen Bedrohungen, denen die westlichen Demokratien im 20. Jahrhundert ausgesetzt waren. Wie geht man mit einer solchen Bewegung um, deren Dynamik sich einer konventionellen Analyse entzieht? Die nächsten beiden Kapitel werden sich mit der grundsätzlichen Natur von Bedrohungen beschäftigen und einige Möglichkeiten für das richtige Erkennen und das richtige Verhalten aufzeigen.

Raubtiere und Bienenschwärme

Im Hollywood-Film *Independence Day* steht ein junger amerikanischer Präsident einer Invasion von Außerirdischen gegenüber. Zuerst glaubt er, er könne mit den Wesen verhandeln, doch als diese mit ihren Raumschiffen mehrere Großstädte pulverisieren und er in die Gedankenwelt eines ihrer Kommandanten eintauchen kann, erkennt er, dass die Invasoren nur ein einziges Ziel verfolgen: die gesamte Erde zu zerstören und zu unterjochen. Mit einem wagemutigen Plan gelingt es dem Präsidenten gemeinsam mit einem schwarzen Piloten und einem jüdischen Wissenschaftler, die Aliens zu besiegen und die Welt zu retten.

Der deutsche Filmemacher Roland Emmerich hat 1996 mit *Independence Day* nicht nur einen der erfolgreichsten Actionfilme aller Zeiten gedreht, sondern auch jenen Mythos, der das Hitler-Syndrom nährt, in seiner puren Form dargestellt. Eine ähnliche Geschichte des ultimativen Überlebenskampfes der Menschheit erzählt Steven Spielberg in seiner Verfilmung von H. G. Wells Romanklassiker *Der Krieg der Welten*, mit dem einst Orson Welles die Amerikaner übers Radio in Panik versetzt hat. Falls Emmerich und Spielberg ein reales Vorbild für ihre Leinwandaußerirdischen überhaupt benötigten, dann hätten sie es am ehesten im nationalsozialistischen Deutschland finden können – in jener ultimativen Aggressionsmaschine, mit der man weder verhandeln noch sich arrangieren konnte, die bekämpft und vernichtet werden musste, um die Welt zu retten. Adolf Hitlers Mischung aus einer fanatischen Herrenmenschenideologie und einem ungebremsten Expansionstrieb machte ihn zu einem einzigartigen Phänomen in der Weltgeschichte, dem weder Dschingis Khan noch Stalin das Wasser reichen konnten. Für die anderen europäischen Staaten und für die USA war eine Koexistenz mit Hitler nicht möglich; der Zweite Weltkrieg konnte nur mit einem Triumph für NS-Deutschland oder aber mit dessen totaler Niederlage enden.

Nullsummen- und Positivsummenspiele

Nullsummenspiel wird diese Form der Beziehung in der Spieltheorie genannt: Jeder Gewinn für die eine Seite bedeutet automatisch einen Verlust für die andere Seite. Spieltheorie ist ein Zweig der Mathematik, der während des Zweiten Weltkriegs von John von Neumann und Oskar Morgenstern begründet wurde und seither immensen Einfluss auf die Wirtschaftswissenschaften, Soziologie, Psychologie und die Politikwissenschaften ausübt. Sie versucht das Verhalten von einzelnen oder kollektiven Spielern in Situationen vorauszusagen, in denen das Ergebnis auch vom Verhalten anderer abhängt. Im Nullsummenspiel ist dies relativ einfach, denn dort wird man stets jenen Weg wählen, der einem selbst am meisten nützt und der anderen Seite schadet.

Ein Schachspiel ist ein solches Beispiel. Aber selbst rivalisierende Schachspieler haben meist auch gemeinsame Interessen. Sie mögen Freunde sein und daher darauf schauen, dass das Spiel ihre Freundschaft nicht verdirbt. Oder sie wollen einem Publikum eine möglichst interessante Partie bieten, weil sie beide davon finanziell profitieren. Gleiches gilt für jeden sportlichen Wettkampf; wer alle Regeln der Fairness bricht, schadet sich letztlich selbst.

Die meisten Beziehungen in der realen Welt sind solche Mischungen aus gegensätzlichen und gemeinsamen Interessen. Sie werden in der Spieltheorie Positivsummenspiele genannt und in der Sprache des modernen Managements oft als »Win-Win« bezeichnet. Auch im Positivsummenspiel kann es Gewinner und Verlierer geben, aber entscheidend dabei ist, dass in bestimmten Konstellationen die Gewinne der einen Seite die Verluste der anderen übersteigen. Daher gibt es Verhaltensweisen, in denen die Gruppe als Ganzes besser wegkommt. Wenn zwei Ehepartner mit einem TV-Gerät am Abend darüber diskutieren, ob sie lieber ein Fussballspiel oder eine Oper anschauen sollen, dann wollen in diesem Moment beide ihren Willen durchsetzen. Trotzdem haben beide ein noch größeres Interesse daran, einen regelrechten Ehekrach zu vermeiden. Dem Frieden zuliebe wird deshalb einer von beiden nachgeben, oder sie entscheiden sich für ein drittes Programm, mit dem beide Seiten leben können. Eine Ehe ist schließlich kein Nullsummenspiel.

Besonders interessant und relevant sind jene Konstellationen, in denen die individuelle Rationalität mit der kollektiven kollidiert: Entscheidungen, die aus der Sicht des Einzelnen vernünftig erscheinen, fügen der Gruppe massiven Schaden zu. Wer Steuern hinterzieht, schont sein Bankkonto, mindert aber die Einnahmen des Staates. Wenn das jeder tut, gibt es kein Geld mehr für öffentliche Dienstleistungen, von denen letztlich alle profitieren. Wer ein Stück Abfall auf die Straße wirft, erspart sich den Gang zum nächsten Mülleimer. Unter der verschandelten Umwelt haben jedoch alle zu leiden.

In der Spieltheorie heißt ein solches Modell »Gefangenendilemma«: Dahinter steht die konstruierte Geschichte zweier Tatverdächtiger, die nach einem Banküberfall festgenommen und einzeln verhört werden. Die Polizei hat keine Beweise für den Bankraub in der Hand, sehr wohl aber für ein geringeres Vergehen, und stellt ihnen eine Straferleichterung in Aussicht, wenn sie den Komplizen ausliefern. Die Ganoven müssen entscheiden, ob sie reden oder schweigen. Ihr Verhalten hängt davon ab, was sie sich vom anderen erwarten. Wenn sie fürchten müssen, dass der jeweils andere die Tat gesteht, um sich einen Vorteil zu verschaffen, werden sie das Angebot der Polizisten annehmen und ein komplettes Geständnis ablegen. Für beide wäre es aber besser gewesen zu schweigen.

Raubtiere

Das Gefangenendilemma ist ein Grundmuster der Sozialwissenschaft, das im täglichen Leben häufig auftritt. Aber auch Konflikte zwischen Staaten lassen sich auf diese Weise beschreiben. Internationale Beziehungen stellen meist eine Mischung aus gegensätzlichen und gemeinsamen Interessen dar. Beide Seiten wollen ihre Ziele durchsetzen, dabei aber allzu verhängnisvolle Auseinandersetzungen vermeiden. Nur bei einem Mindestmaß an gegenseitigem Vertrauen ist es möglich, die Konflikte zu begrenzen. Je weniger die beteiligten Staaten einander vertrauen, desto leichter geraten sie in eine Kette von Aktionen und Reaktionen, aus der am Ende alle mit Nachteilen hervorgehen.

So wurden in der europäischen Ritterkultur des Mittelalters die Kriege noch mit einer gewissen Zurückhaltung geführt, die dann in den Religionskriegen der Neuzeit verloren ging. Zwischen Protestanten und Katholiken gab es im 16. Jahrhundert keine Vertrauensbasis. Erst nach dem Westfälischen Frieden, der 1648 den Dreißigjährigen Krieg beendete, kehrte eine Art von Verhaltenskodex in die europäischen Kriege zurück. Die Staaten und Herrscherhäuser wollten zwar durch Waffengänge ihre Macht und das von ihnen beherrschte Gebiet zu Lasten der anderen ausweiten, aber nicht um jeden Preis. Die Kosten des Kriegs durften die Leistungsfähigkeit der eigenen Wirtschaft nicht übersteigen, die Zivilisten der anderen Seite wurden meist geschont, und auch auf dem Schlachtfeld hielten sich die Truppen an gewisse Regeln, die Anfang des 20. Jahrhunderts in der Haager Landkriegsordnung festgeschrieben wurden. Dauerte ein Krieg zu lange oder kostete er zu viele Ressourcen und Menschenleben, waren alle Seiten meist zu einem Kompromissfrieden bereit. Selbst in der Ära nach der Französischen Revolution, als der Eifer der Ideologen und der Expansionsdrang Kaiser Napoleons den Kontinent zwei Jahrzehnte lang in ein Schlachtfeld verwandelten, wurden gewisse Grenzen der Menschlichkeit und vor allem der Ökonomie eingehalten. Als Napoleon 1815 endgültig kapitulierte, war Europa zwar erschöpft, aber nicht verwüstet.

Die industrielle Revolution änderte noch einmal das Kalkül des Kriegs. Solange der Wohlstand vor allem durch Eroberungen ressourcenreicher Gebiete gesteigert werden konnte, waren erfolgreiche Kriege ein profitables Unterfangen. Doch nun bestand auch die Möglichkeit, die Wirtschaft voranzutreiben, indem man die vorhandenen Ressourcen durch Investitionen und technologischen Fortschritt besser nützte, also die Produktivität steigerte. Grundsätzlich ist jeder Machtkampf ein Nullsummenspiel, denn Macht ist immer relativ; wenn einer an Macht gewinnt, muss ein anderer sie verlieren. Wohlstand in einer modernen Marktwirtschaft ist hingegen ein Positivsummenspiel: Alle können reicher werden, ohne dass jemand verliert.

Je wohlhabender die europäischen Staaten wurden, desto weniger Sinn ergab es für sie, diesen Wohlstand durch unüberlegte Feldzüge zu gefährden. Das Jahrhundert nach 1815 entpuppte sich zumeist als eine Ära des Friedens. Erst das Erwachen des Nationalismus in Deutschland, Italien und auf dem Balkan gegen Ende des 19. Jahrhunderts löste erneut begrenzte Konflikte aus. Eigentlich hätten die Staatsmänner und Politiker in Europa damals begreifen müssen, dass zwischen modernen Industriegesellschaften die gemeinsamen Interessen weitaus schwerer wiegen als die gegensätzlichen. Doch diese Einsicht blieb den meisten von ihnen fremd;

sie dachten weiterhin in Kategorien der Macht, in denen stets nur einer gewinnen konnte. Also rüstete man trotz der neuen Möglichkeiten der Profitsteigerung und ökonomischen Entwicklung im eigenen Land weiter militärisch auf. Der Wettlauf um Kolonien in Afrika, den Großbritannien, Frankreich und Deutschland in jener Epoche mit so viel Energie verfolgten, brachte allerdings vergleichsweise wenige ökonomische Vorteile. Er war vor allem eine Frage des Prestiges. Der sinnlose Kampf um Macht und Einfluss mündete schließlich im Ersten Weltkrieg, der drei Kaiserreiche (Deutschland, Österreich-Ungarn und Russland) und das Osmanische Reich zerstörte und alle europäischen Staaten deutlich schwächte.

Aus dem Inferno des Weltkriegs entstanden zwei neue Ideologien, die noch fester an die Geschichte als Nullsummenspiel glaubten als die Großmachtpolitiker der Vorkriegszeit – der Kommunismus und der Faschismus. Der Kommunismus hatte als ehernes Gesetz den unversöhnlichen Klassenkampf zwischen Kapital und Proletariat, der mit einem Sieg der Arbeiter enden müsse. Die italienischen Faschisten sahen einen ähnlichen Kampf zwischen Nationen, die Nationalsozialisten zwischen Rassen.

Aus moralischer Sicht lassen sich Nationalsozialismus und Kommunismus nicht gleichsetzen: Das kommunistische Ideal ist letztlich ein anständiges, das in der Praxis jedoch zwangsläufig zum Albtraum wird; der Rassenwahn des Nationalsozialismus ist schlechthin böse. Aus der Sicht anderer Staaten erfüllen die Träger beider Ideologien dennoch eine ähnliche Rolle – sie sind im übertragenen Sinn Raubtiere. Wenn sie nicht aufgehalten oder abgeschreckt werden, greifen sie an. Ein friedliches Miteinanderleben ist mit ihnen nicht möglich, höchstens eine vorübergehende Waffenruhe. Diese aber hält nur, solange die Raubtiere mit der Androhung von Gewalt oder anderen effektiven Mitteln abgeschreckt werden. Sobald sie beim Gegner Schwäche spüren, schlagen sie zu. Das macht konstruktive Verhandlungen, für die üblicherweise gegenseitige Zugeständnisse notwendig sind, zu einem riskanten Unterfangen. Manchmal nämlich geben sich die Raubtiere den Anschein vernünftiger Partner und präsentieren ihre Forderungen als legitime Ansprüche. Wer diesen Wünschen nachkommt, zähmt die Raubtiere nicht, sondern bestätigt sie in ihrem Glauben an die eigene Berufung und ihren Hunger nach weiteren Siegen.

Mit Hitler und Stalin sah sich der Westen im 20. Jahrhundert gleich mit zwei archetypischen Raubtieren konfrontiert, deren Verhalten den oben beschriebenen Mustern entsprach. Was sie von früheren Eroberern unterschied, waren einerseits die modernen Technologien, die ihnen zur Verfügung standen, andererseits ihre globalen Perspektiven. Sowohl für die Römer als auch für die Mongolen gab es beispielsweise geografische Grenzen, und auch die chinesischen Kaiser sahen ihren Expansionsdrang befriedigt, als sie alle Chinesen unter ihrer Herrschaft vereinigt und die Nachbarn zum Tributzahlen gezwungen hatten. Napoleon verfolgte demgegenüber bereits universalistische Ziele, nämlich die Ausbreitung der Revolutionsideale in ganz Europa; das britische Kolonialreich vertrat im 19. Jahrhundert einen weltumfassenden, aber durch die Ideologie des Liberalismus eingeschränkten Herrschaftsanspruch. Erst im 20. Jahrhundert wuchsen dann globale und totalitäre Tendenzen in einer neuen Art der Welteroberungsideologie zusammen – und fanden in den beiden Gewaltherrschern Hitler und Stalin ihre fanatischen Vollstrecker.

Es gab zwischen Hitler und Stalin allerdings auch Unterschiede, die sich in ihrem strategischen Verhalten niederschlugen. Hitler schien stets unter großem Zeitdruck zu handeln – er fürchtete offenbar, früh zu sterben, und war daher entschlossen, seine Pläne noch zu Lebzeiten zu verwirklichen. Das machte ihn anfangs noch aggressiver und gefährlicher als Stalin, führte aber auch zu seinem rascheren Ende. So stand das Dritte Reich 1940 auf dem Höhepunkt seiner Macht. Doch statt seine Eroberungen zu konsolidieren, traf Hitler im folgenden Jahr eine Serie von politischen und militärischen Fehlentscheidungen: Mit seinem Angriff auf die Sowjetunion und der Kriegserklärung an die USA forderte er zwei weitere Großmächte heraus, die ihn schließlich besiegten. Je mehr er militärisch in Bedrängnis geriet, desto stärker wirkte er wie ein Selbstmörder, der entschlossen war, einen möglichst großen Teil der Welt in den Untergang mitzunehmen.

Stalin hingegen war kein rasender, sondern ein opportunistischer Aggressor, ein gerissener Taktiker, der die Kunst des Rückzugs und des Wartens beherrschte. Nach dem Tod Lenins verwarf er Leo Trotzkijs Doktrin von der »permanenten Revolution« und ging über die Jahre zahlreiche Bündnisse mit ideologischen Feinden ein – mit den europäischen Westmächten, mit Hitler und schließlich mit den USA. Doch das Ziel, die kommunistische Ideologie zu verbreiten und den Machtbereich zu vergrößern, verlor Stalin nie aus den Augen. Im Gegenteil: Er verfolgte es konsequent, als sich durch den Vorstoß der Roten Armee weit nach Mitteleuropa hinein

die Chance dazu bot. Auch Stalin machte zahlreiche taktische und strategische Fehler, doch in den 25 Jahren seiner Alleinherrschaft erwies er sich vor
allem als begnadeter Überlebenskünstler. Anders als bei Hitler war eine vorübergehende Zusammenarbeit mit ihm möglich und auch sinnvoll, etwa
im Kampf gegen NS-Deutschland. Das aber änderte nichts an der grundlegenden Gefährlichkeit des sowjetischen Diktators.

Appeasement und Eindämmung

In einem haben die Vertreter des Hitler-Syndroms Recht: Echte Raubtiere lassen sich nicht beschwichtigen. Wer mit ihnen verhandelt, muss sich
stets bewusst sein, dass er seinem Gegenüber nicht vertrauen kann. Das
heißt nicht, dass man überhaupt keine Zugeständnisse machen darf, aber
der Spielraum für Kompromisse ist massiv eingeschränkt. Selbst symboli-
sche Gesten sind riskant, weil sie vom Gegner als Zeichen der Schwäche
aufgefasst werden könnten. Besonders gefährlich sind Konzessionen, welche die eigene Position schwächen und die des Gegners stärken. Das mag
ein territorialer Rückzug sein oder der Verzicht auf eine Waffengattung, in
der man einen Vorteil genießt. Ein besonders gravierendes Beispiel für
diese Art von Appeasement war die kampflose Übergabe des Sudetenlandes an NS-Deutschland im Münchener Abkommen von 1938. Denn dadurch verlor die gar nicht so schwache Armee der Tschechoslowakei ihre
Fähigkeit, sich gegen die Wehrmacht zu verteidigen, während die Nationalsozialisten erstarkten. Falscher als damals kann mit Raubtieren gar nicht
umgegangen werden.

Oft ist es nämlich das Verhalten der anderen Staaten, das ein Raubtier
erst wirklich gefährlich macht. Diese Dynamik des Appeasements hat der
Schweizer Schriftsteller Max Frisch in seinem Stück *Biedermann und die
Brandstifter* beschrieben. Jakob Biedermann ist ein reich gewordener, rücksichtsloser Spießbürger, der seine Hartherzigkeit nicht offen zugeben will.
Als sich zwei Männer bei ihm einfinden, die sich mehr oder weniger offen
als Brandstifter deklarieren, überlässt er ihnen seinen Dachboden zum
Schlafen und lässt es dann sogar zu, dass sie Benzinfässer ins Haus schlep-
pen. Um sie von ihrer bösen Tat abzuhalten, biedert er sich immer mehr
an, wandelt sich gegenüber der Polizei sogar zu ihrem Komplizen, indem er

die Existenz der Benzinfässer abstreitet. In der Schlussszene überreicht Biedermann den Brandstiftern die Zündhölzer, um so seine Freundschaft und sein Vertrauen zu beweisen. Das Feuer zerstört sein Haus.

Biedermann und die Brandstifter wurde 1953 als Hörspiel uraufgeführt. Die Parabel fängt das Versagen der demokratischen Kräfte in der Weimarer Republik und später der westlichen Demokratien gegenüber Hitler ein. Aber die Zuhörer konnten die Botschaft damals genauso auf die bürgerlichen Salonkommunisten Westeuropas beziehen, die Stalin vehement unterstützten und jeden seiner noch so empörenden Schritte rechtfertigten. Auch das war eine Art des Appeasements.

Die Gefährlichkeit von Raubtieren bedeutet allerdings nicht, dass ein Krieg immer unvermeidlich ist. Während eine Beschwichtigungsstrategie scheitern muss, ist es grundsätzlich möglich, durch eine effektive Abschreckung den Aggressor einzudämmen und dadurch einen blutigen Waffengang zu seiner Vernichtung zu verhindern. Denn ebenso wie sie Schwäche verachten, respektieren Raubtiere Stärke und lassen sich durch glaubwürdige Machtdemonstrationen beeindrucken – vor allem, wenn sie einer geschlossenen Front von Gegnern gegenüberstehen. Die stärksten Mittel einer Eindämmungspolitik (Containment) sind die Bildung von Allianzen, politische Isolierung, Wirtschaftssanktionen, glaubwürdige militärische Aufrüstung und im äußersten Fall begrenzte Militäraktionen in peripheren Krisenherden.

Nach den Gesetzen der internationalen Beziehungen ist eine solche Eindämmung von Aggressoren eher der Regelfall als das Appeasement. Der einflussreiche US-Politikwissenschaftler Kenneth Waltz hat nämlich gezeigt, dass Staaten angesichts von Bedrohungen sich weitaus eher für das »Balancing«, also das Ausbalancieren übermächtiger Staaten durch die Bildung von Gegenallianzen, entscheiden als für das »Bandwagoning«, bei dem sich die schwächeren Staaten den stärkeren anschließen. Denn die Regierungen betrachten die Übermacht eines anderen Staates grundsätzlich als Gefährdung ihrer Interessen, und das noch viel mehr, wenn sich dieser aggressiv verhält. Wie in einem Regelkreislauf sorgen aggressive Staaten in den meisten Fällen dadurch für ihre eigene Eindämmung, und wenn diese scheitert, für ihre Niederlage. Vor allem die europäische Politik favorisiert das Prinzip des Gleichgewichts der Macht: Vom 16. bis zum 20. Jahrhundert wurden Spanien, Frankreich und schließlich Deutschland sukzessive daran gehindert, die Herrschaft über den gesamten Kontinent zu erringen. Eine umstrittene Frage ist dabei, ob diese Dynamik, wie Waltz glaubt, einem Automatismus folgte oder eher das Resultat einer bewussten Strategie der britischen Seemacht war, die über Jahrhunderte hinweg das Ausbalancieren der europäischen Mächte als Maxime ihrer Außenpolitik betrachtete.

Containment funktioniert am besten, wenn sich eine breite Allianz daran beteiligt. Doch es bleibt ein langwieriges und oft teures Unterfangen. Dauer und Kosten erweisen sich dabei als Achillesferse dieser Strategie, denn sie bringen die beteiligten Staaten leicht in die Versuchung, das Raubtier als weniger gefährlich einzustufen und die eigene Wachsamkeit zu vernachlässigen. Auch dies ist eine Art Gefangenendilemma, denn bei einer funktionierenden Eindämmung kann ein Land durch Abtrünnigkeit – etwa durch den Bruch eines Embargos – kurzfristige Vorteile herausholen, langfristig aber den eigenen Untergang riskieren.

Kluge Raubtiere verstärken diese Verlockung, indem sie sich nach außen möglichst vernünftig präsentieren und durch eine Mischung aus Druck und Anreizen die gegnerische Front zu spalten versuchen. Je besser das gelingt, desto geringer wird die Wirkung der Abschreckung, was dann weitere beteiligte Staaten zum Überlaufen motivieren kann. Am Ende könnte sich das Raubtier erneut stark genug fühlen, um seine Gewalt offen einzusetzen. Eine solche Entwicklung mag ein neuerliches Ausbalancieren auslösen, aber das ist nur noch effektiv, wenn genügend viele und starke Staaten übrig sind, die sich gegen den Aggressor wehren können. Im Europa des 20. Jahrhunderts konnte der Expansionsdrang Deutschlands zweimal nur durch die Intervention einer außereuropäischen Macht eingedämmt werden. Wenn allerdings keine Macht mehr verfügbar ist, um erneut ein Gleichgewicht herzustellen, könnte ein Aggressor tatsächlich den ultimativen Sieg davontragen – eine Schreckensvision, die dank der USA bisher nicht Realität geworden ist.

Bienenschwärme

Mindestens ebenso häufig treten Konfliktsituationen auf, in denen ein friedliches Zusammenleben mit dem Opponenten grundsätzlich möglich wäre, wenn beide Seiten nur zu einer Verständigung finden würden. Doch

dies scheitert oft an gegenseitiger Abneigung, die von schlechten historischen Erfahrungen genährt wird, kulturellen, sprachlichen oder religiösen
Barrieren und dem fehlenden Vertrauen. In einer solchen Atmosphäre
werden kleine Differenzen nicht beigelegt, sondern schaukeln sich zu gefährlichen Konflikten hoch, die schließlich zu Gewalt führen können. Entscheidend in diesen Konstellationen ist, dass sich beide Seiten bedroht fühlen und dem jeweils anderen böse Absichten unterstellen. Solange sie
einander nicht vertrauen, droht jedes Übereinkommen zu scheitern, weil
beide Seite befürchten, dass der andere es bricht, und jeder nach Möglichkeiten sucht, die Vereinbarungen bis an die Grenzen auszureizen. Auch hier
liegt ein Gefangenendilemma vor: Beide Staaten vertreten zwar unterschiedliche, aber auch gemeinsame Interessen: Eigentlich wollen sie keinen
Krieg. Solange sie aber einander nicht trauen, werden sie ihren Konflikt vorantreiben, bis dieser in eine bewaffnete Auseinandersetzung mündet.

Diese Konstellation lässt sich mit einem Bienenschwarm vergleichen.
Der Umgang mit Bienen ist bekanntlich schwierig: Menschen empfinden
ihr Verhalten als lästig oder gar gefährlich, und wer ohne die richtige Erfahrung an einen Bienenstock herangeht, wird allzu leicht gestochen. Wer auf
Bienen aggressiv reagiert, wird sie sogar noch weiter reizen und dadurch
erst richtig gefährlich machen. Einem Imker, der sich ruhig und be-
schwichtigend verhält, tun die Bienen nichts. Im Gegenteil – sie erweisen
sich dann als äußerst nützliche Honigspender. Nun fühlen sich auch Raubtiere häufig bedroht (mehr darüber etwas später), aber anders als Bienen
lassen diese sich nicht beschwichtigen. Bienen hingegen lassen sich nicht
abschrecken. Deshalb ist die richtige Verhaltensweise gegenüber Raubtieren die falsche gegenüber Bienenschwärmen – und umgekehrt.

Die Analogie der Bienenschwärme passt auf all jene Nachbarkonflikte,
die durch kleine Zwischenfälle ausgelöst werden und sich dann gegen jede
staatspolitische Vernunft rasch hochschaukeln. Der »Fußballkrieg« zwischen Honduras und El Salvador von 1969, als Ausschreitungen bei den
WM-Qualifikationsspielen einen kurzen Waffengang auslösten, ist ein Ex-
trembeispiel. In seiner Irrationalität vergleichbar ist der Krieg zwischen
Äthiopien und Eritrea von 1998, in dem sich zwei der ärmsten Länder der
Welt wegen eines lapidaren Grenzstreits in einen blutigen Kampf stürzten,
der sie wirtschaftlich und politisch um Jahre zurückwarf. Aber auch in den
Konflikten zwischen Indien und Pakistan oder Türkei und Griechenland

waren es immer wieder kleine Zwischenfälle, die im Zuge einer Eskalation überproportionale Ausmaße annahmen.

Nationaler Stolz und ein aufgeheizter Chauvinismus in der Innenpolitik treiben in solchen Situationen die Regierenden dazu, die direkte Konfrontation zu suchen. Meist wird nach kurzer Zeit das auslösende Ereignis durch all das Unrecht überschattet, das beide Parteien im Zuge des Konflikts ausüben: Der Konflikt wird zum Selbstläufer – vor allem dann, wenn er mit Waffengewalt geführt wird. Der Einsatz von Waffen ist daher jene Schwelle, die möglichst nicht überschritten werden darf. Deshalb ist es so gefährlich, wenn sich an einer Grenze mobilisierte nervöse Truppen gegenüberstehen, die nur darauf warten, beim ersten Anzeichen eines Angriffs zurückzuschlagen. In einer solchen Atmosphäre kann jeder noch so unbedeutende Zwischenfall eine Kette von Ereignissen in Gang setzen, die letztlich zu einem vernichtenden Krieg führt.

Ähnlich geht es Regierungen, die bei Protesten oder kleineren Unruhen aus der Bevölkerung mit übermäßiger innenpolitischer Härte reagieren. Sie provozieren damit oft erst den Aufstand, den sie ursprünglich verhindern wollten. Ein Musterbeispiel dafür ist der Nordirland-Konflikt, der in den späten Sechzigerjahren als katholische Bürgerrechtsbewegung begann und ab dem Neujahrstag 1969 immer größere und bedrohlichere Ausmaße annahm. Die lokale, protestantische Polizei reagierte immer öfter mit Gewalt, was wiederum die Katholiken radikalisierte und der radikalen Irisch-Republikanischen Armee (IRA) immer mehr Zulauf brachte. Einige Monate später entsandte die britische Regierung Truppen, die von den Katholiken bald als Besatzungsmacht empfunden wurden. In einer Spirale gegenseitiger Gewalt, die mit dem Tod von 14 katholischen Demonstranten in Derry am 30. Januar 1972 – dem »Bloody Sunday« – ihren Höhepunkt erreichte, eskalierte der politische Konflikt zum Bürgerkrieg, der in drei Jahrzehnten mehr als 3000 Menschen das Leben kostete. Der Terror der IRA provozierte auch die Protestanten zu Gewalt, sodass sich die britische Regierung in einem Zweifrontenkrieg wiederfand. Erst in den Neunzigerjahren kam ein Friedensprozess in Gang, mit dem die tägliche Gewalt in der Provinz zwar nicht beendet, aber deutlich weniger wurde.

Mit etwas Geschick und Zurückhaltung hätten der Terror und der Bürgerkrieg in Nordirland vermieden werden können. Die Ursachen der Feindschaft liegen nämlich tiefer: in der historischen Animosität und den realen Interessensunterschieden zwischen Katholiken und Protestanten, in der Teilung Irlands in den Zwanzigerjahren und in dem Misstrauen gegenüber den Briten, die die damaligen Unabhängigkeitsbestrebungen der Iren zunächst grausam niedergeschlugen und dann tatenlos zusahen, als sich die junge Republik in einen Bürgerkrieg verstrickte. Aber all das hätte in den Sechzigerjahren nicht wieder zu Gewalt führen müssen. Das brutale britische Vorgehen radikalisierte einerseits die IRA-Aktivisten und gab ihnen andererseits einen Rückhalt in der katholischen Bevölkerung, den sie sonst nicht gehabt hätten. Die Argumentation der Briten, sie müssten kompromisslos gegen den Terrorismus vorgehen, stieß bei vielen Katholiken auf Unverständnis. Sie sahen sich als Opfer eines Staatsterrorismus, gegen den sie sich zur Wehr setzten. Einmal aufgescheucht, war es fast nicht mehr möglich, den nordirischen Bienenschwarm zu bändigen.

Die richtige Unterscheidung zwischen Raubtieren und Bienenschwärmen ist daher die wesentliche Herausforderung in der Außenpolitik. Diese Aufgabe ist eine der schwierigsten, der sich ein Politiker oder Berater gegenübersehen kann. Der Gegner ist in den meisten Fällen eine unbekannte Größe, sein Verhalten schwer voraussagbar. Die Ideologien von Bewegungen, Parteien oder Regierungen sind oft komplex und widersprüchlich, und auch die politische Rhetorik, die man hört, kann in die Irre führen. Unterschiedliche interne Strömungen und Fraktionskämpfe, die auf die Führung eines Staates oder einer Bewegung einwirken, sind von außen kaum zu identifizieren. Und schließlich kann man in Menschen nicht hineinsehen. Letztlich bleibt unsicher, ob in einem autoritär agierenden Politiker ein verhinderter Demokrat oder ein übler Despot steckt, ein Friedenssuchender oder ein zwanghafter Aggressor.

Sicherheitsdilemma

In einer Welt der Unsicherheit gilt es als vernünftiges Verhalten, wenn man sich auf das Schlimmste einstellt und entsprechende Vorkehrungen trifft. Ein Atomkraftwerk darf seine Sicherheitsbestimmungen nicht auf die durchschnittliche Gefahr eines Störfalls abstellen, sondern muss für den größten anzunehmenden Unfall (GAU) vorbereitet sein – auf das »Worst-Case-Szenario«. Auch im privaten Bereich schließen die meisten

Menschen Feuer- oder Unfallversicherungen ab, um in den seltenen Katastrophenfällen nicht hilflos dazustehen.

Es wäre also logisch, in den Entscheidungen über Außen- und Sicherheitspolitik ebenfalls von der Annahme auszugehen, dass die ärgsten Befürchtungen wahr werden können, und sich dafür zu wappnen, dass der undurchschaubare Gegner ein gefährlicher Aggressor ist, der jederzeit angreifen könnte. Nur so lässt sich die eigene Sicherheit gewährleisten. Das bedeutet, man sucht sich Verbündete, man stellt den Gegner bei jedem Anzeichen einer Verletzung internationaler Verhaltensnormen an den Pranger, man rüstet auf und hält die eigenen Truppen in Bereitschaft. Kurzum, man handelt so, wie es gegenüber einem pathologischen Aggressor wie Hitler richtig gewesen wäre.

Bei Atomkraftwerken und Seilbahnen verursacht eine Sicherheitspolitik, die auf dem GAU-Szenario basiert, höchstens hohe Kosten, aber sonst keinen Schaden. In den internationalen Beziehungen jedoch ist das anders. Das eigene defensive Verhalten kann eine Reaktion beim Gegner auslösen, in deren Folge die eigene Sicherheit schwindet.

Das Grundproblem ist: Der Gegner sieht sich selbst für gewöhnlich nicht als Aggressor, sondern ebenfalls als potenzielles Opfer und interpretiert seine eigenen aggressiven Absichten als Verteidigungsmaßnahmen. Diese Einstellung kann manchmal völlig irrationale Dimensionen annehmen – so war selbst Hitler davon überzeugt, dass er so handeln müsse, um das Überleben des deutschen Volkes zu sichern –, aber für die Dynamik des Konfliktes zählen nicht die objektiven Tatsachen, sondern die subjektiven Wahrnehmungen. Und in den meisten Konflikten gibt es tatsächlich auf beiden Seiten Gründe, sich vor dem anderen zu fürchten.

In der Folge werden die eigenen defensiven Schritte gegen die potenzielle Aggression des Gegners von diesem als Vorbereitung zur Aggression betrachtet. Dieses Phänomen wird durch die Schwierigkeit verstärkt, zwischen offensiven und defensiven Maßnahmen zu unterscheiden. Wer seine Armee mobilisiert, um sich gegen einen Überraschungsangriff zu wappnen, darf sich nicht darüber wundern, wenn der Nachbar die Mobilisierung als Vorbereitung auf einen Angriff bewertet. Selbst wenn es objektive Gründe gibt, die gegen eine Offensive sprechen – wenn etwa die Soldaten Verteidigungslinien aufbauen – wird sich der Gegner dennoch nicht darauf verlassen, sondern wiederum seine Entscheidungen aufgrund eines

Worst-Case-Szenarios treffen und selbst mobilisieren. Das scheint genau jene Erwartung des aggressiven Verhaltens zu bestätigen, die am Anfang der Konfliktspirale stand. Die Konfrontation nimmt an Schärfe zu und wird zur »self-fulfilling prophecy«, zur sich selbst erfüllenden Prophezeiung.

Strategieexperten sprechen hier von einem »Sicherheitsdilemma« und behandeln es als typisches Beispiel eines Gefangenendilemmas. In einer Welt der Anarchie, so die Überlegung, muss ein Land für militärische Konflikte gerüstet sein. Je mehr Mittel es in die Rüstung steckt, desto sicherer kann es sich fühlen. Das gilt vor allem dann, wenn andere Staaten aufrüsten. Aber auch ohne äußere Bedrohung kann es für Staaten von Vorteil sein, die Rüstungsausgaben zu erhöhen: Es erleichtert, die eigenen Interessen durchzusetzen, Macht zu projizieren und künftigen Bedrohungen vorzubeugen. In einer Welt ohne jede Diplomatie wäre damit zu rechnen, dass sich alle Staaten so verhalten und damit ein Wettrüsten auslösen würden. Am Ende der Rüstungsspirale hätten alle Staaten weniger Sicherheit als zuvor, denn das Mehr an Waffen erhöht das Kriegsrisiko. Dies kann auch geschehen, wenn die Diplomatie versagt – etwa im Ersten Weltkrieg, dessen Ausbruch Folge eines klassischen Sicherheitsdilemmas war. Das nukleare Wettrüsten der USA und der Sowjetunion im Kalten Krieg hatte zwar weniger katastrophale Folgen, erwies sich aber als teures und riskantes Spiel. Denn aus Angst, von einem atomaren Erstschlag der anderen Seiten überrascht und überwältigt zu werden, bauten beide Supermächte über die Jahrzehnte immer mächtigere Atomwaffen und steigerten damit erst recht das Risiko eines nuklearen Weltkriegs. In den Sechzigern gelangten die USA und die Sowjetunion schließlich an einen Punkt, an dem der unbegrenzte Einsatz von Atomwaffen unvermeidlich zur gegenseitigen Vernichtung sowie der Zerstörung der ganzen Welt geführt hätte. »Mutual Assured Destruction«, gegenseitige garantierte Zerstörung, wurde dieser Zustand »stabiler« Abschreckung bezeichnet. Er hatte das passende Akronym MAD (»wahnsinnig«).

Entscheidend für MAD war, dass sich keine Seite in der Lage befand, das Atomwaffenarsenal des anderen durch einen Überraschungsschlag auszuschalten. Dem Angegriffenen blieben immer noch genügend Atomraketen übrig, um einen vernichtenden Vergeltungsschlag zu unternehmen. Ein Erstangriff zahlte sich unter diesen Bedingungen nicht aus. Maßnahmen zum Schutz der eigenen Atomwaffen vor einem Erstschlag – etwa besonders harte Silos oder der Aufbau einer unverwundbaren U-Boot-Flotte – galten daher als potenziell stabilisierendes Verhalten, Maßnahmen zum Schutz der Zivilbevölkerung jedoch als potenzielle Angriffsdrohung. Denn jede Art des Zivilschutzes erweckte den Anschein, dass man das nationale Überleben eines Atomkriegs für möglich hielt und daher auch bereit sei, einen solchen zu entfesseln.

Die Logik von MAD erklärt, warum sich die USA und die Sowjetunion 1970 in einem ihrer ersten Verträge darauf einigten, auf defensive Raketenabwehrsysteme zu verzichten. Doch das Prinzip der »Mutual Assured Destruction« erwies sich als weniger stabil als erhofft. In ihren Worst-Case-Szenarien konnten beide Seiten nicht ausschließen, dass der Gegner doch noch daran glauben würde, er könne einen Atomkrieg gewinnen, und deshalb das Wagnis eines Erstschlags eingehen würde. Um dieses Risiko auszuschließen, entwickelten die Kontrahenten ständig neue und bessere Raketen und Sprengsätze, die beim Gegner wiederum als potenzielle Offensivwaffen eingestuft wurden. Besonders die von den USA in den Sechzigern eingeführte Technologie der Mehrfachsprengköpfe erwies sich als kontraproduktiv: Indem eine Rakete bis zu zehn Sprengköpfe ins Feindesland transportieren konnte, erhöhten sich die Chancen eines vernichtenden Erstschlags. Als die Sowjets in den Siebzigern gleichzogen, fühlten sich die US-Militärs umso stärker bedroht.

Zu den treibenden Kräften hinter dem Sicherheitsdilemma gehört nicht nur die Unsicherheit über die Motive des Gegners, sondern auch das mangelnde Wissen über seine militärischen Fähigkeiten. Geheimdienstinformationen sind selten ganz eindeutig, sie lassen vielmehr verschiedene Interpretationen zu. Militärische Sorgfalt würde nun nahe legen, dass man beim Gegner die größtmögliche militärische Stärke vermutet. Man geht davon aus, dass die Truppen einsatzfähig sind, die Panzer funktionieren, sich in jedem Raketensilo auch garantiert eine Rakete verbirgt, und reagiert entsprechend. Als US-Spionageflugzeuge im 1962 unbekannte Objekte auf Kuba fotografierten, die wie Atomraketen aussahen, nahm die Kennedy-Regierung an, dass es sich dabei um Atomraketen handelte – und hatte damit Recht. Doch in den Siebziger- und Achtzigerjahren überschätzten die amerikanischen Geheimdienste das Ausmaß der sowjetischen Rüstung und deren militärische Einsatzfähigkeit systematisch, weshalb die US-Regierung deutlich mehr in die Aufrüstung steckte als notwendig und sich dennoch permanent bedroht fühlte. Und als die US-Geheimdienste 2002 Hinweisen auf irakische Massenvernichtungswaffen nachgingen, präsentierten sie auf Druck aus der Bush-Regierung unscharfe Fotos und andere widersprüchliche Indizien als feste Beweise für etwas, das es in Wirklichkeit nicht gab. Dahinter stand weniger eine bewusste Manipulation als eine Mentalität, die von der damaligen Sicherheitsberaterin und heutigen Außenministerin Condoleezza Rice im Oktober 2004 folgendermaßen beschrieben wurde: »Als Entscheidungsträgerin kann ich es mir nicht leisten, auf der falschen Seite zu stehen und die Fähigkeiten eines Tyrannen wie Saddam Hussein zu unterschätzen.« Das Resultat war eine Serie von falschen Entscheidungen.

Besonders akut wirkt das Sicherheitsdilemma in Konflikten, in denen sich beide Seiten als schwach und verwundbar empfinden. Das ist oft die Folge einer assymetrischen Machtverteilung, bei der die Beteiligten unterschiedliche Formen der Macht besitzen. Ein Beispiel dafür ist der Nahost-Konflikt. Israel sieht sich seit seiner Gründung 1948 von arabischen Staaten umgeben, welche die Existenz des jüdischen Staates nicht akzeptieren wollen, und hat daraus im Laufe der Jahre ein starkes Gefühl der Verwundbarkeit entwickelt. Die Palästinenser sehen sich hingegen als Opfer der überlegenen israelischen Militärmacht und haben kaum Verständnis für israelische Ängste. Das strategische Sicherheitsdilemma wird hier von einem psychologischen Opferdilemma begleitet und verstärkt: Wer sich als Opfer fühlt, ist nur selten bereit, durch großzügige Gesten das Vertrauen der Gegenseite zu stärken, sondern wird stets von ihr den ersten Schritt erwarten. Wenn beide so handeln, gibt es keine Chance auf Annäherung.

Das Sicherheitsdilemma lässt sich nicht aus der Welt schaffen, aber es lässt sich mildern, indem man es erkennt und sein Verhalten entsprechend anpasst. Dazu gehört es, dem Gegner möglichst viel Verständnis der eigenen Motive zu vermitteln, etwa durch intensive politische Kontakte, und möglichst viel Einblick in das eigene Militär zu ermöglichen. Direkte Kommunikationslinien – wie etwa das Rote Telefon, das nach der Kubakrise zwischen den USA und der Sowjetunion eingerichtet wurde – und gegenseitige Inspektionen sind gut dazu geeignet, unbeabsichtigte Konflikte zu vermeiden. Wichtig ist es auch, bei der militärischen Verteidigung möglichst keine Waffensysteme einzusetzen, die sich auch für die Offensive eignen. Wer Raketen an der Grenze aufstellt, wird seinen Nachbarn nur schwer davon überzeugen können, dass er keinen Angriff plant. Die wichtigste Maßname aber ist ein Überdenken der politischen Entscheidungsprozesse: Konfrontiert mit Provokationen oder scheinbaren Bedrohungen sollte man keine vorschnellen Schlüsse ziehen und reflexartig reagieren, sondern zuerst einmal abwarten und sich Klarheit über die Motive und tatsächlichen Handlungen des Gegners verschaffen. Das mag zwar von Kritikern im eigenen Land als Schwäche oder Feigheit ausgelegt werden, ist aber in Wirklichkeit ein Zeichen von Stärke und Weitblick.

Verängstigte Raubtiere

Selbst beim Umgang mit Raubtieren spielt das Sicherheitsdilemma eine Rolle. Denn auch Aggressoren haben Angst, und ihr Expansionsdrang wird oft von einem maßlosen, übersteigerten Sicherheitsbedürfnis genährt. Das war bei Hitler der Fall, wobei die von ihm angeführten existenziellen Gefahren für das deutsche Volk einer Wahnvorstellung entsprangen. Stalins Politik lässt sich ohne Hinweis auf sein Sicherheitsbedürfnis überhaupt nicht verstehen. Es wurde von mehreren Faktoren genährt: zunächst von den historischen Erfahrungen Russlands, das mehrere Invasionen aus dem Westen erlebt hatte – Napoleons Russland-Feldzug von 1812, die erfolgreiche deutsche Offensive im Ersten Weltkrieg und Hitlers Einmarsch in die Sowjetunion im Juni 1941 – und daher sein Heil im Aufbau eines Rings befreundeter Staaten an der Westgrenze suchte; dann von der Furcht der Kommunisten vor der kapitalistischen Konterrevolution und schließlich von Stalins paranoider Persönlichkeit, die immer und überall Gefahren witterte.

Ganz grundlos waren Stalins Befürchtungen ja nicht. Im russischen Bürgerkrieg hatten britische, französische und amerikanische Truppen auf Seiten der Weißen Armee interveniert – mit geringem militärischen Erfolg, aber umso bedeutsameren politischen Folgen. Auch nach dem Ende des Bürgerkriegs zeigte der Westen gegenüber der Sowjetunion offene Feindseligkeit. Diese hing natürlich mit dem Streben der Bolschewiken zusammen, in allen Industriestaaten eine kommunistische Revolution zu entfachen, wurde allerdings in Moskau vornehmlich als Bedrohung der eigenen

Macht und Existenz gesehen. Als nach dem Zweiten Weltkrieg die Allianz zwischen USA und Sowjetunion zerbrach und die Truman-Regierung die Sowjetunion immer schärfer kritisierte, sah sich Stalin in all seinen Ängsten bestätigt. Der Aufbau kommunistischer Regimes in Osteuropa, das Verbot von Kontakten mit dem Westen, das Streben nach dem Bau einer eigenen Atombombe – fast alle Schritte der Sowjetführung nach 1945 lassen sich auch als defensive Maßnahmen eines politischen Paranoikers interpretieren, dessen Streben nach Sicherheit keine Grenzen kannte. Das entschuldigt nichts von dem, was Stalin tat, macht ihn allerdings zu einer anderen Art der Bedrohung als Hitler. Denn Stalin ließ sich sehr wohl in bestimmten Situationen beschwichtigen; in den knapp zwei Jahren zwischen dem Abschluss des Hitler-Stalin-Pakts im August 1939 und dem deutschen Angriff auf die Sowjetunion im Juni 1941 konnte man sogar behaupten, der Kremlchef habe sich von dem deutschen Diktator einlullen lassen. Auch gegenüber dem Westen durchlief Stalin immer wieder Phasen, in denen er die internationale Kooperation suchte und auf seine Partner vernünftig wirkte.

Revisionistische Historiker, die in den Sechzigerjahren Amerikas Politik des Kalten Kriegs kritisierten, folgerten daraus, dass man Stalin als Verbündeten gehalten und den Kalten Krieg vermieden hätte, wenn ihm durch eine systematische Beschwichtigungspolitik jegliche Angst genommen worden wäre. Ohne die massive Bedrohung durch die USA, so das Argument, hätte Stalin weniger Wert auf die ideologische Gleichschaltung der osteuropäischen Satellitenstaaten gelegt, ein neutrales, geeintes Deutschland zugelassen und vielleicht sogar im eigenen Land etwas mehr Freiheit erlaubt.

Aber wäre damals eine internationale Konstellation tatsächlich möglich gewesen, in der sich Stalin nicht länger bedroht gefühlt hätte? Die meisten Experten bestreiten dies. »Er konnte sich nicht sicher fühlen, solange es um ihn herum Feinde gab. Er sah überall Feinde und selbst dort, wo es sie noch nicht gab, kreierte er sie durch sein Verhalten«, schreibt der US-Politikwissenschafter Robert Jervis. Henry Kissinger hält diese permanente Unsicherheit für einen Charakterzug revolutionärer Regimes und vertritt die Überzeugung, dass diese gerade deshalb so gefährlich sind.

Heute lässt sich das Phänomen des verängstigten Raubtiers am Beispiel des nordkoreanischen Diktators Kim Jong Il beobachten. Kim, der

letzte regierende Stalinist der Welt, hat jeden Grund, Angst zu haben: Er
ist international isoliert, die Wirtschaft seines Landes ist ruiniert, und er
kann die Herrschaft über sein Volk nur durch brutale Repression und völlige Isolation aufrechterhalten. Auch wenn die Vereinigten Staaten behaupten, ihre Truppen auf der Halbinsel stünden dort nur zur Verteidigung von Südkorea, das Kims Vater Kim Il Sung 1950 angegriffen hatte,
kann Kim davon ausgehen, dass die USA den Zusammenbruch seines Regimes begrüßen und nach Kräften fördern werden. Sein Streben nach
Atomwaffen, das der Staatengemeinschaft so viel Kopfzerbrechen bereitet, mag also nicht der Aggression, sondern der Verteidigung dienen. Doch
angesichts der Brutalität seines Regimes und der Unberechenbarkeit seiner
Außenpolitik macht dies Kim um keine Spur weniger gefährlich. Und als
die USA und Südkorea in den Neunzigern versuchten, den Diktator durch
Zugeständnisse von seinem gefährlichen Weg abzubringen, brach Kim
einen Teil der Vereinbarungen und erzeugte damit den Eindruck, dass er
die vorübergehende Nachgiebigkeit seiner Feinde zur Förderung seiner
kurzfristigen Interessen ausgenutzt habe. Der Fall Nordkorea zeigt, wie
leicht Verhandlungen mit raubtierhaften Regimes ins Appeasement abgleiten. Ein verängstigtes Raubtier erweist sich demnach als kaum weniger gefährlich denn ein selbstbewusstes; die Hoffnung, durch Konzessionen den
Konflikt beilegen zu können, ist auch in diesen Fällen meist eine trügeri-
sche Illusion.

Räuberische Bienen

Schließlich sollte man sich mit der Möglichkeit auseinander setzen,
dass einige der Bienen in unserem aufgeschreckten Bienenschwarm selbst
aggressive Ziele verfolgen und weniger von Furcht als von einer inhuma-
nen und totalitären Ideologie getrieben werden. In der Natur tritt eine solche Kreuzung zugegebenermaßen nicht auf – auch nicht bei den südame-
rikanischen Killerbienen. Daher sollte die biologische Metapher nicht
überstrapaziert werden. Für unsere Zwecke aber ist das Bild nützlich, weil
es ein Phänomen aufzeigt, das auf eine andere Art als die oben beschriebenen Raubtiere gefährlich ist und deshalb auch eine andere Art des Um-
gangs erfordert. Denn die Stärke von räuberischen Bienen hängt davon ab,

wie viel Zulauf sie von anderen Bienen erhalten, die mit der Raubtier-ideologie vielleicht sympathisieren, sie aber nicht bedingungslos unterstützen. Wenn man es mit derart gefährlichen Bienen zu tun hat, kann sich sowohl die Konfrontation als auch die Beschwichtigung als falsche Strategie erweisen.

Das Bild der räuberischen Bienen trifft auf Al-Qaida zu. Das Terrornetzwerk ist nicht vom Himmel gefallen, sondern aus einer ganz bestimmten Abfolge politischer Ereignisse entstanden und groß geworden: der anti-sowjetische Guerillakrieg in Afghanistan, der eine Generation junger Muslime erstmals zur Waffe greifen ließ; die Desillusionierung über die korrupten, vom Westen geförderten Regimes in Staaten wie Saudi-Arabien oder Ägypten; der Zorn über die anhaltende Unterstützung Israels durch die USA; und die Stationierung amerikanischer Truppen auf heiligem Saudi-Boden nach dem Golfkrieg von 1991. Die Reaktion der USA auf die Terroranschläge des 11. September 2001, vor allem der Krieg gegen den Irak, stärkte das Ansehen der Al-Qaida unter vielen Muslimen und verhalf dem Terrornetzwerk zu neuem Zulauf.

All dies hätte durch eine andere Politik vielleicht verhindert werden können. Gleichwohl ändert das nichts daran, dass Al-Qaida heute eine aggressive, totalitäre Ideologie verfolgt und diese mit rücksichtsloser Gewalt durchzusetzen versucht. Das Wissen um die Ursachen ändert nichts an der Notwendigkeit, mit Härte und Entschlossenheit gegen Terroristen sowie gegen jene Staaten vorzugehen, die ihnen Unterschlupf bieten. Denn Al-Qaida und andere Terrorgruppen lassen sich nicht beschwichtigen. Selbst ein totaler Rückzug der USA aus dem Nahen Osten würde ihren Kampf nicht beenden, sondern sie nur in ihrem Glauben bestärken, dass der Westen schwach ist und die Zukunft dem radikalen Islam gehört.

Dennoch ist die Suche nach und das Verstehen der Ursachen entscheidend für den Erfolg einer nachhaltigen Anti-Terror-Bekämpfung. Denn Terrororganisationen bestehen selten aus einer klar abgegrenzten Gruppe von Aktivisten, durch deren Festnahme oder Tötung der Terror ein Ende findet. Sie sind stets eingebettet in eine größere Zahl von Sympathisanten und potenziellen Rekruten. Manchmal sind das nur einige 100 oder 1000 Menschen, doch in manchen Fällen genießen Terroristen so viel Sympathie, dass sie sich, wie Mao Zedong einst sagte, wie ein Fisch im Wasser bewegen können. Terrorgruppen sind dann besonders erfolgreich, wenn sie neue Mitglieder in großer Zahl rekrutieren. Bei aufgeheizten ethnischen Konflikten ist eine solche Rekrutierung besonders leicht.

Die Gefährlichkeit der einzelnen Räuberbienen steht außer Frage, die Gesamtbedrohung aber hängt von ihrer Wirkung auf die Masse ab. Der Anti-Terror-Kampf muss daher darauf abzielen, die Terroristen von der breiten Bevölkerung, auf deren Unterstützung sie hoffen, zu isolieren. Allzu oft wird zu diesem Zweck die Zivilbevölkerung eingeschüchtert oder sogar terrorisiert, in einer Politik der verbrannten Erde werden ganze Dörfer vernichtet und Landstriche entvölkert. Diese Taktik hat einen gegenteiligen Effekt: Die betroffenen Menschen werden radikalisiert und wenden sich noch stärker den Terroristen zu, die von immer breiteren Bevölkerungsschichten als National- oder Freiheitshelden betrachtet werden – selbst wenn sie sich mit deren Ideologie gar nicht identifizieren. Das ist der typische Bienenschwarm-Effekt, den man in Nordirland so gut beobachten kann – aber auch in Vietnam, bei den Palästinensern, unter den Tamilen auf Sri Lanka oder in Tschetschenien. Ebenso scheint Al-Qaida in der islamischen Welt seit dem Beginn des Kriegs gegen den Terror an Kraft eher gewonnen als verloren zu haben. Vor allem der Irak fungiert heute als ideales Rekrutierungs- und Trainingsfeld für Extremisten aus der ganzen Region.

Eine erfolgreiche Anti-Terror-Politik muss daher versuchen, einen psychologischen Keil zwischen die Aufständischen und die Bevölkerung zu treiben. Das Ziel muss einerseits sein, möglichst kraftvoll gegen die eigentlichen Terroristen vorzugehen. Nur dadurch nimmt man ihnen die Möglichkeit, Druck auf Unbeteiligte auszuüben und diese zur Unterstützung zu zwingen. Andererseits muss die Zivilbevölkerung dabei geschont werden, sonst erhalten Terroristen neuen Zulauf. Selbst bei Sympathisanten erweist sich eine Politik der Härte meist als kontraproduktiv, da sie die Loyalität zu den Rebellen noch verstärkt. Je größer der Kreis der Menschen, die als Terrorverdächtige behandelt und verfolgt werden, desto mehr wächst der Unmut unter den Betroffenen. Notwendig sind politische Prozesse und Maßnahmen, die den politisch Unzufriedenen in der Bevölkerung einen alternativen Weg zur Gewalt aufzeigen, mit dem sie ihre Situation verbessern und zumindest einen Teil ihrer Ziele erreichen können. Gestärkt werden müssen moderatere politische Kräfte, die den Extremisten die Führungsrolle streitig machen, ohne dass sie als Marionetten der Unterdrücker wirken. Konzessionen sind notwendig, müssen aber so gestaltet werden, dass die Terroristen sie nicht als ihren Erfolg verkaufen können.

Ein krasses Beispiel für diese Dynamik liefert der Aufstand der Maoisten in Nepal. Aus einer begrenzten Rebellion ist ein landesweiter Bürgerkrieg geworden, der das Trekking- und Bergsteigerparadies in ein Schlachtfeld verwandelt. Die Truppen des autoritär regierenden Königs sind einerseits nicht in der Lage, die Zivilbevölkerung vor den Repressalien der Maoisten zu schützen; andererseits treiben sie weite Teile der Bevölkerung durch eine besonders brutale Vorgehensweise in die Hände der Aufständischen. Und schließlich erzürnt die autoritäre Politik des Königs, der im Februar 2005 die letzten Reste der Demokratie abgeschafft hat, die gemäßigten Oppositionskräfte und verhindert einen geschlossenen Widerstand gegen die Maoisten. Deren Sieg würde nur weiteres Elend über das bettelarme Nepal bringen, aber die Unfähigkeit des Regimes scheint das Land im Himalaja unaufhaltsam in ihre Hände zu treiben.

Der einzige Weg zu einer friedlichen Lösung für Nepal liegt in einer geschickten Mischung aus Konfrontation und Beschwichtigung, in der den Maoisten der militärische Erfolg verwehrt wird, um sie dann in einen politischen Verhandlungsprozess zu führen. Ziel müsste sein, den Rebellen Chance und Anreiz zu bieten, ihre politischen Ziele mit friedlichen und demokratischen Mitteln zu verfolgen. Je weiter ein solcher Konflikt einmal vorangeschritten ist, desto schwieriger wird dieser Weg. Doch die einzige Alternative dazu ist ein Mehr an Gewalt: Eine weitere Radikalisierung der Bevölkerung führt entweder zu blutiger Repression, wie sie viele zentralamerikanische Staaten in den Siebziger- und Achtzigerjahren erlebt haben, oder zum Sieg einer fanatischen totalitären Bewegung, wie einst in Kambodscha. Wo immer solche düsteren Szenarien Wirklichkeit werden, sind sie die Folge jahrelanger und dramatischer Fehlentscheidungen.

Präventivschläge

Kann ein Staat, der über genügend militärische Macht verfügt und diese entschlossen einsetzt, nicht all die aufgezeigten Probleme vermeiden? Um zu den anfänglichen Bildern der beiden Bären zurückzukehren, denen ein Mann im Wald begegnen kann: Ein guter Schütze mit einem Gewehr muss nicht lange überlegen, ob es sich um einen Schwarz- oder um einen Grizzlybären handelt. Er kann einfach schießen und auf diese Weise jedes Risiko von vornherein ausschalten. Und selbst ein Bienenschwarm wird einem Menschen nicht gefährlich werden, der einen Flammenwerfer in der Hand hat und den Bienenstock ausräuchert.

Das war die Einstellung der Bush-Regierung, als sie wenige Monate nach dem 11. September 2001 ihre Doktrin vom Präventivkrieg entwickelte. Kein Warten, kein langwieriges Abwägen, sondern einen raschen Schlag gegen vermeintliche Feinde hielten die Verantwortlichen für den besten Schutz der nationalen Sicherheit: Eine Hypermacht wie die Vereinigten Staaten, die fast über die Hälfte aller Militärausgaben der Welt verfügt, müsse sich den oben skizzierten Dilemmas gar nicht stellen, sondern könne diese durch pure Machtausübung überwinden. In einem Artikel in der *New York Times* im Oktober 2004 zitiert Ron Suskind einen hohen Mitarbeiter des Weißen Hauses, der ihm erklärte, warum die Bush-Regierung nicht mehr daran glaubt, »dass sich Lösungen aus dem vernünftigen Studium der wahrnehmbaren Realität ergeben«. Suskind zitiert weiter: »So funktioniert die Welt nicht mehr. Wir sind jetzt ein Imperium, und wenn wir handeln, dann schaffen wir unsere eigene Realität. Und während Sie diese Realität studieren, mit aller Sorgfalt, wenn Sie wollen, handeln wir wieder und schaffen neue Realitäten, die Sie wieder studieren können.«

Doch die außenpolitischen Realitäten lassen sich offenbar nicht ganz so leicht verändern wie die Bush-Regierung glaubt. Bereits bei ihrer ersten Anwendung im Irakkrieg stieß die Präventivkriegsdoktrin an ihre praktischen Grenzen. Die USA haben den Krieg rasch gewonnen, sind bei der Befriedung des besetzten Landes aber völlig überfordert. Eine Ausdehnung von Präventivschlägen gegen den Iran oder Nordkorea erscheint demnach selbst dann, wenn die US-Regierung von ihrer Notwendigkeit überzeugt ist, angesichts der massiven Probleme im Irak und der fehlenden Truppenreserven wenig realistisch. Damit aber wird das Grundprinzip der Bush-Doktrin bereits aufgegeben. Denn wenn man die staatliche Sicherheit durch die präventive Ausschaltung von Bedrohungen gewährleisten will, darf man die notwendigen Schläge nicht aufgrund schwieriger Umstände oder hoher Kosten hinauszögern. Wie sagte George W. Bush in der bereits zitierten Rede in West Point: »Wenn wir darauf warten, dass die Bedrohungen tatsächlich zustande kommen, dann haben wir zu lang gewartet.«

Aus rein militärischer Sicht wären die USA wohl in der Lage, den Widerstand im Irak zu brechen und Iran, Nordkorea und noch ein Dutzend anderer Staaten zu unterwerfen. Doch dafür müssten die Amerikaner den allgemeinen Wehrdienst wieder einführen, Hunderttausende von jungen Männern und Frauen für den Krieg rekrutieren und möglicherweise auch die Steuern erhöhen. Dies würde der Regierung innenpolitisch immens schaden. Die internationalen Folgen wären wahrscheinlich noch katastrophaler: Eine ungehemmte Gewaltkampagne im Irak würde Tausende Zivilisten das Leben kosten und nicht nur in der islamischen Welt die öffentliche Meinung gegen Amerika aufbringen. Die USA sähe sich mit immer neuen Feinden konfrontiert, die entsprechend der Präventivkriegsdoktrin attackiert und ausgeschaltet werden müssten. Verbündete würden abfallen, selbst im eigenen Land würde die Unterstützung für eine solche Politik rasch zusammenbrechen. Die US-Regierung müsste alle demokratischen Werte über Bord werfen oder aber einen beschämenden Rückzug antreten. Das war letztlich die Erfahrung des Vietnamkriegs.

Es handelt sich hier nicht um eine Serie zufälliger, aber unglücklicher Ereignisse, sondern um ein konzeptionelles Dilemma: Eine Präventivkriegspolitik kann nur von einer Tyrannei verfolgt werden, die weder auf Menschenrechte noch auf die eigene Öffentlichkeit irgendwelche Rücksicht nimmt. Zu Hitler hätte dies gepasst, nicht aber zu den Vereinigten Staaten. Denn für die USA ist der Präventivkrieg Teil einer größeren Strategie, um die westliche Demokratie und Marktwirtschaft in die arabische Welt hineinzutragen und so jenen Sumpf auszutrocknen, in dem der islamistische Terror gedeiht. Doch Militärinterventionen, die nicht durch eindeutige Bedrohungen begründet sind, bewirken genau das Gegenteil. Der Einsatz in Afghanistan entsprach der allgemeinen politischen US-Strategie, der Einmarsch im Irak hingegen nicht. Politikwissenschaftler sprechen in einem solchen Fall von einem Versagen der politisch-militärischen Integration, von einer Spaltung zwischen militärischen Mitteln und politischen Zielen.

Auch eine Hypermacht kann es sich nicht leisten, auf die genaue Analyse der Bedrohungen und der Natur des Gegners – auf die »vernünftige Analyse der wahrnehmbaren Realität« (Suskind) – zu verzichten. Was militärisch möglich ist, ergibt politisch noch lange keinen Sinn. Das Dilemma der Raubtiere und Bienenschwärme lässt sich durch militärische Macht allein nicht überwinden.

Regimewechsel oder innerer Wandel: Die Zähmung von Aggressoren

Im vorigen Kapitel sind wir davon ausgegangen, dass Staaten ihren Charakter grundsätzlich beibehalten und ihr Verhalten nur als Reaktion auf äußere Umstände verändern. Diese Vereinfachung ist nützlich, um in der Theorie ein Modell für die Dynamik internationaler Beziehungen nach dem Vorbild der Realistischen Schule zu erstellen. Aber auch in der tatsächlichen Politik trifft man darauf: Regierungen und ihre Berater blenden die inneren Verhältnisse eines verfeindeten Landes gerne aus oder zeigen sich davon überzeugt, dass sich dort niemals etwas ändern wird.

Die Wirklichkeit ist meist diffiziler. In Tyranneien finden Regierungswechsel üblicherweise seltener statt als in Demokratien – die putschanfälligen Militärdiktaturen in Afrika und Lateinamerika einmal ausgenommen. Aber auch dort, wo nach außen hin die Herrschaftsverhältnisse unverändert bleiben, kann sich die Politik dramatisch wandeln. Die Sowjetunion der Achtzigerjahre hatte mit Stalins Schreckensregime nicht mehr viel gemein, und das kapitalistische China des 21. Jahrhunderts mit Mao Zedongs vermeintlichem Arbeiter- und Bauernparadies noch weniger. Solche internen Veränderungen können einen entscheidenden Einfluss auf die Außenpolitik eines Staates ausüben; sie kann sich dadurch mäßigen oder verschärfen. Deshalb ist es gerade in Beziehungen mit schwierigen und gefährlichen Staaten notwendig, auf deren innenpolitische Entwicklungen genau zu achten.

Manchmal lassen sich diese sogar von außen beeinflussen – aber wie? Welche außenpolitischen Umstände führen zu einer Verhärtung der Innenpolitik und welche zu Reformen? Die Probleme sind die gleichen wie bei der in Kapitel 3 diskutierten Steuerung des außenpolitischen Verhaltens, nur sind sie noch komplexer. In vielen Fällen stärken äußere Bedrohungen die Hardliner eines Regimes, während eine internationale Entspannung den Reformern Auftrieb gibt. Aber auch das Gegenteil ist möglich: Äußerer Druck und eine gezielte Einmischung in die Innenpolitik eines Landes können jenen Wandel beschleunigen, den man sich wünscht – bis hin zu einem Regimewechsel. Die gleiche Politik kann allerdings unter anderen Umständen dazu beitragen, dass radikalere, noch aggressivere Kräfte an Einfluss gewinnen.

In der Debatte über die Reformierbarkeit repressiver und aggressiver Regimes spielt auch das Hitler-Syndrom eine Rolle: Wer im Gegner ein unverbesserliches Raubtier sieht, wird sich kaum davon überzeugen lassen, dass es gezähmt werden kann. Wer allerdings zu sehr an die Verbesserungsfähigkeit von Tyrannen glaubt, wird selbst dort Kooperationsbereitschaft und guten Willen zu erkennen versuchen, wo sie nicht vorhanden sind. Wieder einmal ist das Wissen um die Natur des Gegners der Schlüssel zur richtigen Entscheidungsfindung.

Demokratien und Diktaturen

Beginnen wir mit der Frage, welchen Einfluss die Regierungsform auf das außenpolitische Verhalten eines Staates hat. Eine häufig vertretene These besagt, dass Demokratien keine Kriege gegeneinander führen. Die Erfahrungen der vergangenen 100 Jahre scheinen dies zu bestätigen. Tatsächlich haben echte Demokratien ihre Differenzen nie mit Waffengewalt ausgetragen. Kriege wurden immer zwischen autoritär regierten Staaten geführt oder aber zwischen Demokratien und Diktaturen. Im Ersten Weltkrieg gab es auf der Seite der Achsenmächte – Deutschland, Österreich-Ungarn und die Türkei – keine einzige echte Demokratie, und im Zweiten Weltkrieg standen alle Demokratien auf der Seite der Alliierten oder verhielten sich neutral. Während des Kalten Kriegs kämpften meist westlich orientierte Diktaturen mit kommunistischen »Volksdemokratien«, die ihrem Namen zum Trotz Einparteiendiktaturen waren. Von den zahlreichen Kriegen der USA wurde seit 1945 kein einziger mit einer Demokratie geführt. Auch in die vielen Konflikte in der Dritten Welt waren niemals zwei Demokratien verwickelt. Indien ist zwar eine Demokratie, sein Erzfeind Pakistan aber nicht. Israel ist eine Demokratie, aber keiner seiner arabischen Nachbarn.

Interessenskonflikte zwischen Demokratien wurden stets mit friedlichen Mitteln ausgetragen. Im Kalten Krieg war das nahe liegend, schließlich standen die westlichen Rechtsstaaten mit der Sowjetunion einem gemeinsamen Gegner gegenüber. Aber auch seit der Ausbreitung demokratischer Regierungsformen in den Neunzigerjahren in Osteuropa, Asien, Afrika und Südamerika kam es nie zu einer militärischen Auseinandersetzung zwischen solchen Staaten. Im Gegenteil: Langjährige Rivalen wie Argentinien und Brasilien legten ihre Streitigkeiten unter den neuen demokratischen Regierungen rasch bei. Demokratien haben sich in der Geschichte also grundsätzlich als friedfertiger und verhandlungsbereiter erwiesen. Andererseits führen manche von ihnen, vor allem die USA, auffallend viele Kriege, und diese nicht immer nur aus hehren Motiven. Für die Zukunft sind militärische Konflikte zwischen Demokratien daher nicht völlig auszuschließen.

Dennoch lässt sich feststellen, dass in internationalen Auseinandersetzungen demokratische Systeme vielfältigere Bremsmechanismen besitzen als Diktaturen. Die meisten Menschen sind gegen den Krieg eingestellt, weil sie wissen, dass sie darunter leiden werden. Je mehr Mitsprachemöglichkeiten die Bürger haben, desto eher werden sie daher auf eine friedliche Außenpolitik drängen – zumindest solange sie sich nicht direkt bedroht oder angegriffen fühlen. Die Respektierung abweichender Meinungen und Minderheiten, die eine Demokratie im eigenen Land auszeichnet, schlägt sich so auch in deren internationalen Beziehungen nieder. Eine offene politische Diskussion verlangsamt die Entscheidungsprozesse und verhindert bei außenpolitischen Spannungen jene Reflexhandlungen, die einen bewaffneten Konflikt provozieren können. Außerdem zeigt sich immer wieder, dass demokratische Regierungen geschickter agieren als Diktaturen. Sie besitzen zwar weniger Handlungsspielraum, werden dafür aber eingehender beraten. Auch das erleichtert die Suche nach friedlichen Auswegen aus außenpolitischen Krisen. Schließlich herrscht zwischen Demokratien aufgrund der gemeinsamen Werte deutlich mehr Vertrauen als zwischen Demokratien und Diktaturen oder zwischen Diktaturen; selbst Gewaltherrscher mit ähnlicher ideologischer Ausrichtung werden gelegentlich zu Todfeinden. Deshalb können Demokratien das Gefangenendilemma in den internationalen Beziehungen leichter überwinden als Tyranneien. Autoritäre Herrscher neigen grundsätzlich zur Gewalt und zu höherem Risiko. Sie sind oft ehemalige Militärs oder stützen ihre Macht auf die Streitkräfte. Sie entscheiden erratisch und emotional, lassen sich selten gut beraten und schlagen dadurch allzu leicht einen aggressiven Kurs ein, der den langfristigen Interessen ihres Landes nicht dient. Aber es gibt auch rationale Gründe für die Aggressionsbereitschaft von Diktatoren: Sie sehen sich tatsächlich oft von außen bedroht – im Fall von Nordkorea und dem Iran vor allem durch die USA. Und sie benötigen zur Aufrechterhaltung ihrer Herrschaft neben den Instrumenten der Gewalt und der Angst eine gewisse populäre Legitimierung, können aber nicht auf demokratische Wahlen zurückgreifen. Als Alternative bietet sich das Schüren nationalistischer Gefühle an, in dessen Folge sich die breiten Massen und auch die Eliten mit dem Regime solidarisieren. Eine Hetze gegen andere Staaten oder ethnische Gruppen treibt die Popularität von unbeliebten Herrschern in die Höhe, ebenso eine tatsächliche oder inszenierte äußere Bedrohung. Die Beliebtheit steigt weiter, wenn ein Krieg ausbricht – solange dieser erfolgreich verläuft. Erst wenn das Leiden der Bevölkerung überhand nimmt oder die Niederlage offensichtlich wird, schlägt die Solidarisierung rasch in massive Ablehnung um.

Die Militärdiktatur in Argentinien sah sich 1982 nach einem jahrelangen »schmutzigen Krieg«, der 20 000 Bürger das Leben gekostet hatte, mit Wirtschaftsproblemen, Streiks und massiven Straßenprotesten konfrontiert. Um von den Problemen abzulenken, besetzten die Generäle im April des Jahres die britischen Falklandinseln, die von Argentinien stets als »Islas Malvinas« beansprucht worden waren. Die Sympathiewerte des Regimes schnellten hinauf, da sich sogar die schärfsten Oppositionellen mit der nationalen Sache identifizierten. Doch als die britischen Truppen die Inselgruppe zwei Monate später zurückeroberten, brach das Regime rasch zusammen und machte den Weg für die Wiederherstellung der Demokratie frei. Auch der allseits gefürchtete Stalin wurde nach der Invasion der Wehrmacht 1941 zum geliebten Beschützer des Vaterlandes, und die Mehrheit der Deutschen (und Österreicher) solidarisierten sich nach Kriegsausbruch mit dem NS-Regime, solange die militärischen Erfolge der Wehrmacht überwogen. Erst nach der verlorenen Schlacht von Stalingrad begann Anfang 1943 bei vielen Deutschen die innere Abkehr vom Nationalsozialismus.

Nicht alle Diktaturen neigen zu aggressivem Verhalten. Bei ihrer Anhörung im Kongress nannte US-Außenministerin Condoleezza Rice im Januar 2005 fünf Staaten als »Vorposten der Tyrannei«, die sie als besonders gefährlich darstellte: Iran, Nordkorea, Kuba, Burma und Weißrussland. Doch von diesen Diktaturen hat Kuba seine revolutionären Abenteuer in anderen Ländern längst aufgegeben, während Burma und Weißrussland überhaupt keine außenpolitischen Ambitionen verfolgen. Ganz im Gegensatz zu Indien, das zwar eine funktionierende Demokratie aufweist, aber über die Jahre an zahlreichen militärischen Konflikten in der Region beteiligt war und zu deren Entstehen auch beigetragen hat.

Denn auch Demokratien sind gegen Militarismus und Kriegseuphorie nicht immun. Ein Krieg löst bei vielen Menschen Begeisterung aus, vor allem wenn der Konflikt weit weg ist, und diese Stimmung wird oft von den Massenmedien angestachelt. Ebenso führt ein Gefühl der äußeren Bedrohung fast immer zu einer Solidarisierung mit der Regierung und einer breiten Unterstützung für eine Politik der Härte – wie es etwa die USA nach dem 11. September 2001 erlebt haben. Bricht dann tatsächlich ein Krieg aus, scharen sich die Bürger einer Demokratie genauso um die Flagge wie in Diktaturen. Offener Dissens bleibt möglich, wird aber in einer aufgeheizten Stimmung oft geächtet. Es ist daher grundsätzlich vorstellbar, dass gerade die Vitalität der öffentlichen Meinung in zwei rivalisierenden oder verfeindeten Demokratien zu einem Krieg führt und das Gesetz des friedlichen Zusammenlebens von Demokratien widerlegt.

Besonders anfällig sind in dieser Hinsicht Staaten, die nach einer Phase der Repression mit der Demokratisierung beginnen und keine Tradition der Rechtsstaatlichkeit und des Ausgleichs haben. Nationalistische Gefühle und ethnischer Hass sind dort häufig wirksame politische Instrumente. Bei Wahlen haben dann jene radikalen Parteien und skrupellosen Politiker die besten Karten, die chauvinistische Emotionen schüren und gegen äußere Feinde hetzen. Demokratie bietet also keine Garantie für Frieden. Aber das ändert nichts daran, dass sie seine Chancen deutlich erhöht.

Revolutionär und totalitär

Als besonders gefährlich für eine bestehende internationale Ordnung erweisen sich revolutionäre und totalitäre Ideologien. Die politische Philosophin Hannah Arendt hat in ihren Untersuchungen zum Totalitarismus zwischen diesen beiden Phänomenen unterschieden, doch in vielen Fällen wirken sie zusammen. Revolutionen, die von religiösem oder politischem Glauben beseelt sind, machen an nationalen Grenzen nicht Halt. Ein frühes Beispiel war der Islam, der unter dem Banner eines neuen Glaubens im 7. und 8. Jahrhundert ein Weltreich schuf und die gesamte bekannte Welt zur Lehre des Propheten Mohammed bekehren wollte. Die revolutionäre Energie des Islam wurde zumindest für kurze Zeit auch nach der iranischen Revolution von 1979 sichtbar.

Ebenso wie der Islam begnügte sich die Französische Revolution nicht mit der Schaffung einer neuen nationalen Ordnung, sondern überschritt die Grenzen und bedrohte die etablierten Monarchien Europas. Beide Bewegungen zeigten totalitäre Züge: Es ging ihnen um die Vernichtung einer alten Ordnung und die Schaffung eines neuen Menschen, der sein ganzes Leben dem neuen Glauben unterordnen sollte. Kleidung, Kalender, Kunst – alles musste sich verändern und der großen Mission dienen. Auf vergleichbare Weise mündete die religiöse Revolution der Reformation in das Zeitalter der Religionskriege. Und in der Außenpolitik der USA finden sich bis heute Relikte zweier revolutionärer Bewegungen mit universalistischem Anspruch – der Aufklärung und des Protestantismus.

Der Totalitarismus, wie wir ihn kennen, ist ein Kind des 19. Jahrhunderts und ein politisches Phänomen des 20. Jahrhunderts – umgesetzt im Faschismus, Nationalsozialismus und Stalinismus. Als »stato totalitario« von Mussolini geprägt, sieht der Begriff Totalitarismus die völlige Unterordnung des Menschen in einem Staat oder einem Kollektiv vor. Die Aggression des totalitären Regimes ist in erster Linie gegen das eigene Volk gerichtet, und hier vor allem gegen jedes abweichende Denken oder Verhalten. Es gibt zunächst keinen zwingenden Grund, dass sich der Machtdrang nach außen wendet. Dass dies meist dennoch geschieht, sollte nicht überraschen. Machthungrige Despoten, die die totale Kontrolle über ein Volk errungen haben, werden sich nicht damit begnügen, sondern versuchen, ihre Macht auszuweiten. Und Hand in Hand mit der totalitären Herrschaft geht meist eine Militarisierung der Gesellschaft – die beste Voraussetzung für eine expansionistische Politik. Wenn sich der totalitäre Staat dann von außen bedroht fühlt, ist es zur aggressiven Außenpolitik nur noch ein kurzer Weg, zumal sich die neue totalitäre Ideologie oft mit einem bereits bestehenden Nationalismus verbindet.

Bis in die Vierzigerjahre des vergangenen Jahrhunderts war der Totalitarismus eine große, möglicherweise sogar die größte Gefahr für den Weltfrieden. Doch schon bei der Sowjetunion war die Verbindung zwischen innerer Repression und äußerer Aggression weniger klar als etwa beim nationalsozialistischen Deutschland. Die Sowjetunion war zwar dem ideologischen Ziel der Weltrevolution verpflichtet, verfolgte aber kein konkretes Welteroberungsprogramm. Zudem bot das Konzept des Totalitarismus seit den Siebziger- und Achtzigerjahren keine brauchbare Beschreibung mehr für die Gesellschaftsformen in den kommunistischen Staaten. Diese gaben sich vielleicht totalitär, aber sie waren es nicht mehr, denn der Terror ging zurück und die inneren Freiräume der Bürger nahmen zu. Deshalb erwies sich auch die Einteilung von Diktaturen durch rechtsgerichtete US-Experten wie Ronald Reagans UNO-Botschafterin Jeanne Kirkpatrick in gefährliche totalitäre (sprich kommunistische) und akzeptable autoritäre Regimes als irreführend. Kirkpatricks Analyse diente vor allem der Rechtfertigung für die amerikanische Unterstützung befreundeter repressiver Diktaturen.

1949 veröffentlichte George Orwell den Roman *1984*, das Horrorszenario einer von drei totalitären Staaten beherrschten Welt, die ihre Bürger völlig kontrollieren und ständig gegeneinander Krieg führen. Tatsächlich war die Technologie, die Orwell voraussagte, 1984 bereits existent, aber die politische Vision wirkte schon damals etwas antiquiert. Heute ist dies noch viel mehr der Fall. Es gibt auf der Welt zwar zahlreiche Regimes, die totalitäre Herrschaftsinstrumente wie Repression, Bespitzelung und Propaganda einsetzen. Doch die meisten dieser halb-totalitären Staaten verhalten sich nach außen hin nicht aggressiv. Der einzige Staat, der Orwells Albtraum zumindest annähernd entspricht, ist Nordkorea.

Erzwungener Regimewechsel

Der Zusammenhang zwischen Diktatur und Aggression legt nahe, dass die Förderung von Demokratie eine friedenssichernde Strategie darstellt und bei besonders aggressiven Staaten ein von außen aufgezwungener Regimewechsel eine legitime Möglichkeit ist, eine weltpolitische Bedrohung zu bannen. Dies propagieren vor allem die USA. Gleiches gilt dort, wo sich die Aggression nicht nach außen richtet, sondern gegen Teile der eigenen Bevölkerung. Die Charta der Vereinten Nationen verteidigt zwar die Souveränität von Staaten unabhängig von deren Regierungsform und betrachtet äußere Angriffe im Normalfall als Bruch des Völkerrechts. Doch das Recht auf Nichteinmischung ist kein absoluter Wert. Das praktizierte Völkerrecht und die internationale Ethik erlauben, ja verlangen es sogar, dass die internationale Staatengemeinschaft bei schwersten Menschenrechtsverletzungen, erst recht bei Völkermord, eingreift – bis hin zum Gebrauch militärischer Mittel, um einen Sturz des mörderischen Regimes zu erreichen. Die Voraussetzung dafür ist üblicherweise eine Resolution des UNO-Sicherheitsrats. Doch im Fall des Kosovokriegs war es die NATO, die den Segen für den Angriff auf Serbien gab, und trotzdem wird die Operation von den meisten Völkerrechtsexperten als legitim betrachtet. Selbst völkerrechtlich fragwürdige Interventionen gewinnen im Nachhinein eine gewisse Berechtigung, wenn sich die Lebensumstände der betroffenen Bevölkerung dadurch deutlich verbessern. So wird den Vereinigten Staaten heute weniger der Sturz von Saddam Hussein als die miserabel geplante und umgesetzte Besatzungspolitik im Irak vorgeworfen.

Im Zweiten Weltkrieg war ein Regimewechsel bei den Achsenmächten das klare und berechtigte Ziel der Alliierten. Die bedingungslose Kapitulation Deutschlands, Italiens und Japans galt als einziger Weg, einen politischen Neubeginn herbeizuführen. Die Rechnung ging auf: Keiner dieser Staaten kehrte nach der von den USA aufgezwungenen Demokratisierung zur früheren Expansionspolitik zurück – und das nicht nur, weil die Einbindung in die internationalen Sicherheitssysteme, vor allem in die NATO, dies nicht mehr zuließen. Die Politik und die öffentliche Meinung hatten in diesen Ländern nach Ende der Okkupation jeglichen Appetit auf territoriale Eroberungen verloren.

Diese Beispiele für Regimewechsel, die von außen aufgezwungen und erfolgreich waren, lassen sich allerdings nicht verallgemeinern. Man darf nicht vergessen, dass dem Sturz der faschistischen und nationalsozialistischen Regimes der blutigste Krieg in der Menschheitsgeschichte voranging. Eine Wiederholung dessen kann kaum das Ziel einer vernünftigen Politik sein. Selbst am Höhepunkt des Kalten Kriegs bezeichneten amerikanische Regierungspolitiker zwar einen Regimewechsel in Moskau als ihren langfristigen Wunschtraum, gleichwohl zogen sie nie ernsthaft einen

Angriff auf die Sowjetunion in Erwägung. Sobald die Sowjets ein ausreichend großes Atomwaffenarsenal zur Verfügung hatten, stand diese Option ohnehin außer Frage, da sie in einen nuklearen Weltkrieg zu münden drohte.

Auch im kommunistisch beherrschten Osteuropa akzeptierte der Westen die politischen Realitäten. Die Eisenhower-Regierung sprach zwar von einem »Rollback«, also von einer Befreiung der Ostblockstaaten, ließ aber den Worten keine Taten folgen. So warteten 1956 die Ungarn, 1968 die Tschechen und 1981 die Polen vergeblich auf Hilfe aus dem Westen. Gegenüber dem kommunistischen China wälzte der umstrittene US-Oberkommandierende im Koreakrieg, General Douglas MacArthur, zwar konkrete Interventionspläne, doch war das einer der Gründe, warum er von Präsident Truman abgesetzt wurde. Zwar verweigerten die USA dem KP-Regime in Peking ein Vierteljahrhundert die diplomatische Anerkennung, doch ein gewaltsamer Regimewechsel stand auch hier nicht auf der Tagesordnung.

Für die USA kam eine Politik des erzwungenen Regimewechsels nur dort infrage, wo dies mit relativ geringen Mitteln und ohne großes Risiko möglich war. Dafür boten sich linksgerichtete und nationalistische Regierungen in der Dritten Welt an. Doch obwohl dies keine vorbildhaften Demokratien waren, rechtfertigten deren Missstände streng genommen keine Einmischung von außen. Trotzdem intervenierten die USA im Namen des weltweiten Kampfes gegen den Kommunismus oder aus wirtschaftlichen Überlegungen im Iran, in Guatemala, in der Dominikanischen Republik und in Chile. Auch für die zahlreichen französischen Eingriffe in den ehemaligen westafrikanischen Kolonien gab es selten legitime Gründe, wie etwa besonders brutale Menschenrechtsverletzungen oder eine aggressive Politik gegenüber den Nachbarn. Diese zweifelhafte Bilanz hat den Regimewechsel als Instrument der außenpolitischen Konfliktbewältigung zunehmend in Misskredit gebracht.

Angesichts der Problematik militärischer Interventionen haben gerade die USA in den vergangenen Jahrzehnten oft versucht, einen Regimewechsel nicht durch militärische Gewalt, sondern durch wirtschaftliche und politische Zwangsmaßnahmen herbeizuführen. Die Zahl der Staaten, die entweder unilateral oder durch einen internationalen Beschluss mit Sanktionen belegt wurden, ist groß. Doch in den meisten Fällen stellte sich ein

solches Vorgehen als kontraproduktiv heraus; das Regime wurde nicht geschwächt, sondern einzementiert. Denn auch regimekritische Bürger lehnen eine Einmischung von außen häufig ab und scharen sich dann stärker
um die Führung. Fidel Castro wäre ohne die jahrzehntelange Sanktions-
und Isolationspolitik gegen Kuba wohl nicht mehr an der Macht. Auch
Milošević konnte bis kurz vor seinem Sturz die interne Opposition größ-
tenteils ausschalten, indem er Serbien als Opfer der westlichen Aggression
darstellte. Selbst eine schwere militärische Niederlage vermag diesen Soli-
darisierungseffekt hervorzurufen. So ging beispielsweise der ägyptische
Staatschef Gamal Abd el-Nasser 1967 innenpolitisch gestärkt aus dem
Sechstagekrieg hervor, obwohl er die Sinai-Halbinsel an Israel verlor. Je
lauter die Bush-Regierung also gegenwärtig im Iran nach einem Regimewechsel ruft, desto sicherer dürfen sich wohl auch die Mullahs fühlen.

Wird ein Regime durch eine direkte Militärintervention gestürzt, treten erst recht Probleme auf – sogar dann, wenn der Eingriff durch ein
UNO-Mandat legitimiert ist. Die Interventionstruppen müssen das Land
besetzen und übernehmen damit die Verantwortung für eine zerrissene,
durch Tyrannei und Krieg traumatisierte Gesellschaft. Der Prozess der Na-
tionenbildung hat sich als eine der schwierigsten und frustrierendsten Aufgaben der internationalen Staatengemeinschaft im späten 20. und frühen
21. Jahrhundert erwiesen, für die es zahlreiche abschreckende und nur wenige ermutigende Beispiele gibt. Von Bosnien über Kosovo bis Somalia
und Liberia – nirgendwo ist das Ergebnis zufriedenstellend. Der Irak erscheint heute als besonders hoffnungsloser Fall. Aber auch Afghanistan,
wo sich Deutschland stark engagiert, macht deutlich, wie langsam der Wiederaufbau einer halbwegs funktionierenden und gerechten staatlichen
Ordnung in den befreiten Ländern von sich geht.

Die Mehrzahl der repressiven Regimes in der Welt müssen sich nicht
vor einer Militärintervention fürchten – selbst wenn sie sich wie Burma,
Weißrussland, Simbabwe oder Kuba auf der schwarzen Liste der Bush-Regierung wiederfinden. Auch völkerrechtswidrige Aggressionen werden
nicht immer geahndet, vor allem wenn sie in strategisch unbedeutenden
Regionen vor sich gehen. Seit beinahe 30 Jahren hält Marokko völker-
rechtswidrig die ehemalige spanische Kolonie Westsahara besetzt und
blockt erfolgreich alle Referenden und UNO-Friedenspläne ab. Das nord-
afrikanische Königreich okkupiert damit ein fremdes Territorium fast so

lange wie Israel, erregt aber weitaus weniger Aufsehen. Ebenso geht Ruanda durch seine Interventionen im benachbarten Kongo nur ein geringes Risiko ein. Auch wenn sich die USA und gewissermaßen auch die EU als globale Ordnungsmächte betrachten – die Rolle einer Weltpolizei, die jedes Vergehen gegen den internationalen Frieden automatisch ahndet, wollen und können sie nicht ausfüllen.

Wie aus Falken Tauben werden

Durch den Irak sind sich auch viele US-Republikaner bewusst geworden, welche Schwierigkeiten ein von außen aufgezwungener Regimewechsel mit sich bringt. Deshalb sucht die Bush-Regierung nun gegenüber dem Iran, Nordkorea und anderen aggressiven »Schurkenstaaten« nach neuen Wegen, die Gefahr, die von ihnen ausgeht, zu bannen oder zumindest zu verringern. Idealerweise geschieht dies durch einen von der eigenen Bevölkerung betriebenen friedlichen Regimewechsel – durch eine »samtene Revolution«, wie sie 1989 in Osteuropa und erst kürzlich in der Ukraine vollzogen wurde. In Ländern, in denen die Demokratisierung nicht recht voranschreitet, kann das Verhalten der Regierenden durch Impulse aus dem Ausland beeinflusst werden. Die richtige Mischung aus Druck und Anreizen – etwa eine stärkere Einbindung in das internationale Wirtschaftssystem, aber nur unter gewissen Bedingungen – kann in bestimmten Fällen dazu führen, dass sich Falken zu Tauben wandeln oder innerhalb einer Führungsriege die Tauben Oberhand gewinnen. Ein erfolgreiches Beispiel dafür ist der libysche Staatschef Muammar Gaddafi: Mit einer Mischung aus einem nur halb geglückten Militärschlag – dem US-Luftangriff auf Gaddafis Familie von 1986, der den Diktator verfehlte, aber seine Tochter tötete – jahrelangen Sanktionen und der Verlockung von Auslandsinvestitionen wurde Gaddafi dazu bewogen, sein Programm für Massenvernichtungswaffen und seine Unterstützung von Terrororganisationen aufzugeben. Gaddafi ist damit um keine Spur demokratischer geworden, aber deutlich weniger gefährlich. Und die Öffnung nach außen erleichtert die Lebensumstände der meisten Libyer. Ob es die amerikanische Drohkulisse oder die europäische Diplomatie war, die ihn zur Umkehr bewog, bleibt allerdings umstritten.

In Nordkorea ist eine vergleichbare Mischung aus Drohungen und Anreizen bisher gescheitert: Kim Il Sung und sein Sohn Kim Jong Il werteten den internationalen Druck als Bestätigung ihrer paranoiden Weltsicht und witterten hinter den westlichen Konzessionen – massive Hungerhilfe, der Aufbau von Wirtschaftsbeziehungen und die Lieferung von Heizöl zur Überbrückung der Energieknappheit – stets neue Hintergedanken. Daher hält sich Nordkorea an keine Vereinbarungen und entwickelt wohl insgeheim weiter seine Atomwaffen. Beim Iran, der ebenfalls nach Atomwaffen strebt, ist der Ausgang noch offen. Auch hier besteht die westliche Politik aus einer Mischung von Drohungen seitens der USA und Anreizen seitens der Europäer, wobei ein gewaltsamer Regimewechsel nach dem Vorbild des Irak angesichts der Größe des Landes und seiner militärischen Stärke kaum infrage kommt.

Zwiespältig fällt die Bilanz westlicher Politik gegenüber dem Sudan aus. Das islamistische Regime in Khartoum hat unter massivem internationalen Druck den jahrzehntelangen Bürgerkrieg mit den Rebellenbewegungen im christlich-animistischen Süden beigelegt, dafür aber in der Provinz Darfur einen Massenmord an der lokalen schwarzafrikanischen Bevölkerung durch arabische Reitermilizen organisiert oder zumindest zugelassen. Trotz scharfer internationaler Reaktionen und Vermittlungsmissionen bleibt der dortige Konflikt ungelöst und die Menschenrechtssituation katastrophal. Der Westen ist ratlos, mit welchen Strategien der sudanesischen Regierung Einhalt geboten werden kann. Gelegentlich wird eine Militärintervention gefordert, aber angesichts der Größe des Landes und der Komplexität seiner Konflikte von keinem westlichen Staat ernsthaft in Betracht gezogen.

Um zu wissen, wie sich ein diktatorisches Regime verändern lässt, muss man entweder die Psychologie des Alleinherrschers oder die innere Dynamik der Führungsclique verstehen. Beides wird durch den Charakter von Diktaturen erschwert: Man weiß wenig – oder wenig Zuverlässiges – über die Persönlichkeit der Herrschenden, weil diese keinen Grund haben, sich allzu sehr zu öffnen. Ob sie eher nach Expansion oder nach Stabilität streben, ob sie als Kämpfer oder als Staatsmänner in die Geschichtsbücher eingehen wollen, ob sie besser auf Drohungen oder auf Anreize reagieren, all das kann man erst herausfinden, indem man – meist negative – Erfahrungen mit dem Regime macht.

Ebenso schwierig ist es, die inneren Machtverhältnisse und Bewegungen eines abgeschotteten Regimes zu ergründen. Welche Innenpolitik ein totalitärer Alleinherrscher verfolgt, auf welche Fraktionen oder Institutionen er seine Macht stützt, darüber ist in Diktaturen, anders als in Demokratien, nichts aus den Medien zu erfahren. In den Zeiten des Kalten Kriegs entstand daher im Westen die Zunft der Kremlforscher, die aus Details wie der Sitzordnung der KP-Führung bei den Paraden auf dem Roten Platz herzuleiten versuchte, wer an Macht gewonnen und wer verloren hatte. Doch die Hoffnung, diese undurchsichtigen Vorgänge von außen beeinflussen zu können, war äußerst gering. Erst im Nachhinein war manchmal zu rekonstruieren, wie die internationalen Ereignisse sich in der Sowjetführung ausgewirkt hatten. So beschleunigte die politische Niederlage, die US-Präsident John F. Kennedy den Sowjets in der Kubakrise zufügte, die Ablösung des impulsiven Nikita Chruschtschow als Parteichef. Klar ist heute auch, dass der Aufstieg des Reformers Michail Gorbatschow zum KP-Chef 1985 und damit der dramatische Wandel in der sowjetischen Außenpolitik von Entwicklungen im Westen mitverursacht wurde. Nach wie vor sind die Historiker allerdings uneins, welche Politik – ob die harte oder die weiche – dafür verantwortlich war.

In weniger abgekapselten Staaten als der Sowjetunion sind äußere Einflüsse auf interne Richtungsentscheidungen leichter zu erkennen und deshalb auch leichter zu steuern. In Südafrika löste das Ende der Sowjetunion, die vom Apartheid-Regime als größte Bedrohung betrachtet wurde, eine der dramatischsten politischen Umwälzungen der vergangenen Jahrzehnte aus. Präsident Frederik Willem de Klerk entließ Nelson Mandela aus dem Gefängnis, demontierte das Regime und sorgte über demokratische Wahlen dafür, dass die schwarze Bevölkerungsmehrheit an die politische Macht kam. Ohne den weltpolitischen Wandel, so de Klerk später, hätte er diese Politik in seiner Nationalen Partei nie durchsetzen können.

Die Frage, ob und wie interne Entwicklungen von außen beeinflusst werden können, stellt sich gegenwärtig im Iran mit großer Dringlichkeit. Seit fast einem Jahrzehnt kämpfen dort konservative und progressive Kräfte um die Richtung der islamischen Republik, wobei in den vergangenen Jahren die Reformer deutlich an Boden verloren haben. Dies hat vor allem interne Gründe. Trotzdem bleibt zu überlegen, ob nicht die konfrontative Politik der USA unter George W. Bush, vor allem seine »Achse-des-

Bösen«-Rede vom Januar 2002, die Position des liberalen Präsidenten Mohammed Khatami unterminiert und den Konservativen Auftrieb gegeben hat.

Auch anderswo ist die Einmischung in die Innenpolitik eines Staates eine fragwürdige und sogar riskante Angelegenheit. Dabei geht es gar nicht einmal um das völkerrechtliche Prinzip der staatlichen Souveränität, denn dieses hat in unserer globalisierten und vernetzten Welt an Bedeutung verloren. Die Förderung demokratischer Kräfte, die sich einer Diktatur widersetzen, ist – unabhängig von allen realpolitischen Überlegungen – eine moralisch richtige Vorgehensweise. Dies hat sich bei der massiven und letztlich erfolgreichen Unterstützung der demokratischen Opposition in der Ukraine durch Amerika und Europa im Spätherbst 2004 gezeigt. Auch in Burma, in Weißrussland und anderen Diktaturen verdienen Oppositionelle und Dissidenten die Unterstützung des Westens. Menschenrechtsorganisationen wie Amnesty International und Human Rights Watch sind in mancher Hinsicht das Gewissen der Weltöffentlichkeit. Zu schweigen, wenn anderswo die Menschenrechte verletzt werden, gilt heute zu Recht als schändliches Verhalten. Ebenso richtig kann es in vielen Fällen sein, wenn man Vertretern unterdrückter ethnischer Minderheiten im Kampf für ihre legitimen Rechte, bis hin zur nationalen Selbstbestimmung, beisteht. So sind die Solidaritätsbewegungen für ein freies Tibet von den besten Absichten getrieben und genießen die Unterstützung zahlreicher Prominenter.

Aber solch eine Vorgehensweise kann durchaus das Gegenteil von dem bezwecken, was sie erreichen will. Werden Regimegegner allzu offen vom äußeren Feind gestützt, droht ihnen, als Vaterlandsverräter gebrandmarkt zu werden und dadurch in den Augen der Bevölkerung ihre Legitimität zu verlieren. Ethnische Konflikte, selbst wenn sie von berechtigten Ansprüchen getrieben werden, erweisen sich oft als Büchse der Pandora: Die unterdrückte Minderheit, die ihre Unabhängigkeit erkämpft, bringt damit eine andere Volksgruppe in eine solche Situation, dass sie sich nunmehr ihrer Rechte beraubt fühlt. So können ethnische Auseinandersetzungen ein Land in einen Bürgerkrieg treiben, der auf die Nachbarländer übergreift und die Stabilität ganzer Regionen bedroht.

Die internationale Isolierung eines Regimes wiederum kann zwar einen Reformstoß auslosen, führt aber oft zur Verhärtung seiner Politik. Kritiker der amerikanischen Kuba-Politik sind überzeugt, dass Fidel Castro nach dem Sieg seiner Revolution 1959 erst durch die Feindseligkeit der USA in die Arme der Sowjetunion und zur Schaffung einer repressiven kommunistischen Diktatur getrieben wurde. In Europa denkt man offensichtlich ähnlich: Sehr zum Ärger der USA beleben die EU-Staaten ihre Beziehungen zu Kuba trotz der anhaltenden Menschenrechtsverstöße immer wieder neu.

Das gleiche Muster droht sich im Fall von Venezuela zu wiederholen, wo der linkspopulistische Präsident Hugo Chávez demokratisch legitimiert ist, aber die Spielregeln der Demokratie zunehmend missachtet. Vor allem seine Freundschaft mit Castro und seine Sympathie für linksrevolutionäre Guerillabewegungen in Kolumbien alarmieren sogar die moderaten Kreise in den USA. Gleichzeitig dürfte die Bush-Regierung durch ihre stillschweigende Unterstützung eines missglückten Staatsstreichs 2002 und ihre späteren Versuche, Venezuela innerhalb der lateinamerikanischen Staatengemeinschaft zu isolieren, den innen- und außenpolitischen Radikalismus der Chávez-Regierung nur noch weiter fördern.

Als zweischneidiges Schwert erweist sich ebenso das gerne genutzte Instrument der Wirtschaftssanktionen. Sie treffen die breite Masse stärker als die Eliten und eröffnen den regierenden Cliquen durch Schmuggel und Korruption weitere Möglichkeiten zur Bereicherung. Erschwerend kommt die internationale Dynamik hinzu: Damit Sanktionen wirken, müssen sie von einer möglichst breiten Allianz von Staaten mitgetragen werden. Doch der Reiz, die Sanktionen zu brechen, ist hoch. Staaten und Unternehmen können dadurch Marktanteile auf Kosten anderer gewinnen und beträchtliche Gewinnspannen erzielen. Je länger die Sanktionen anhalten, desto größer wird die Versuchung, diese zu unterlaufen. Dies hat sich bei den Sanktionen gegen Serbien und den Irak in den Neunzigerjahren gezeigt. In beiden Fällen erwiesen sie sich weder als ein taugliches Mittel zum Regimewandel noch zum Regimewechsel.

Wandel durch Annäherung

Die Volksrepublik China war in ihren Anfängen eine revolutionäre, aggressive und expansionistische Macht, die abgeschottet vom Rest der Welt ihre Bevölkerung einem gewaltigen gesellschaftlichen, wirtschaftlichen und politischen Experiment unterzog, das über die Jahrzehnte Millionen von Menschenleben kostete. Heute ist China zwar immer noch eine Einparteiendiktatur, in der die Menschenrechte missachtet werden. Aber gleichzeitig ist China der wirtschaftliche Hoffnungsmarkt der Welt, oft ein stabilisierender Faktor in der Weltpolitik und ein Land, wo die Politik sich aus dem Alltag ihrer Bürger immer mehr zurückzieht. China ist das Musterbeispiel für einen erfolgreichen »Wandel durch Annäherung« – für jenes Konzept, das die sozial-liberale Regierung in der Bundesrepublik gegenüber dem Osten verfolgte und dafür von vielen US-Politikern gescholten wurde. Im Falle Chinas war allerdings nicht Westeuropa, sondern Amerika die treibende Kraft für diesen Prozess.

Die Annäherung setzte lange vor dem Beginn der Reformen ein. Als US-Präsident Richard Nixon im Februar 1972 nach Peking reiste, um die Normalisierung der diplomatischen Verhältnisse in die Wege zu leiten, befand sich Maos Kulturrevolution auf dem Höhepunkt. Nixon und sein Berater Henry Kissinger handelten ausschließlich aus geopolitischem Kalkül: Sie wollten die Rivalität zwischen Moskau und Peking ausnutzen, um die Sowjetunion zu schwächen. Vielleicht hätte der Reformprozess in China auch ohne das amerikanische Zutun eingesetzt. Jedenfalls verliefen der Niedergang der Sowjetunion und die Öffnung Chinas seit Maos Tod im September 1976 parallel. Im Dezember 1978 setzte sich der Pragmatiker Deng Xiaoping im Machtkampf in der kommunistischen Partei durch und begann mit der Liberalisierung der Wirtschaft, am 1. Januar 1979 nahmen China und die USA diplomatische Beziehungen auf. Die meisten europäischen Staaten hatten schon einige Jahre zuvor die Beziehungen zur Volksrepublik normalisiert, doch war das für China weitaus weniger wichtig als das Verhältnis zu Washington.

Die Einbindung der chinesischen Wirtschaft in das globale westliche Wirtschaftssystem, das mit dem Beitritt Chinas zur Welthandelsorganisation (WTO) im Jahr 2001 ihren Höhepunkt erreichte, ist bis heute der Motor der internen Veränderungen geblieben. Das zeigte sich auch nach der blutigen Niederschlagung der Demokratiebewegung auf dem Pekinger Platz des Himmlischen Friedens im Juni 1989: Was sich als schwerer Rückschlag für die Hoffnungen auf politische Liberalisierung erwies, hatte nur wenig Einfluss auf Chinas Wirtschaftspolitik und die Beziehungen mit dem Westen. Die USA behielten sich bis zum WTO-Beitritt lediglich das

Recht vor, die so genannte Meistbegünstigungsklausel, ohne die kein freier Handel möglich ist, gegenüber China immer nur für ein Jahr zu verlängern und dies von den Fortschritten in den Menschenrechtsfragen abhängig zu machen. Und die alljährliche Bestätigung dieser Fortschritte durch die US-Regierung geriet zum leeren politischen Ritual, das für die chinesische Führung höchstens noch als entwürdigend empfunden wurde. Angesichts der wachsenden Interessen der amerikanischen Wirtschaft am Handel mit China bot dieses Verfahren kein politisches Druckmittel mehr.

Diese Entwicklung scheint jene Verfechter des Liberalismus zu bestätigen, die davon überzeugt sind, dass durch freien Handel und freie Marktwirtschaft auch die Politik eines Landes freier und friedlicher wird. Wenn Bürger in ihren ökonomischen Entscheidungen frei werden, wächst zugleich deren persönlicher Freiraum. Durch die steigende wirtschaftliche Verflechtung mit anderen Ländern nimmt die innere und äußere Aggressionsbereitschaft eines Staates ab. Am Ende kommt der Moment, an dem die Vertreter des groß und selbstbewusst gewordenen Mittelstands politische Freiheiten einfordern und damit das Land zur echten Demokratie machen – so geschehen in den ehemaligen Rechtsdiktaturen Taiwan und Südkorea.

Stimmt diese These, dann ist die wirtschaftliche Isolierung einer Diktatur der falsche Weg, dann ist der Handel mit dem Teufel die beste Waffe gegen ihn. Aber steckt dahinter nicht nur eine Rechtfertigung für jene, die auf das Geschäft mit Tyranneien und Diktaturen nicht verzichten wollen, weil ihnen der Profit wichtiger ist als die Moral? Die Geschäfte der Schweiz oder Schwedens mit dem Dritten Reich konnten die Brutalität und Aggressivität der NS-Diktatur doch auch nicht eindämmen. Im Gegenteil: Die Goldkäufe der Schweizer Banken und die Eisenerzlieferungen der Schweden waren ein wichtiger Beitrag für die Stärke der deutschen Kriegsmaschinerie. Auch in Saddam Husseins Irak trugen in den Achtzigerjahren die intensiven Wirtschaftsbeziehungen mit Europäern und Amerikanern keineswegs zu einer Mäßigung bei. Die liberalisierende Kraft des Handels ist dem Machtstreben eines brutalen Despoten nicht gewachsen.

Ob der rege Osthandel der Siebziger und Achtziger die Lebensdauer der Sowjetunion verlängerte oder zu ihrem Untergang beitrug, bleibt bis heute heiß diskutiert. In den vergangenen Jahren ist die Frage von Wirtschaftsbeziehungen oder Wirtschaftssanktionen gegen die Militärdiktatur in Burma, das sich selbst nun Myanmar nennt, ähnlich umstritten. Burma ist darüber hinaus ein beliebtes Reiseziel: Ist also der Tourismus in solchen Ländern eine Form der Kollaboration oder ein Beitrag zur Liberalisierung? Und manche Menschenrechtsaktivisten fordern immer noch einen Abbruch des Handels mit China, um auf diese Weise die Repressionen gegen politische Dissidenten, religiöse Gruppen und ethnische Minderheiten zu stoppen.

Wer hat Recht? Grundsätzlich lässt sich feststellen, dass Wirtschaftsbeziehungen mit einem Krieg führenden Land eher dazu dienen, dessen Rüstungsapparat aufrechtzuerhalten, und wenig zur Liberalisierung beitragen. Das war die Erfahrung der Schweizer und Schweden mit NS-Deutschland. Ähnliches hat sich Jahre später gegenüber dem Irak wiederholt. Während des irakisch-iranischen Kriegs von 1980 bis 1988 bauten europäische Staaten genauso wie die USA ihre Wirtschaftsbeziehungen zu Saddam Husseins Regime aus – zur Unterstützung des säkularen Irak gegen den fundamentalistischen Iran ebenso wie aus rein finanziellen Interessen. Saddam allerdings betrachtete die Freundlichkeiten aus dem Westen als Freibrief für seine Unterdrückungspolitik, wie sich in der grausamen Niederschlagung des Kurdenaufstands und dem brutalen Giftgaseinsatz von Halabscha 1988 zeigte.

In Friedenszeiten sind die Auswirkungen einer ökonomischen Einbindung von der Art der Wirtschaftsbeziehungen abhängig. Investitionen in den Rohstoffsektor stärken für gewöhnlich das Regime und tragen wenig zu einer Öffnung der Gesellschaft bei. Der Kauf von Gütern, die mithilfe von Sklaven- oder Häftlingsarbeit produziert werden, ist grundsätzlich abzulehnen. Die Lieferung von Konsumgütern mag zwar vor allem die Eliten erfreuen, trägt aber auch bei ihnen zu einem wachsenden Interesse an materieller Verbesserung bei, was wiederum die internationale Abhängigkeit fördert. Am wirkungsvollsten sind Direktinvestitionen in den produzierenden Sektor. Da kommen westliche Manager mit der Bevölkerung in Berührung, werden Arbeitsplätze geschaffen, die trotz schlechter Bezahlung den von der einheimischen Industrie angebotenen Jobs meist überlegen sind. Und das zwingt die politische Führung, gewisse rechtsstaatliche Standards einzuhalten.

Beim Fremdenverkehr könnte man als Kriterium verwenden, ob die ausländischen Gäste in staatlich geführten Hotelburgen untergebracht und von der einheimischen Bevölkerung möglichst fern gehalten werden, oder ob die Möglichkeit eines flexibleren Individualtourismus besteht, von dem auch kleine Unternehmer – Restaurantbesitzer oder Fremdenführer – profitieren. Auf jeden Fall ist der Tourismus oft die einzige Chance, die Bewohner von Diktaturen mit anderen Menschen und deren Lebensstil, Sprachen und Ideen zu konfrontieren. Allein die Öffnung eines Landes für Besucher ist oft ein Zeichen, dass sich etwas bewegt.

Wandel durch Annäherung ist die radikalste Gegenposition zur Politik des Hitler-Syndroms. Hier wird ein Aggressor nicht militärisch vernichtet oder abgeschreckt, sondern umerzogen. Jede Familie, die ein schwer erziehbares Kind in Pflege nimmt oder adoptiert, kennt die Stolpersteine einer solchen Strategie. Sie fordert vor allem viel Zeit und kommt daher bei akuten außenpolitischen Bedrohungen nicht infrage. Auch für die Menschen, die unter einem tyrannischen Regime zu leiden haben, ist die Aussicht auf eine Besserung in der nächsten Generation nur ein schwacher Trost. Wer – wie die Bush-Regierung – Geduld nicht als Tugend betrachtet, wird wenig Interesse für diesen Lösungsansatz aufbringen.

Wer dagegen an diesen Weg glaubt, muss umso stärker darauf achten, ihn mit Stärke, Augenmaß und unter Wahrung der eigenen politischen Prinzipien zu gehen. Menschenrechtsverletzungen und andere Verstöße gegen die internationalen Verhaltensregeln dürfen nicht verschwiegen, sondern müssen sehr wohl aufgezeigt und angesprochen werden. Im Extremfall müssen die Handelspartner eines Unrechtsregimes bereit sein, die Konsequenzen zu ziehen und trotz des Schadens für die eigene Wirtschaft die Beziehungen wieder zurückzufahren oder einzufrieren. Doch der Glaube, man könne allein mit einem ständigen Wechsel von ökonomischen Anreizen und Sanktionen die Entwicklung im Partnerland steuern, ist eine Illusion. Handelsbeziehungen können nicht per Knopfdruck ein- und ausgeschaltet werden, denn sie sind ein langfristiges Instrument zur Einbindung eines Staates in ein Wirtschaftssystem, von dem es sich mehr Nutzen erhofft als von aggressivem Verhalten. Gerade im Falle Chinas hat die von den USA propagierte Kopplung von Menschenrechtspolitik und Wirtschaftsbeziehungen seit 1989 wenig gebracht – weitaus weniger als die gesellschaftlichen Veränderungen, die vom rasanten Wirtschaftswachstum in China selbst ausgingen.

Die Antwort auf die oben aufgeworfene Frage, wie sich das Verhalten von Staaten im positiven Sinne beeinflussen lässt, fällt also äußerst unbefriedigend aus: Es gibt kein Patentrezept. Erfolg und Misserfolg jeder Strategie hängen von Faktoren ab, die nicht voraussehbar sind. Was in einer Situation funktioniert, kann in einer anderen scheitern. Umso wichtiger ist es für die Politiker, sich nicht von ideologischen Denkmustern leiten zu lassen, sondern Schritt für Schritt voranzugehen, die Fakten stets neu zu prüfen und dabei bereit zu sein, auch Fehleinschätzungen einzugestehen.

Eine gefährliche Welt

Seit dem Zusammenbruch des Kommunismus im Jahr 1989 ist die Zahl der liberalen Demokratien in der Welt deutlich gewachsen, und die angestammten Demokratien haben dadurch mehr Sicherheit gewonnen. Dennoch ist die Welt ein gefährlicher Platz geblieben. Internationaler Terrorismus, expansionistische Diktaturen und hasserfüllte ethnische Konflikte bedrohen nicht nur lokale Bevölkerungsgruppen, sondern das Gefüge der internationalen Ordnung. Durch die schleichende Ausbreitung von Atomwaffen wird dies noch verschärft. In all den realen oder potenziellen Konflikten stehen die westlichen Demokratien vor der schwierigen Frage, ob sie auf die Bedrohungen mit militärischen Mitteln oder Diplomatie, mit Härte oder Nachgiebigkeit reagieren sollen. Die Antwort darauf hängt von der Natur der Bedrohung ab: Ist ein aggressives Raubtier, gar ein neuer Hitler am Werk, oder handelt es sich um einen aufgeschreckten Bienenschwarm, der erst dann gefährlich wird, wenn er sich selbst bedroht fühlt? Das folgende Kapitel wird versuchen, für einige der zentralen Konflikte unserer Zeit Antworten zu geben.

1. Der Nahost-Konflikt

Es erscheint wie ein Fluch der Geschichte, dass das jüdische Volk nach 1000 Jahren Verfolgung im christlichen Europa (seit den Kreuzzügen) und der Katastrophe des Holocaust Zuflucht in seiner historischen Heimat gefunden hat, bloß um dort von seinen Nachbarn mit Vertreibung und Völkermord bedroht zu werden. Die Gründung des Staates Israel im Mai 1948 kann nur im Kontext der dunkelsten Seiten europäischer Geschichte gesehen werden. Theodor Herzl begründete den Zionismus am Ende des 19. Jahrhunderts als Antwort auf das Wiedererwachen des Antisemitismus in zahlreichen Ländern, darunter auch im liberalen Frankreich. Die Pogrome im zaristischen Russland lösten die ersten Auswanderungswellen nach Palästina aus, die Machtergreifung Hitlers trieb Tausende deutsche und österreichische Juden nach Palästina, und die Ermordung von sechs Millionen europäischen Juden durch das NS-Regime machte die Gründung eines jüdischen Staates zu einem dringenden Anliegen, dem sich die westliche Welt nicht verschließen konnte.

Die Legitimität des Staates Israel basiert auf drei Säulen: auf der biblischen Geschichte des jüdischen Volkes, das auch in der Diaspora immer das Heilige Land als geistige Heimat betrachtete; auf den schrecklichen Judenverfolgungen und dem Holocaust des 20. Jahrhunderts; und auf der besonderen Ideologie des Zionismus, der fernab jeder kolonialen Ausbeutung sein Ziel darin sah, ein unter der türkischen Besatzung vernachlässigtes Land aus eigener Kraft aufzubauen und zum Blühen zu bringen. Das zionistische Projekt war gleichzeitig eine Antwort auf Auschwitz und alle anderen Judenverfolgungen: Das Volk der Opfer sollte von nun an nicht mehr wehrlos in die Gaskammern marschieren, sondern in einem bewaffneten Nationalstaat für seine eigene Sicherheit sorgen. »Masada darf nicht wieder fallen«, schwören israelische Rekruten bis heute bei ihrer traditionellen Vereidigung auf der antiken Festung des Herodes am Toten Meer, wo im Jahr 73 n. Chr. die letzten jüdischen Widerstandskämpfer gegen die Römer in den Freitod gingen statt zu kapitulieren.

In den ersten Jahren nach der Unabhängigkeit 1948 spielte der Holocaust für die Israelis eine untergeordnete Rolle. Der neue jüdische Staat wollte mit der opferreichen europäischen Geschichte möglichst wenig zu tun haben. Erst im Prozess gegen Adolf Eichmann, einem der Hauptverantwortlichen der Judenvernichtung, der 1960 vom israelischen Geheimdienst in Argentinien entführt und 1962 in Israel hingerichtet wurde, sahen sich die jungen Israelis mit dem Grauen der Judenvernichtung konfrontiert. Doch die besondere Lage des jüdischen Staates – spät geboren, umringt von Feinden und Schauplatz des ältesten permanenten Konflikts der heutigen Zeit – hat es Israel nicht erlaubt, dieser Geschichte zu entkommen. Die Mischung aus Erinnerung und Zukunftsangst hat nach den Worten des Publizisten Amos Elon eine kollektive Neurose geschaffen, die das Geistesleben und die Politik des Landes prägt. In seinem Buch *Nachrichten aus Jerusalem* beschrieb er diese 1993 als »düstere, harte, pessimistische Einstellung zum Leben«, die sich immer wieder als Hindernis auf dem Weg zum Frieden erweise. Zudem instrumentalisieren die rechtsgerichteten Regierungen seit 1978 bewusst den Holocaust, um aus der Vernichtung des europäischen Judentums das Recht auf das Festhalten besetzter Gebiete abzuleiten. Das Hitler-Syndrom ist in Israel demnach mehr als nur ein Verhaltensmuster, das den außenpolitischen Entscheidungen zugrunde liegt. Die Figur des deutschen Diktators schwebt wie ein Damoklesschwert über der Psyche des Landes.

Kampf ums Überleben

Die Zionisten, meist junge Sozialisten aus Osteuropa, waren sich bewusst, dass Palästina nicht unbewohnt war, aber sie glaubten, durch Teilung und Koexistenz eine Lösung finden zu können. Aus arabischer Sicht jedoch ist allein die Existenz Israels eine ständige Irritation, ja sogar eine Provokation für das nationale Selbstbewusstsein. Jahrhundertelang hatten die Nachfahren Mohammeds und der Kalifen unter der osmanischen Herrschaft gelitten. Als im Ersten Weltkrieg die Chance zur Wiederherstellung eines unabhängigen Arabiens kam, wurden sie von Briten und Franzosen verraten und in eine neue Kolonialherrschaft gezwungen. Für die Araber ist Israel ein Relikt des Kolonialismus – mit einer mehrheitlich europäischen Bevölkerung, die unter dem Schutz der britischen Mandatsregierung in Massen einwanderte und die lokale arabische Bevölkerung verdrängte. Die Palästinenser fanden sich nie mit der jüdischen Einwanderung ab und griffen von Anfang an zu den Mitteln des Terrors, vor allem im großen arabischen Aufstand von 1936 bis 1939. Was den Juden als wohl bekanntes Muster des Antisemitismus erschien, war aus arabischer Perspektive die Verteidigung der Heimat gegen einen äußeren, westlichen Aggressor.

Auch den Teilungsplan der UNO von 1947 akzeptierten die arabischen Staaten nicht; sie empfanden ihn vielmehr als ungerechtes Diktat einer Organisation, die vom Westen dominiert wurde. Mit dem Ende des britischen Mandats im Frühjahr 1948 hofften sie, die jüdischen Eindringlinge zu vertreiben. »Es wird ein Vernichtungskrieg werden und ein riesiges Gemetzel, von dem man sprechen wird wie von den Massakern der Mongolen und der Kreuzfahrer«, verkündete der Generalsekretär der Arabischen Liga am Vorabend der israelischen Unabhängigkeit. Doch zu ihrem Schock konnte sich der neu gegründete Staat Israel nicht nur effektiv verteidigen, sondern sein Territorium von den unter dem UNO-Plan eingeräumten 55 Prozent des Mandatsgebiets auf 77 Prozent erweitern. Nicht die Juden, sondern eine halbe Million Palästinenser mussten fliehen – Opfer eines von ihren Führern organisierten Exodus und gezielter israelischer Vertreibungen, bei denen es auch zu Massakern an arabischen Zivilisten kam. Das Ereignis wurde zur Al-Nakba (zur »Katastrophe«) für die Palästinenser wie für die gesamte arabische Welt. Die Palästinenser wurden mehrfach zum Opfer: Das Westjordanland und Ostjerusalem wurden vom Königshaus der Haschemiten annektiert, die ihr Land von Transjordanien in Jordanien umbenannten; der Gazastreifen wurde von Ägypten besetzt. Palästinensische Flüchtlinge wurden in Flüchtlingslagern untergebracht, wo sie bis heute von der UNO versorgt werden. Eine Integration in andere arabische Staaten hat man ihnen verwehrt.

Der Unabhängigkeitskrieg von 1948 geriet für Israel zum größten Triumph und zum Trauma zugleich: Der Angriff von fünf arabischen Armeen machte deutlich, wie prekär die Existenz des neuen Staates war. Auch in den Folgejahren kam Israel der Anerkennung durch seine Nachbarn nicht näher. Mit Freischärlerangriffen auf israelische Siedlungen und einer permanenten Kriegsrhetorik versuchten die Araber, ihre militärische Schwäche auszugleichen. Zahllose Massaker sowie die Vertreibung von bis zu einer Million arabischer Juden aus ihren Heimatländern, in denen sie Jahrhunderte hindurch gelebt hatten, verschärften den Eindruck des arabischen Judenhasses. Unter großen Schwierigkeiten wurden viele dieser Flüchtlinge in Israel integriert, und allein durch ihre Zahl trugen sie entscheidend zur Stärkung des jungen Staates bei.

Israel verfügte über eine weitaus kleinere stehende Armee als seine Nachbarn, konnte aber auf eine große Anzahl gut ausgebildeter Reservisten zurückgreifen. Der Generalstab wusste, dass er jeden Angriff abwehren konnte, sobald die Armee mobilisiert war. Aber das Land konnte es sich nicht leisten, einen großen Teil der Bevölkerung in ständiger Bereitschaft zu halten. Ebenso wenig konnte es warten, bis es angegriffen wurde, denn das

Territorium war an der schmalsten Stelle nur 14 Kilometer breit und konnte daher leicht in zwei Teile geteilt werden. Daher sah sich Israel unter Druck, einem Angriff möglichst zuvorzukommen und den Gegner zu überraschen. Der Präventionsschlag, eines der gefährlichsten militärstrategischen Instrumente, wurde für Israel zur Notwendigkeit. Für die arabischen Nachbarn war dies ein Beweis für die Aggressionslust des jüdischen Staates.

Zweimal griff Israel zu den Waffen, um eine vermutete Bedrohung schon im Vorfeld zu vereiteln. In den Fünfzigerjahren kam der panarabische Nationalist Gamal Abd el-Nasser in Ägypten an die Macht, rüstete mit sowjetischer Hilfe auf, verschärfte seine verbalen Angriffe auf Israel und schnitt dem Land den Seeweg durch den Suezkanal und den Seeweg vom südisraelischen Hafen Eilat ins Rote Meer ab. In Kooperation mit Großbritannien und Frankreich eroberte Israel 1956 die gesamte Sinai-Halbinsel, musste sich aber unter dem Druck der Supermächte wieder zurückziehen. Der politische Erfolg war auf Nassers Seite, der das Säbelrasseln gegen Israel fortsetzte.

Im Frühjahr 1967 sperrte Ägypten erneut den Seeweg, ließ Truppen an der Grenze aufmarschieren und schloss einen Militärpakt mit Syrien und Jordanien. Umzingelt und bedrängt startete Israel am 5. Juni 1967 einen Überraschungsangriff, vernichtete innerhalb weniger Stunden die gesamte ägyptische Luftwaffe und eroberte in sechs Tagen erneut den Sinai, den Gazastreifen, das Westjordanland sowie die syrischen Golanhöhen. Wieder flüchteten Hunderttausende Palästinenser, die übrigen lebten von nun an unter israelischer Besatzung. Besonders schmachvoll war für die Muslime, dass der Ostteil von Jerusalem, der mit den beiden Moscheen auf dem Al-Haram al-Sharif, dem Tempelberg, zwei der größten Heiligtümer des Islam enthält, in die Hände der Israelis gelangte. Doch anders als die Jordanier, die bis 1967 Juden den Zutritt zu ihren heiligen Stätten in Jerusalem verwehrten, können die Muslime weiterhin in ihren Moscheen beten.

Vergebene Chancen

Eigentlich hätte der überwältigende militärische Erfolg Israels den Weg zum Frieden ebnen müssen. Das Überleben des jüdischen Staates stand nun außer Frage: Neben der konventionellen Überlegenheit hatte Israel zu diesem Zeitpunkt bereits eine eigene Atombombe entwickelt, deren Existenz allerdings nie offen zugegeben wurde. Mit den eroberten Gebieten hatte man außerdem ein Faustpfand in der Hand, das man gegen einen Frieden eintauschen konnte. Das war die Formel der UNO-Resolution 242, die zwar das Ausmaß des israelischen Rückzugs in einer semantischen Unklarheit offen ließ (im gültigen englischen Text ist nur vom »Rückzug aus besetzten Gebieten« die Rede), aber grundsätzlich jene Lösung vorgab, die 40 Jahre später immer noch unter Diplomaten als bester Ausweg aus der Krise gilt. Doch stattdessen wurde das neue Gleichgewicht eingefroren: Die Führer der arabischen Staaten verweigerten weiter Verhandlungen mit Israel und dessen Anerkennung. Sie setzten auf die Unterstützung der Sowjetunion, die gegen Israel Stellung bezog und Ägypten und Syrien mit modernsten Waffen ausstattete.

Dazu kam der Terror, mit dem sich die Palästinensische Befreiungsorganisation PLO unter ihrem neuen Vorsitzenden Jassir Arafat »von der Wüste der Vergessenheit in das Land der Hauptsendezeit« bombte. So formulierte es der US-Journalist Thomas Friedman. Der moderne internationale Terrorismus, der Unschuldige in aller Welt als legitime Zielscheibe betrachtet, wurde von der PLO in diesen Jahren erfunden. Trotz ihrer blutigen Attacken gegen Passagierflugzeuge, Schulkinder und schließlich sogar gegen die israelischen Sportler bei den Olympischen Spielen 1972 in München gewann die PLO weltweit an Sympathie. Sie stieg zum mächtigsten Symbol nicht für den arabischen Nationalismus, sondern für den weltweiten Kampf gegen des Unrecht des Westens auf. Für Israelis war es ein Gräuel zu sehen, wie der neue Todfeind des jüdischen Volkes Arafat mit der Pistole im Halfter 1974 vor der UNO-Vollversammlung sprechen durfte.

Dennoch machte sich in Israel nach 1967 ein Gefühl der Euphorie breit, das bald in Überheblichkeit umschlug. Eine Rückkehr zu den Vorkriegsgrenzen wurde mit dem Hinweis auf die frühere Verwundbarkeit abgelehnt. Selbst der moderate Außenminister Abba Eban bezeichnete die alten Grenzen als »Auschwitz-Grenzen«. Das Nein der Araber ersparte den Israelis die schwierige Wahl zwischen Land und Frieden. Ostjerusalem wurde aus national-religiösen Gründen annektiert und die vereinte Stadt zur »ewigen Hauptstadt« erklärt. Aus strategischen Gründen begann die Regierung nun mit dem Bau der ersten jüdischen Siedlungen im Jordan-Tal. Das gleichzeitig wachsende Nationalgefühl der Palästinenser ignorierten die meisten Israelis. Die populäre israelische Ministerpräsidentin Golda Meir stritt die Existenz eines palästinensischen Volkes rundweg ab. Sie und andere betrachteten die PLO als Speerspitze des arabischen Vernichtungsfeldzugs gegen ihren Staat und ihr Volk.

Das israelische Gefühl der Unbesiegbarkeit ging im Oktober 1973 zu Ende, als Ägypten und Syrien Israel mit einem Angriff überraschten. Beide Staaten scheiterten mit ihrem Versuch, den Sinai und die Golanhöhen zurückzuerobern, zumindest in den ersten Tagen fügten sie jedoch der israelischen Armee derart hohe Verluste zu, dass sie den Krieg als moralischen Erfolg für sich verbuchen konnten. Ägyptens Präsident Anwar as-Sadat nutzte diesen Prestigegewinn, um endlich aus dem Teufelskreis des Konfliktes auszubrechen. 1977 flog er in einer dramatischen Geste nach Jerusalem und bot Israel im Austausch für den Rückzug aus den besetzten Gebieten Frieden und Anerkennung an. Sein Gegenüber in Israel war der Nationalist Menachem Begin, dessen rechtsgerichteter Likud-Block kurz zuvor die Wahlen gewonnen hatte. Begin war der Ideologie eines Groß-Israel verpflichtet und hatte wenig Interesse an einem Rückzug. Doch angesichts der Chance auf den ersten Friedensvertrag mit einem arabischen Land verzichtete er schließlich im Camp-David-Abkommen auf den gesamten Sinai. Die auf der Halbinsel errichteten jüdischen Siedlungen wurden gegen den Willen der Bewohner geräumt, und es war Ariel Scharon, der 1982 aus der Stadt Yamit 3000 Siedler mit Gewalt entfernte.

Den von Sadat geforderten Gesamtfrieden verweigerte Begin, denn für das Westjordanland hatte er andere Pläne: Judäa und Samaria, das biblische Heimatland der Juden, dürfe nie zurückgegeben werden. Die Gründung zahlreicher Siedlungen inmitten der von Palästinensern bewohnten Gebiete sollte diesen territorialen Anspruch festschreiben. Begin kam dabei entgegen, dass Israel nach wie vor weit gehend isoliert blieb. Arafat lehnte die Vereinbarungen von Camp David ab und setzte von seiner Hochburg in Beirut aus die Terrorkampagne gegen Israel fort. Kein weiteres arabisches Land folgte Ägypten auf dem Weg zur Anerkennung Israels. Nicht nur das: Mit dem Sturz des Schahs im Iran durch die islamistischen Mullahs verloren die Israelis 1979 einen stillschweigenden Verbündeten und erhielten einen neuen, besonders gefährlichen Todfeind.

Die meisten Israelis fühlten sich daher trotz ihrer militärischen Überlegenheit, des Friedens mit Ägypten und der wachsenden Unterstützung durch die USA weiterhin existenziell gefährdet. Unter Menachem Begin, dessen gesamte Familie die Nazis in Polen ermordet hatten, begann 1978 eine neue Phase, in der die ehemals nur unterschwellige Gleichsetzung der Araber mit den Nazis zur politischen Doktrin erhoben wurde. Für ihn war der Holocaust ein Eckpfeiler der nationalen Identität und der Nahost-Konflikt die bruchlose Fortsetzung des Kampfes gegen das NS-Regime. Der Holocaust-Unterricht in den Schulen wurde intensiviert. Israelische Jugendliche unternahmen staatlich organisierte Reisen nach Polen, wo sie in so genannten »Märschen der Lebenden« den Schauplatz des Warschauer Getto-Aufstandes und die ehemaligen Vernichtungslager Treblinka und Auschwitz-Birkenau besuchten. Der Zweck dieser Reisen war, wie Tom Segev in seinem Buch *Die siebte Million* beschreibt, vor allem politisch: Eine neue Generation von Israelis sollte lernen, dass jeder Kompromiss mit dem Feind ein Schritt in den eigenen Untergang sein würde.

Arafat wurde zunehmend mit Hitler gleichgesetzt, der palästinensische Terror mit der NS-Judenvernichtung. Israel verweigerte Verhandlungen mit der PLO, die sie ausschließlich als Terrororganisation betrachtete. Einen anderen, Israel genehmen Vertreter der Palästinenser, der gleichzeitig eine gewisse Legitimität besaß, gab es aber nicht. Bei Begins Verteidigungsminister Ariel Scharon, der als gebürtiger Israeli wenig emotionalen Bezug zum Holocaust hatte, reifte der Plan, durch eine Vernichtung der PLO deren Ansprüche auf einen eigenen Staat aus dem Weg zu schaffen. Für Begin war dies auch ein Schritt der Vergangenheitsbewältigung. Als israelische Truppen im Juni 1982 im Libanon einmarschierten, um die PLO aus Beirut zu vertreiben, rechtfertigte Begin dies gegenüber seinem Kabinett mit den Worten: »Glaubt mir, die Alternative zum Kämpfen ist Treblinka, und wir haben uns entschlossen, dass es keine Treblinkas mehr geben wird.« Als die Israelis Arafat in Beirut belagerten, schrieb er an US-Präsident Ronald Reagan, seine Soldaten stünden »vor Berlin, wo sich neben unschuldigen Zivilisten auch Hitler und seine Handlanger in einem Bunker tief unter der Erde verstecken«.

Der Libanonfeldzug erwies sich allerdings nicht als Befreiungsschlag, sondern als moralisches und politisches Fiasko für Israel. Arafat und die PLO wurden nach wochenlanger Belagerung tatsächlich aus Beirut vertrieben und kamen in Tunis unter, doch Scharons Plan, mithilfe der libanesischen Christen eine Israel-freundliche Regierung zu installieren, scheiterte. Israels Verbündeter Bashir Gemayel starb bei einem Bombenanschlag, und unter den Augen der israelischen Armee richteten christliche Freischärler in den Flüchtlingslagern von Sabra und Schatila ein Massaker an den zurückgebliebenen Angehörigen der PLO-Kämpfer an. Nun tauchten in vielen anti-israelischen Demonstrationen Plakate auf, die Begin mit Hitler und Israel mit Nazi-Deutschland verglichen. So falsch und verwerflich diese Vergleiche auch waren: Die unbedachte Hitler-Rhetorik der Regierung Begin war zum Bumerang geworden.

Israelische Truppen mussten sich schließlich in den Süden des Libanon zurückziehen, wo ihre Präsenz den vom Iran unterstützten schiitischen Hisbollah zu wachsendem Zulauf verhalf. Der Guerillakrieg der Hisbollah gegen die Besatzungstruppen zermürbte Israel über die Jahre und ließ immer mehr Politiker am Sinn dieser Strategie zweifeln. Libanon blieb indessen unter dem massiven Einfluss von Syrien, das dort als eine Art Besatzungsmacht auftrat. Scharons Plan war auf der ganzen Linie gescheitert.

Enttäuschte Hoffnungen

Im Westjordanland blieb es das Ziel der israelischen Regierung, einen Palästinenserstaat zu verhindern, den die Mehrheit der Israelis als existenzielle Bedrohung empfinden würde. Deshalb trieben Rechts- und Linkspolitiker den Bau von Siedlungen weiter voran. Die Palästinenser, die bis dahin die Besatzung ruhig erduldet hatten, mussten nun zusehen, wie ihnen Land und Wasser geraubt und ihr Alltag immer mehr durch die Bedürfnisse der israelischen Zuwanderer behindert wurde. Im Dezember 1987 explodierte der aufgestaute Zorn in der ersten Intifada. Palästinensische Jugendliche warfen Steine gegen israelische Soldaten, die mit Gummigeschossen, Schlagstöcken und gelegentlich auch scharfer Munition reagierten. Das harte Vorgehen kostete Israel weitere Sympathie und machte den hohen moralischen Preis deutlich, den das Land für die Siedlungspolitik zahlen musste.

Unter dem Eindruck des unerwarteten Erfolgs der Intifada rang sich Arafat 1988 zu einer Anerkennung der Existenz Israels durch. Dort wurde diese Erklärung zunächst als taktischer Schritt abgetan, schließlich war in der palästinensischen Nationalcharta immer noch die Zerstörung des jüdischen Staates als Ziel festgeschrieben. Erst der Golfkrieg von 1991 brachte Bewegung in die starren Fronten: Arafat hatte durch die leichtsinnige Parteinahme für Saddam Hussein viel Unterstützung in der arabischen Welt verloren und war daher zu Zugeständnissen bereit. Auch der Kollaps der Sowjetunion trug dazu bei, dass die weltweite Allianz gegen Israel zu bröckeln begann. Und die USA wiederum übten erstmals jenen Druck auf Israel aus, den die arabischen Staaten seit jeher forderten, um wenigstens den Siedlungsbau zu stoppen.

Die im Oktober 1991 in Madrid eröffnete Nahost-Konferenz hatte vor allem symbolischen Wert. Israel saß mit Vertretern aller seiner Nachbarn, einschließlich der Palästinenser, am Verhandlungstisch, was einer impliziten Anerkennung der PLO gleichkam. Aber erst nach dem Wahlsieg der Arbeitspartei unter Yitzhak Rabin gab Israel den Weg für den großen Wurf frei: In Geheimverhandlungen in Oslo vereinbarten Israelis und Palästinenser im September 1993 den Teilabzug israelischer Truppen aus dem Westjordanland und dem Gazastreifen und die palästinensische Autonomie als Zwischenschritt zur Schaffung eines Palästinenserstaates und als Teil einer endgültigen Friedenslösung. »Man schließt Frieden nicht mit seinen Freunden, sondern mit seinen widerlichsten Feinden.« Mit diesen Worten signalisierte Rabin in den Beziehungen zu Arafat die Abkehr seines Landes vom Hitler-Syndrom. Kurz darauf erkannten Israel und die PLO einander auch formell an.

Das Oslo-Abkommen bot die wahrscheinlich größte Chance auf einen Frieden seit 1948. Sein endgültiges Scheitern im Sommer 2000 ist eine der verpassten Gelegenheiten in diesem Konflikt. Die Gründe sind vielfältig, und die unterschiedliche Interpretation der beiden Seiten hat entscheidend zur Bitterkeit der folgenden Jahre beigetragen.

Die Palästinenser verweisen darauf, dass sich die Israelis zwar an den Wortlaut, aber nicht an den Geist des Oslo-Abkommens gehalten hätten: Der Ausbau von Siedlungen im Westjordanland sei schon unter der Regierung Rabin beschleunigt worden, und dadurch hätten die Palästinenser ihre Hoffnung auf einen zusammenhängenden, lebensfähigen Staat immer mehr schwinden sehen. Die Ermordung von Rabin im November 1995 durch einen jungen israelischen Extremisten und die Wahlniederlage seines Nachfolgers Schimon Peres 1996 brachten den Likud-Hardliner Benjamin Netanjahu an die Macht, der den Oslo-Prozess zwar formal fortsetzte, ihn allerdings mit ständigen Schikanen gegen die PLO-Führung und die Zivilbevölkerung hintertrieb. Mit dem Hinweis auf die Terroranschläge errichtete Israel neue Straßenblockaden, erschwerte massiv das Reisen im Westjordanland und hinderte immer wieder Palästinenser daran, über die Grenze zu gehen, um in Israel zu arbeiten. So nahm die Arbeitslosigkeit dort dramatisch zu, der Lebensstandard der meisten Familien sank.

Als Netanjahus Nachfolger Ehud Barak von der Arbeitspartei im Sommer 2000 in Camp David einen Vorschlag für eine endgültige Friedenslösung unterbreitete, war der gute Wille der frühen Neunzigerjahre erloschen. Aus israelischer Sicht war das Angebot äußerst großzügig: Man wollte sich vom gesamten Gazastreifen und aus 95 Prozent des Westjordanlands zurückziehen. Für Arafat war das zu wenig: Weite Teile Ostjerusalems wären in israelischer Hand geblieben, und er hätte formell auf das Recht der Palästinenser verzichten müssen, in die Gebiete zurückzukehren, aus denen ihre Familien 1948 geflüchtet waren. Eine solche Rückkehr der geschätzten vier Millionen palästinensischen Flüchtlinge nach Israel war (und ist) ohnehin unrealistisch, denn diese würde die jüdische Bevölkerungsmehrheit kippen und damit den jüdischen Charakter des Staates zerstören. Aber die Anerkennung eines symbolischen Rückkehrrechts, das durch Entschädigungszahlungen abgegolten wird, gilt nach wie vor als unbedingte Forderung der palästinensischen Diaspora. Bei den Nachverhandlungen in Taba im Januar 2001 besserte die israelische Seite ihr Angebot nach und stand damit knapp vor einer Vereinbarung. Doch Barak hatte zu diesem Zeitpunkt im Parlament keine Mehrheit mehr hinter sich und stand nach allen Umfragen vor einer vernichtenden Wahlniederlage gegen Scharon, der jegliche Zugeständnisse ablehnte. Arafats Handschlag hätte, so die palästinensische Position, keinen Frieden mehr gebracht.

Für die Israelis hingegen war Arafat der Wortbrüchige, der dem Terror nicht abschwor und nie konsequent gegen radikale Gruppen wie Hamas und Islamischer Dschihad vorging. Als Arafat im Sommer 2000 vor der Wahl gestanden habe, als erster Präsident eines Palästinenserstaates oder als ewiger Kämpfer in die Geschichte einzugehen, habe er sich für Letzteres entschieden, lautete der israelische Vorwurf. Und die so genannte Al-Aksa-Intifada, die nach Scharons umstrittenem Besuch auf dem Tempelberg im

September desselben Jahres ausbrach, sei kein spontaner Volksaufstand, sondern Arafats Versuch gewesen, mit Gewalt gegen Siedler und Soldaten von den Israelis ein besseres Angebot zu erpressen.

Arafats Verantwortung für den Ausbruch der Intifada ist klar belegt, aber wahrscheinlich ist auch, dass er in der Folge die Kontrolle über die Ereignisse verlor: Die Gewalt garantierte Scharons Wahlsieg, ein Teil der Fatah ging zum Terror über, und die Serie von Selbstmordattentaten provozierte Israel zu immer härteren Schlägen gegen die palästinensische Autonomiebehörde, zu militärischen Vorstößen in dicht besiedelte palästinensische Wohngebiete und gezielten Tötungen der Hamas-Führer. Stets kamen dabei auch Zivilisten zu Schaden; die Gewalt und die dramatische Verschlechterung der Lebensbedingungen motivierten immer mehr junge Palästinenser, ihr Leben dafür herzugeben, eine möglichst große Zahl von Israelis in den Tod zu reißen. Die Antwort der Regierung Scharon war der Bau eines Sperrwalls im Westjordanland, der an vielen Stellen tief in palästinensisches Gebiet hineinschneidet – vor allem dort, wo jüdische Siedlungen geschützt werden sollen. Für die Israelis ist dies ein Akt der Selbstverteidigung, denn die Zahl der Anschläge wurde dadurch deutlich reduziert; für die Palästinenser ist es ein weiterer Schritt zur Annexion ihres Territoriums.

Zwischen dem Ausbruch der zweiten Intifada und Arafats Tod im November 2004 kamen 3500 Palästinenser und knapp 1000 Israelis ums Leben – eines der blutigsten Kapitel in der Geschichte des Nahost-Konflikts. Die israelische und die palästinensische Gesellschaft wurden durch die Ereignisse traumatisiert. Auf beiden Seiten setzte sich seit dem Kollaps des Oslo-Friedensprozesses zunehmend die Meinung durch, dass ein Friede gar nicht möglich sei. Erst seit dem Tod Arafats und der Wahl des moderaten PLO-Politikers Mahmud Abbas zum neuen Palästinenserpräsidenten keimt wieder Hoffnung auf. Dieser Wechsel an der Spitze und Scharons Plan für einen kompletten Rückzug aus dem Gazastreifen geben der Friedensdiplomatie im Jahr 2005 eine neuerliche Chance.

Wettkampf der Opfermythen

Das Sonderbare am Nahost-Konflikt ist, dass die einzig realistische Friedenslösung eigentlich seit Jahrzehnten feststeht: die Teilung des Landes entlang den Grenzen von 1967, mit der Möglichkeit eines limitierten Gebietstausches. Dazu müsste sich Israel aus dem Westjordanland und dem Gazastreifen zurückziehen und die Schaffung eines entmilitarisierten Palästinenserstaates auf diesem Boden zulassen. Für Jerusalem müsste ein Arrangement gefunden werden, bei dem die Palästinenser die arabischen Wohngebiete in ihren Staat eingliedern und die Juden trotzdem den Zugang zu ihren heiligen Stätten behalten. Und die Grenze von 1967 müsste wiederum an einigen Stellen so verschoben werden, dass Israel viele der größeren Siedlungen behalten kann, während Palästina diesen Gebietsverlust durch vergleichbare Grenzverschiebungen anderswo kompensiert.

Sowohl das Taba-Abkommen von Januar 2001 als auch der alternative Genfer Friedensplan vom Oktober 2003 folgten der oben skizzierten Logik und kamen zum praktisch gleichen Ergebnis. Ein anderer Weg zum Frieden ist kaum vorstellbar: Israel wird nichts von seinem übrigen Staatsgebiet hergeben und die Rückkehr einer großen Zahl von Palästinensern dorthin keinesfalls akzeptieren, da es dadurch die eigene staatliche Existenz aufs Spiel setzen würde. Die arabische Welt wiederum wird sich mit der Existenz Israels nur dann abfinden, wenn ein halbwegs lebensfähiger Palästinenserstaat entsteht, der zumindest einen Teil von Jerusalem sein Eigen nennt. Ohne eine breite Akzeptanz und Friedensbereitschaft seitens der Araber gibt es auf Dauer keine Sicherheit. Deshalb ist der komplette Rückzug aus den besetzten Gebieten Israels beste Chance, seine Existenz langfristig zu sichern. Die Grenzziehung von 1967 ist kein völkerrechtliches Faktum und sie mag auch strategische Schwächen haben, aber sie allein besitzt jene Symbolkraft, die eine legitime Einigung in einem Verhandlungsprozess möglich macht. Sie ist für beide Seiten besser als die Fortsetzung des Konflikts.

Dass diese Lösung in der realen Politik bisher unerreichbar geblieben ist, hat unterschiedliche Gründe, die aber miteinander verwoben sind. Einerseits ist eine bedeutende Minderheit in der israelischen und palästinensischen Bevölkerung nicht bereit, das Land zu teilen. In Israel ist es die religiös-nationalistische Rechte, die mit dem Hinweis auf die Bibel das gesamte Westjordanland beansprucht. Die Palästinenser, so ihr Argument, sollen in Jordanien ihren Staat errichten, wo sie ohnehin die Bevölkerungsmehrheit stellen. Schließlich sei das britische Mandatsgebiet 1920 schon einmal in Palästina und Transjordanien geteilt und Palästina als Heimstätte des jüdischen Volkes designiert worden. Kaum angesprochen wird von ihnen das demografische Dilemma: Die deutlich höhere Geburtenrate unter den Palästinensern würde einem Groß-Israel in etwa 30 Jahren eine arabische Bevölkerungsmehrheit verschaffen. Und dieses Problem könnte nur umgangen werden, indem Israel der neuen Bevölkerungsmehrheit die demokratischen Rechte vorenthält oder sie systematisch vertreibt, was das Land im Inneren zerreißen und international völlig isolieren würde. Jüdisch, demokratisch und human – diese drei Eigenschaften werden sich bei fortwährender Besatzung nicht aufrechterhalten lassen.

Nur der äußerste rechte Rand in Israel fordert offen den »Transfer« der Palästinenser nach Jordanien. Ihr geistiges Gegenstück auf der palästinensischen Seite ist die islamistische Hamas, die die Existenz Israels ablehnt und die Schaffung eines Palästinenserstaates in ganz Palästina fordert. Aber auch viele säkulare Palästinenser sehen einen Staat im Westjordanland und Gazastreifen nur als Zwischenschritt, um eines Tages nach Jaffa, Haifa oder in die anderen Städte und Dörfer zurückzukehren, aus denen ihre Eltern und Großeltern vertrieben wurden. In der arabischen Welt erscheint die Bereitschaft zur Anerkennung Israels weniger als prinzipieller Schritt, sondern als taktisches Manöver, das unter veränderten Bedingungen wieder rückgängig gemacht werden könnte. Wenn solche radikalen Positionen die Politik auf beiden Seiten dominieren, dann wird der Nahost-Konflikt zum Nullsummenspiel, in dem es nur einen Gewinner und einen Verlierer geben kann. Es kann entweder durch den Transfer der arabischen Bevölkerung aus den besetzten Gebieten beendet werden – dann hätten die israelischen Rechtspolitiker gewonnen und die Araber verloren –, oder aber durch die Zerstörung des Staates Israel – dann wären die Araber auf der Gewinner- und die Israelis auf der Verliererseite.

Aber es scheint noch eine andere Möglichkeit zu existieren. Sowohl bei den Arabern als auch bei den Israelis ist die große Mehrheit aus pragmatischen Gründen, wenn nicht aus Überzeugung, zu einem territorialen Kompromiss bereit. Friede ist ihnen lieber als Territorium. Damit wird der Konflikt zum Positivsummenspiel, in dem es auch gemeinsame Interessen und demnach auch eine zumindest akzeptable Lösung für beide Seiten geben kann. Doch diese moderaten Mehrheiten haben es bisher nicht geschafft, die für sie beste Lösung gegen die radikalen Kräfte durchzusetzen. Dieses Versagen hat gewisse Anzeichen eines Gefangenendilemmas – einer Konstellation, in der das mangelnde Vertrauen beide Lager daran hindert, das zu tun, was für sie am besten wäre.

Die meisten Israelis sehnen sich vor allem nach Sicherheit und werden jede Maßnahme unterstützen, die mehr Sicherheit verspricht. Seit der Staatsgründung herrscht die Überzeugung vor, dass ein größeres Territorium auch größere Sicherheit bedeutet. Das mag zwar bei der Bedrohung durch eine Armee stimmen, beim Terrorismus jedoch kaum. Trotzdem reagieren die Israelis immer damit auf den palästinensischen Terror, dass sie jene Parteien unterstützen, die aus völlig anderen Gründen eine territoriale Expansion anstreben. So spielen die »Sicherheitsfalken«, die im Gegner nur das Raubtier sehen, seit jeher den Ideologen eines Groß-Israels in die Hände. Deren Politik hat den palästinensischen Terror angefacht, was die Sicherheit der Israelis letztlich vermindert. Der Terror wiederum führt zu einer Verhärtung der israelischen Politik, und dadurch verliert das Friedenslager einen Großteil der Unterstützung. Ein fataler Kreislauf.

Doch auch abseits der ideologischen Beweggründe erweisen sich die Anti-Terror-Maßnahmen oft als zweischneidiges Schwert. Die Verhaftung Tausender palästinensischer Aktivisten verringert zwar die Zahl potenzieller Terroristen, radikalisiert aber die übrige Bevölkerung. Gleiches gilt für die gezielte Tötung führender Hamas-Mitglieder wie ihres Gründers Scheich Ahmed Yassin und dessen Stellvertreters Abdel-Aziz Rantisi durch Raketenangriffe, bei denen meist auch Zivilisten zu Tode kommen. Unabhängig von ihrer moralischen Rechtfertigung – die Hinrichtung von Menschen ohne Gerichtsverfahren und Urteil ist eines Rechtsstaates nicht würdig – funktioniert eine solche Taktik aus pragmatischer Sicht nur dann, wenn der Gegner ein abgegrenzter Kreis von gefährlichen Personen ist, die ausgeschaltet werden können. Bei den Palästinensern jedoch scheint eher die Bienenschwarm-Metapher zu passen. Durch jahrelangen Anti-Terror-Kampf ist die Zahl der Feinde nicht gesunken, sondern vielmehr gestiegen.

Auch die Praxis, die Wohnhäuser der Familien von Extremisten zu zerstören, hat nach einem Bericht der israelischen Armee die Terroristen nicht abgeschreckt, sondern nur neuen Hass und damit neue Gewalt gesät, weshalb man seit Anfang 2005 darauf verzichtet. Besonders kontraproduktiv ist die hohe Zahl von Straßensperren, die israelische Truppen im Namen der Sicherheit rund um alle Städte und Ortschaften im Westjordanland errichteten. Dadurch wurden zwar Selbstmordattentäter aufgehalten und jüdische Siedlungen vor palästinensischen Angriffen geschützt, doch für die Palästinenser bedeuten die Absperrungen massive Einschränkungen der Bewegungsfreiheit, stundenlange Wartezeiten und tägliche Erniedrigungen durch die israelischen Soldaten. Mehr als alles andere sind die Straßensperren, verstärkt durch den Sperrwall, daher zum sichtbarsten Zeichen für die Grausamkeit der israelischen Besatzung geworden. Die Folge ist, dass selbst moderate Palästinenser den Glauben an den Friedensprozess verloren und sich mit der zweiten Intifada für den bewaffneten Kampf entschieden haben. Die Maßnahmen zur Erhöhung der Sicherheit haben Israel also letztlich weniger Sicherheit gebracht.

Auf der palästinensischen Seite gibt es eine ähnlich irrationale Dynamik: Die meisten Bewohner des Westjordanlandes wünschen sich vor allem einen kompletten Abzug der Israelis aus den 1967 besetzten Gebieten und die Gründung eines kleinen palästinensischen Staates, in dem sie in Ruhe leben können. Die »Befreiung« von ganz Palästina ist für manche ein Fernziel, hat aber keine Priorität. Als sich nach den Osloer Gesprächen diese Erwartungen nicht so schnell erfüllten wie erhofft, liefen viele Palästinenser zu den radikalen Gruppen über und setzten darauf, mit ungezieltem Morden die Israelis vertreiben zu können. Das Gegenteil trat ein: Wegen des Terrors beendete Israel alle Verhandlungen und entsandte seine Truppen wieder in die palästinensischen Wohngebiete. So bleibt alles wie zuvor: Die Anschläge bestätigen die Existenzängste der Israelis, und ihre durchaus vorhersehbare Reaktion auf den Terror spielt wiederum den radikalen Friedensgegnern in die Hand. Mit gezielten Anschlägen können sie jeden Verhandlungsprozess unterbinden.

Paradoxerweise können in dieser Stimmung selbst friedensfördernde Konzessionen den Konflikt verschärfen. 1999 entschied sich der israelische Premier Ehud Barak für den einseitigen Truppenabzug aus der Sicherheitszone im Südlibanon. Diesen militärisch und strategisch sinnvollen Schritt feierte die Hisbollah als Sieg ihrer Terrortaktik. dies dürfte Arafat dazu bewogen haben, wieder zur Gewalt zurückzukehren und die zweite Intifada auszurufen. Nun sind wiederum viele Israelis davon überzeugt, dass erst die brutale Niederschlagung dieser Intifada die Palästinenser zur Besinnung gebracht hat. Den vorsichtigen Friedenskurs des neuen Präsidenten Abbas werten sie als ein Resultat ihrer harten Politik.

Zahlreiche Palästinenser sehen das jedoch ganz anders. Sie sind überzeugt, dass der israelische Rückzug aus dem Gazastreifen nur deshalb erfolgt, weil Israel die Gewalt nicht mehr erträgt. Der logische Schluss: Nur mit einer Fortsetzung des Terrors, und nicht mit dessen Einstellung, könne Israel aus dem Westjordanland vertrieben werden. Die Vertreter der Siedlerbewegung, die radikalste Strömung in der israelischen Gesellschaft, betrachten daher den Gazarückzug als Appeasementpolitik gegenüber den Terroristen, die neue Gewalt hervorrufen werde. Das entspricht der in Israel weit verbreiteten Vorstellung, wonach in der islamisch-arabischen Kultur nur Stärke Respekt hervorruft und jedes Zurückweichen als Schwäche ausgelegt wird, die Aggression provoziert. »Wir kennen die Araber«, ist ein Satz, den man in Israel oft zu hören bekommt. Kulturelle Stereotypen und eine besondere Interpretation der Ereignisse wirken hier zusammen und begünstigen eine Politik der Härte, in der kaum Platz für Konzessionen ist.

Eine treibende Kraft hinter diesem Teufelskreis ist die Überzeugung vieler Israelis, dass sie mit den Arabern nicht in Frieden leben können, weil die Auslöschung des jüdischen Staates deren Nationalziel bleibt. Der ungezügelte Antisemitismus in der arabischen Welt, der hier allerdings weniger historische Tradition hat als in Europa, verstärkt den Eindruck, dass hier die Erben Hitlers am Werk sind und die Juden jederzeit wieder zu Opfern werden können. Viele Israelis sahen sich in ihren tiefsten Ängsten bestätigt, als das ägyptische Fernsehen im November 2002 eine 30-teilige Serie ausstrahlte, die auf den *Protokollen der Weisen von Zion* basierte. Jeder Blick auf die Landkarte schürt bei den Israelis ihr Gefühl der Verwundbarkeit ebenso wie die ambivalente Haltung selbst moderater Araber zur Existenz ihres Staates. Viele Israelis sehen daher auch einen engen Zusammenhang zwischen dem palästinensischen Terrorismus und den Attacken der Al-Qaida auf die USA und die gesamten westlichen Werte. Als Vorposten von westlicher Demokratie und Kultur in der arabischen Welt fühlt sich Israel direkt bedroht.

Auf der anderen Seite sehen sich die meisten Araber nicht minder permanenter Bedrohung ausgesetzt. Aufgrund der vielen Niederlagen in ihrer jüngeren Geschichte halten sie sich für die eigentlich Schwachen und die Palästinenser für die wahren Opfer des Nahost-Konflikts. Deren Leiden, das tagtäglich über Fernsehbilder und Zeitungen der arabischen Öffentlichkeit vorgeführt wird, dient in vielen arabischen Staaten dazu, die Unzufriedenheit der eigenen Bürger auf einen äußeren Feind, auf die Israelis, umzulenken. Doch auch unter den gebildeten, moderaten Arabern gilt der Staat der Juden als aggressive Großmacht, die dank amerikanischer Unterstützung der ganzen Region ihren Willen aufzuzwingen vermag. Sie betrachten die israelischen Hinweise auf die eigene Verwundbarkeit bloß als Vorwand, um die Vision eines Groß-Israels verwirklichen zu können. Für die Israelis wiederum ist jedes Gerede von der arabischen Furcht vor dem kleinen jüdischen Staat ein Propagandatrick, der nur dazu dient, ihr Land zu verteufeln und seiner Legitimität zu berauben.

Diese Symmetrie der Bedrohungsbilder macht aus dem Nahost-Konflikt einen Wettkampf der Opfermythen. Auf Seiten der Araber sind es tief sitzende nationalistische und anti-westliche Ressentiments, auf Seiten der Israelis ist es das Hitler-Syndrom, das den Weg zum Kompromiss versperrt und den Konflikt weiter anheizt. Dabei haben beide Parteien lange Zeit übersehen, dass die zersetzende Wirkung der endlosen Konfrontation auf die jeweils eigene Gesellschaft deren nationale Existenz ebenso stark bedroht wie der äußere Feind – möglicherweise sogar noch viel mehr. Die palästinensische Gesellschaft wurde, wie auch ihr Präsident Abbas immer wieder betont, durch die zweite Intifada völlig zerrüttet. Und in Israel hat die ständige Angst vor dem Terror und die Brutalisierung der Soldaten durch die Politik der Besatzung tiefe Spuren in der nationalen Psyche hinterlassen. Israelis und Palästinenser sind tatsächlich zu Opfern geworden, aber zu Opfern ihrer eigenen Fehleinschätzungen. Die Rückkehr zum Friedensprozess im Jahr 2005 ist daher auch die Folge einer moralischen Erschöpfung und eröffnet die Möglichkeit einer geistig-politischen Wiedergeburt.

Transatlantischer Spaltpilz

Der Nahost-Konflikt ist über die Jahrzehnte zunehmend zum Spaltpilz zwischen Europa und den USA geworden, wobei das Hitler-Syndrom und dessen Kehrseite – die Tendenz zum Appeasement – eine entscheidende Rolle spielen. Bis in die Sechzigerjahre war von dieser transatlantischen Kluft noch keine Spur, Frankreich war sogar lange Zeit ein engerer Verbündeter Israels als die Vereinigten Staaten. Doch seit Anfang der Siebzigerjahre sucht Europa zunehmend einen pragmatischen, oft auch opportunistischen Mittelweg, der nicht nur das Ziel verfolgt, den Konflikt zu lösen, sondern auch die arabische Welt möglichst wenig zu verärgern. Gleichzeitig entwickelten sich die USA zur Schutzmacht des jüdischen Staates.

Im Jom-Kippur-Krieg von 1973 erlaubte das von einer Rechtsdiktatur regierte Portugal als einziges europäisches Land den USA, sein Territorium zum Zwischenlanden für jene Flugzeuge zu verwenden, die dringend benötigten Waffennachschub nach Israel transportierten. Das Embargo der Organisation der Erdöl exportierenden Länder (OPEC) gegen Israelfreundliche Staaten nach dem Krieg ließ die Europäer weiter auf Distanz gehen, während die USA, die vom arabischen Öl weniger abhängig waren, zunehmend zu den einzigen israelischen Verbündeten avancierten. Diese Rolle wurde dadurch verstärkt, dass sich Israel immer häufiger in der UNO und anderen internationalen Organisationen von einer Koalition aus islamischen Staaten, den Ostblockländern und ihren Verbündeten in der Dritten Welt angegriffen und ausgegrenzt sah.

Die Verteidigung Israels wurde zu einem zentralen politischen Anliegen nicht nur für die kleine, aber oft meinungsbildende jüdische Gemeinde in den USA, sondern auch für die breite öffentliche Meinung, die den jüdischen Staat als Vorposten der westlichen Demokratie im Nahen Osten betrachtete. Jüdische und nicht-jüdische Amerikaner beschäftigten sich immer intensiver mit dem Holocaust und kamen dabei zu dem Schluss, dass die Regierung von Franklin D. Roosevelt viel zu wenig unternommen habe, um den Genozid an Europas Juden zu stoppen. Ähnliches dürfe gegenüber dem Staat der Holocaust-Opfer nicht wieder geschehen. Auch die europäische, insbesondere die deutsche Haltung gegenüber Israel wurde lange nicht nur von einem historischen Verantwortungsbewusstsein, sondern vor allem von einem schlechten Gewissen und dem generellen Wunsch nach Wiedergutmachung getrieben. Aber während dieses in Europa über die Jahrzehnte schwächer wurde und eine gewisse Holocaust-Müdigkeit einsetzte, nahm es in den USA seit den Achtzigerjahren noch an Kraft zu, was sich etwa im Bau des Holocaust-Museums in Washington

und der Einrichtung von universitären Lehrstühlen zum Thema niederschlug.

Neben diesen psychologischen Faktoren kamen handfeste Gegensätze
in der Beurteilung der israelischen Politik hinzu. Zwar kritisierten auch die
USA die Besiedlungspolitik der israelischen Likud-Regierung und den Li-
banon-Feldzug von 1982, sie gestanden Israel aber dennoch zu, aus Gründen der Selbstverteidigung anders als andere Staaten zu agieren. Aus der
militärischen Schutzmacht wurde so immer mehr eine politische Schutzmacht, die die Strategie der jeweiligen israelischen Regierung grundsätzlich
verteidigte. In Europa hingegen wurde das Schicksal des palästinensischen
Volkes zu einem zentralen Anliegen der Linken, das in der öffentlichen Meinung breite Zustimmung fand. Vor allem nach dem Ausbruch der ersten Intifada im Dezember 1987 tönte die Kritik an Israel in den europäischen Medien immer lauter. Viele Israelis und Amerikaner warfen den Europäern
vor, den brutalen Terrorismus der PLO zu legitimieren und zu unterstützen;
die wachsende Kritik an der israelischen Politik sei von einem feigen Op-
portunismus oder gar einem latenten Antisemitismus motiviert.

Der Osloer Friedensprozess minderte die transatlantischen Spannungen. Die Clinton-Regierung übernahm die Vermittlerrolle zwischen Israelis und Palästinensern, während die Europäische Union den Aufbau der
palästinensischen Autonomiebehörde finanzierte und dabei die massive
Korruption von Arafat und seinen Männern weit gehend ignorierte. Doch
der Kollaps der Friedensverhandlungen, der Ausbruch der zweiten Intifada
und die Wahlsiege von Bush und Scharon heizten den Konflikt erneut an.
Die Bush-Regierung stellte sich mehr oder weniger bedingungslos hinter
das harte militärische Vorgehen der Israelis und betrachtete deren Anti-
Terror-Strategie als Teil ihres Kriegs gegen den Terror. Bush befürwortete
Arafats Isolierung und schloss sich Scharons Forderung an, dass vor der
Wiederaufnahme von Verhandlungen die Selbstmordattentate aufhören
müssten. Die EU-Staaten machten dagegen vor allem die israelische Besatzungspolitik für die Gewaltspirale verantwortlich und betrachteten den
Terror als deren Folge. Beide Seiten einigten sich auf einen vagen Friedensplan, die »Roadmap«, die von Russland und der UNO mitgetragen wird
und das Ende des palästinensischen Terrors sowie den israelischen Rückzug aus den besetzten Gebieten fordert. Doch die Prioritäten sind andere:
Den USA geht es um den Terror, der EU um die Besatzung.

Anders als beim Irakkrieg ist die Europäische Union in der Nahost-Frage geschlossen; auch Großbritannien, Italien und Polen stehen der einseitigen US-Unterstützung für Israel skeptisch gegenüber. Der britische Premier Tony Blair tritt sogar als einer der härtesten Kritiker von Bushs Nahost-Politik auf und sieht in einem territorialen Kompromiss zwischen Israel und den Palästinensern den Schlüssel zu einer effektiven Bekämpfung des islamistischen Terrors und einer Befriedung des Irak. Während Europa die gezielten Tötungen von Hamas-Führern kritisiert, verteidigt Washington diese Politik. Geschlossen stimmte die EU in der UNO-Generalversammlung im Juli 2004 für die Verurteilung des israelisches Sperrwalles als Bruch des Völkerrechts, doch die USA unterstützen das Bauwerk als Anti-Terror-Maßnahme.

In der aufgeheizten Rhetorik zwischen Israel und Europa sowie den USA und Europa über die Nahost-Frage spielt das Hitler-Syndrom eine entscheidende Rolle. Rechtsgerichtete Kommentatoren in der US-Presse wie Charles Krauthammer und republikanische Politiker wie Tom DeLay beschuldigen die Europäer, Israel genauso zu verraten wie 1938 die Tschechoslowakei. Sie werfen den EU-Politikern die Missachtung der legitimen Sicherheitsinteressen eines bedrohten demokratischen Staates und das Appeasement eines menschenverachtenden Terrorismus vor. Die europäischen Medien und die Öffentlichkeit, heißt es, würden deutlich mehr Sympathie für getötete palästinensische Kämpfer aufbringen als für die israelischen Zivilisten, die bei Selbstmordanschlägen ums Leben kommen.

Die meisten Europäer billigen Israel das Recht auf eine sichere Existenz zu, sind aber überzeugt, dass dies nur im Rahmen des Völkerrechts verwirklicht werden darf. Sie betrachten Israel als den militärisch Stärkeren und sehen in der palästinensischen Gewalt hauptsächlich eine Reaktion auf die anhaltende israelische Besatzung und die wahllose Härte der israelischen Anti-Terror-Maßnahmen. Sie halten die Palästinenser nicht für Raubtiere, sondern für Bienenschwärme, und bewerten die israelische Politik als Auslöser der Eskalation, als stärkste Triebkraft einer anhaltenden Gewaltwelle, die den Nahen Osten destabilisiert und dadurch auch den europäischen Interessen schadet. Sollte der Friedensprozess tatsächlich wieder belebt werden, würde das eine Entspannung in diesem transatlantischen Konflikt einleiten. Die tiefere weltanschauliche Kluft aber wird dadurch nicht überbrückt.

2. Al-Qaida und Irak

Seit dem 11. September 2001 weiß jeder Amerikaner, dass es Menschen gibt, die ihr Land so hassen, dass sie alles daransetzen, möglichst viele Amerikaner zu töten. Diese Erkenntnis hätte ihnen aber schon acht Jahre zuvor kommen können. Damals, am 26. Februar 1993, versuchte eine Gruppe islamistischer Extremisten das erste Mal, das New Yorker World Trade Center in die Luft zu sprengen. Durch die Detonation einer mächtigen Autobombe in der Tiefgarage unter den Türmen starben sechs Menschen, mehr als 1000 erlitten Verletzungen. Die Opferzahl war weitaus geringer als von den Tätern erwünscht; die Türme, ein Symbol amerikanischer Macht, blieben stehen, und die Täter, die zu einer Vorläuferorganisation der Al-Qaida gehörten, wurden rasch gefasst.

Acht Jahre lang jagten amerikanische Behörden mit konventionellen Polizei- und Geheimdienstmethoden nach islamistischen Extremisten – mit gemischtem Erfolg. Einige Anschläge wurden vereitelt, doch das Terrornetzwerk der Al-Qaida wuchs und attackierte immer öfter und erfolgreicher US-Ziele – in Saudi-Arabien, in Ostafrika und im Jemen. Am 11. September 2001 griffen 19 Terroristen schließlich in einer präzise geplanten Operation erneut das World Trade Center an, und konnten es dieses Mal zerstören. Nicht sechs, sondern fast 3000 Menschen kamen ums Leben. Präsident George W. Bush erklärte den Anti-Terror-Kampf mit traditionellen Mitteln für beendet und verkündete den »Krieg gegen den Terror«. Die Vorgänger-Regierung, das war zwischen den Zeilen dieser Kriegserklärung deutlich herauszuhören, habe die wahre Bedrohung des Dschihad-Terrorismus nicht erkannt und deshalb keine adäquaten Maßnahmen zu seiner Bekämpfung entwickelt. Die neue Politik lässt sich vom Hitler-Syndrom leiten; die Bush-Regierung definiert den Terror als existenzielle Bedrohung für die USA, die sich dagegen genauso wehren müssen wie einst gegen NS-Deutschland und die Sowjetunion.

Vierter Weltkrieg

Die Wende in der amerikanischen Anti-Terror-Politik mag manchen bloß als rhetorische Nuance erscheinen. Denn auch die Regierung von Bill Clinton verfolgte das Ziel, möglichst viele Terroristen zu finden und zu fassen und damit die Bedrohung zu minimieren; sie hat dazu nur keinen Krieg ausgerufen. Und die Bush-Regierung muss einräumen, dass die Terrorgefahr niemals vollständig gebannt werden kann, obwohl darin doch das eigentliche Ziel eines Kriegs liegt: den Gegner zur Kapitulation zu zwingen und ein für alle Mal auszuschalten. Kritiker des neuen Kurses meinen daher, dass ein »Krieg gegen den Terror« keinen Sinn ergebe, weil Terror keine Bewegung, sondern eine Methode und damit kein klassischer Kriegsgegner sei. Aber hinter dem neuen Kurs der Bush-Regierung steht eine Neubewertung der terroristischen Gefahr, die eine grundsätzlich andere Einstellung zu den potenziellen Motiven der Täter, zu den erlaubten Methoden der Bekämpfung und vor allem zur Frage der inneren und internationalen Rechtsstaatlichkeit widerspiegelt.

Das liberale Lager in den USA und in Europa sah und sieht im islamistischen Terror auch nach dem 11. September eine konkrete, überschaubare Gefahr, auf die man mit Bestimmtheit, aber auch mit einer gewissen Gelassenheit reagieren sollte. Die Terroristen hätten das Ziel, die Bevölkerung zu terrorisieren; Überreaktionen würden deshalb den Feinden in die Hände spielen und letztlich mehr Schaden anrichten als der Terror selbst. Die Industriegesellschaften müssten lernen, mit der Gefahr zu leben. Sie sei Teil des modernen Lebens wie Flugzeugabstürze und Autounfälle und könnte genauso wenig ausgerottet werden wie gewöhnliche Kriminalität, schreibt zum Beispiel der ehemalige Clinton-Berater Stephen Flynn. »Das Beste, was wir tun können, ist den Terror in überschaubaren Proportionen halten.«

Die Bereitschaft, den Terror zu akzeptieren, ist für konservative Amerikaner ein Zeichen von Defätismus und der erste Schritt zum Appeasement. Sie sehen den islamistischen Terrorismus nicht als besonders brutale Verbrecherbande, sondern als die dritte totalitäre Ideologie, die das Modell der westlichen Demokratie bedroht – so wie einst der Nationalsozialismus und der Kommunismus. Tatsächlich teilt der radikale Islamismus gewisse Züge mit dem europäischen Faschismus: Er ist intolerant, antidemokratisch, rückwärtsgewandt und antisemitisch. Daher muss in den Augen der US-

Konservativen der Krieg gegen den Terror dem Vorbild des Zweiten Weltkriegs und des Kalten Kriegs folgen – ein »Vierter Weltkrieg«, wie ihn der neokonservative Vordenker Norman Podhoretz nennt.

Diese vom Hitler-Syndrom geprägte Position zwingt zu einem kompromisslosen Kampf nicht nur gegen die eigentlichen Täter, sondern auch gegen jene Staaten, die ihnen bisher geholfen haben und ihnen in Zukunft womöglich Massenvernichtungswaffen zur Verfügung stellen. Politischer Terrorismus kann nach dieser Lesart ohne staatliche Sponsoren längerfristig nicht existieren. In den Siebzigern und Achtzigern waren viele Konservative davon überzeugt, dass hinter dem linken europäischen Terror (in Gestalt der deutschen RAF und der italienischen Roten Brigaden) die Sowjetunion stehe. Ganz ähnlich betrachten sie die islamistischen Terrorgruppen wie Al-Qaida, Hamas oder Hisbollah nicht als eigenständige Bewegungen, sondern als Handlanger radikaler »Schurkenstaaten«. Seit Jahren stehen daher der Irak, Iran, Syrien und Libyen im Visier amerikanischer Anti-Terror-Politik – manchmal mit gutem Grund, in anderen Fällen mit wenig konkreten Beweisen. Nach dem 11. September gilt es im Weißen Haus als Dogma, dass der Kampf gegen den Terror als militärische Operation gegen die dahinterstehenden Staaten geführt werden muss.

Die Fokussierung auf Staaten macht aus einem metaphorischen Krieg, wie etwa dem »War on Drugs« oder dem »War on Poverty«, den die USA über die Jahrzehnte immer wieder ausgerufen haben, eine reale militärische Unternehmung: Kriege gegen Staaten haben ein klares Ziel, einen Anfang und ein Ende, an dem der Erfolg gemessen werden kann. In einem solchen Krieg kommen die besonderen Stärken mächtiger Staaten deutlich besser zur Geltung als in der mühsamen Kleinarbeit der Kriminalisten. War das ein Grund, warum die Bush-Regierung den Krieg gegen den Terror in den Irak hineingetragen hat, so wie in einem alten Witz der Mann, der seine Geldbörse an einer dunklen Straßenecke verliert, sie dann aber im Lichtkegel der Straßenlampe sucht, weil er dort mehr sehen kann? Nach Darstellung des ehemaligen Anti-Terror-Spezialisten unter Clinton und Bush, Richard Clarke, forderte Verteidigungsminister Rumsfeld gleich nach dem 11. September einen Angriff auf den Irak, weil es dort viel mehr »gute Ziele« gebe als in Afghanistan.

Eine »Kriegserklärung« an den Terror bringt, das ist den Bush-Strategen nicht verborgen geblieben, auch einen innenpolitischen Vorteil mit sich: Eine martialische Geste, die den unbedingten Verteidigungswillen symbolisiert, führt ebenso wie die bewusst geschürte Angst vor einem neuerlichen Terrorangriff zur Solidarisierung weiter Teile der Bevölkerung mit der US-Regierung. Die eindrucksvollen Wahlerfolge der Republikaner im Jahr 2002, als die Partei ihre Mehrheit im Kongress ausbauen konnte, und die Wiederwahl von George W. Bush im November 2004 haben es bewiesen. Das ist nicht nur ein amerikanisches Phänomen: Auch in manchen europäischen Staaten setzen Parteien den Kampf gegen Terroristen und Sympathisanten als effektives Wahlkampfmittel ein.

Rechtsstaatlichkeit

Entscheidende Unterschiede zwischen liberalen und konservativen Positionen zeigen sich im Stellenwert, den die Rechtsstaatlichkeit im Anti-Terror-Kampf genießt. Auch die Clinton-Regierung hatte keine Skrupel, das Militär für gezielte Tötungsversuche gegen Osama bin Laden einzusetzen. Die rechtsstaatlichen Prinzipien der Kriminalitätsbekämpfung und der Justiz wurden zwar verwässert, aber nicht außer Kraft gesetzt. Die Bush-Regierung sieht das etwas anders: Sie will sich im Kampf gegen die Terroristen nicht von rechtsstaatlichen Bedenken einengen lassen. Denn schließlich seien die Gegner keine Kriminellen, sondern Teile einer illegalen feindlichen Armee, die weder Anspruch auf die Schutzmechanismen der amerikanischen Verfassung noch des Völkerrechts haben dürften.

US-Konservative verweisen gerne auf die vielen Ermittlungspannen vor den Terroranschlägen in New York und Washington, die manchmal aus der Rücksicht auf die Bürgerrechte resultierten. Etwa der Fall des Marokkaners Zacarias Moussaoui, der kurz vor dem 11. September 2001 in Minnesota festgenommen wurde, nachdem er sich durch sein Verhalten in einer Flugschule verdächtig gemacht hatte. Die FBI-Zentrale in Washington verweigerte ihrer Vertreterin vor Ort die Zustimmung, seinen Laptop zu durchsuchen. Begründung: Es gebe keinen dringenden Tatverdacht, der einen solchen Bruch der Privatsphäre rechtfertige. Im Zuge der Ermittlungen stellte man dann später fest, dass sich auf eben jenem Laptop Hinweise auf den geplanten Anschlag oder zumindest einige der Namen der Attentäter gefunden hätten.

Für das rechte Lager sind diese Vorkommnisse der schlagende Beweis, dass der Rechtsstaat in Kriegszeiten die nationale Sicherheit gefährdet und daher außer Kraft gesetzt werden darf. Mit diesem Argument verweigert die Bush-Regierung Al-Qaida-Verdächtigen den Kriegsgefangenenstatus unter der Genfer Konvention und hält sie als »feindliche Kämpfer« in einer recht- und schutzlosen juristischen Grauzone fest, in der den Ermittlern praktisch alles erlaubt ist. Der Oberste Gerichtshof der USA hat zwar gegen einige der ärgsten Auswüchse Einspruch erhoben, nicht aber dagegen, dass für ausländische Terrorverdächtige offenbar keine Unschuldsvermutung gilt. In Guantánamo auf Kuba werden seit Anfang 2002 Hunderte von Personen festgehalten, die möglicherweise nur zur falschen Zeit am falschen Ort waren. Allein der Verdacht ist genug, um über ihre Menschen- und Bürgerrechte hinwegzusehen. Justizminister Alberto Gonzales legte in seiner Funktion als Rechtsberater des Präsidenten sogar zwei Aktenvermerke an, in denen das Völkerrecht für irrelevant und die Folter von Verdächtigen für legitim erklärt wurde. Als dann im Frühjahr 2004 Bilder von Folterungen irakischer Häftlinge im Gefängnis von Abu Ghraib auftauchten, gab die Bush-Regierung einigen »faulen Äpfeln« in der Armee die Schuld für die Übergriffe und wies jede politische Verantwortung von sich. Berichte über Folterungen in Guantánamo wurden nicht einmal untersucht. Kleine Fische wie der Stabsgefreite Charles Garner erhielten mehrjährige Haftstrafen, Rumsfeld und Gonzales aber blieben an der Macht.

Die ambivalente Einstellung zum Rechtsstaat ist nicht nur für die USA charakteristisch. Das britische Unterhaus verabschiedete nach dem 11. September Anti-Terror-Gesetze, unter denen Verdächtige unbegrenzt inhaftiert werden können – eine Praxis, die erst dann unwesentlich korrigiert wurde, nachdem die Lordrichter sie Ende 2004 für illegal erklärt hatten. In Frankreich hat die Polizei gegenüber potenziellen Terroristen weit reichende Befugnisse, und der Innenminister kann radikale Islamisten ohne Verfahren abschieben. In Deutschland schränken die Gerichte den Spielraum der Behörden stärker ein, trotzdem sind auch viele Deutsche der Meinung, dass der Schutz vor dem Terror wichtiger sei als die Einhaltung der Verfassung.

Ziele des Dschihad

Uneinigkeit zwischen Liberalen und Rechten herrscht zudem über die vermuteten Motive der Dschihad-Terroristen. Aus der Rhetorik der Islamisten und den Erfahrungen der Geschichte haben sich viele Amerikaner und Europäer das Bild eines Feindes gezimmert, der keinen konkreten Zielen, sondern einer Vernichtungsideologie gegen den Westen folgt. »Sein Ziel ist nicht nur, so viele wie möglich von uns umzubringen und unser Land zu erobern. Wie die Nazis und Kommunisten vor ihm ist er entschlossen, alles Gute zu zerstören, wofür Amerika steht«, schreibt Podhoretz. Bush hat diese Sichtweise gleich nach dem 11. September übernommen. »Sie hassen unsere Freiheiten«, erklärte er in seiner Rede vor beiden Kammern des Kongresses am 20. September 2001. »Diese Terroristen töten nicht nur Menschen, sondern wollen einen ganzen Lebensstil zerstören.«

»Ihr liebt das Leben, und wir lieben den Tod.« Sätze wie dieser, mit dem Al-Qaida die Verantwortung für das Attentat in Madrid vom März 2004 übernahm, bestätigen den Eindruck einer nihilistischen Bewegung, mit der es weder Verhandlungen noch Kompromisse geben kann. »Dieser Terror kann nicht beschwichtigt, sondern muss bekämpft werden«, schreibt Josef Joffe in einem *ZEIT*-Kommentar im März 2004, in dem er die Gedankenwelt der Al-Qaida als »Islamo-Faschismus« bezeichnet. Als Vater dieser Ideologie gilt der Ägypter Sajjid Qutb, ein Mitglied der Muslimbruderschaft, der in den späten Vierzigerjahren in New York lebte und mit einem enormen Hass auf die westliche Gesellschaft samt ihrem gottlosen Materialismus von dort zurückkehrte. In seinen Schriften zeichnete er einen manichäischen Kampf zwischen dem rechtgläubigen Islam und den Versuchungen der westlichen Welt, in dem sich jeder Muslim für die eine oder andere Seite entscheiden müsse. Das Ziel sei der Sieg über die Ungläubigen und die Zerstörung des Westens, an dessen Stelle ein islamistisches Weltreich treten werde. Die Juden waren für Qutb die Avantgarde des Westens, die man daher als Erstes ebenso wie den Staat Israel vernichten müsse. Qutb wurde 1966 in Ägypten hingerichtet, seine Ideen jedoch wurden von der Al-Qaida-Führung, zu der zahlreiche Ägypter gehören, übernommen.

Die Ähnlichkeiten zu den mörderischen Utopien des Nationalsozialismus und des Kommunismus sind hier nicht zu übersehen. Dennoch sollte man die Parallelen nicht zu hoch bewerten. Denn Al-Qaida hat auch Züge einer typischen nationalistischen Befreiungsbewegung, die sich aus dem Gefühl der Verwundbarkeit und der Schwäche des Islam nährt. Der Terror ist die Rache der zu kurz Gekommenen gegen die überlegene rational-säkulare Kultur des Westens – eine gewalttätige Antwort auf 300 Jahre des Niedergangs, für den die Islamisten vor allem dem Westen die Schuld geben. Bin Laden verwendet in seinen Videobotschaften streckenweise die gleichen Formulierungen wie die Globalisierungskritiker, die den USA die Ausbeutung der Dritten Welt vorwerfen. Zu seinen Klagen gehört sogar die Weigerung Washingtons, das Kyoto-Protokoll gegen den Klimawandel zu unterzeichnen. Aus dieser Perspektive handelt Al-Qaida weniger als Raubtier denn als Bienenschwarm, der auf einen vermeintlichen Angriff des Westens reagiert – wenn auch mit besonderer Brutalität.

Einst wurde der Westen in der islamischen Welt vor allem durch die Kolonialmächte Großbritannien und Frankreich repräsentiert, doch in den vergangenen Jahrzehnten haben die Vereinigten Staaten diese Rolle übernommen und ihren – aus Sicht der Betroffenen – aggressiven Charakter durch zahlreiche Militärinterventionen bestätigt: von der Entsendung der US-Marines in den Libanon 1982, die durch einen blutigen Selbstmordanschlag wieder vertrieben wurden, über die Truppenstationierung in Saudi-Arabien im Golfkrieg 1991, die humanitär-militärische Intervention in Somalia 1992/93, die nach dem Tod von 18 US-Soldaten abgebrochen wurde, bis zum Einmarsch in den Irak 2003. Selbst ein im November 2004 bekannt gewordener Bericht eines Beratungsausschusses im Pentagon räumte ein, dass es den USA nicht gelungen sei, die öffentliche Meinung in der muslimischen Welt von der Lauterkeit der eigenen Absichten zu überzeugen. »Muslime hassen nicht unsere Freiheit, sondern unsere Politik«, heißt es darin. »Wenn die US-Diplomatie davon spricht, die islamische Gesellschaft zu demokratisieren, dann wird das bloß als selbstsüchtige Scheinheiligkeit gesehen.« Schließlich sei den meisten Arabern bewusst, dass die USA autoritären Regimes wie Ägypten und Saudi-Arabien die Stange hielten und damit dort die Demokratie verhinderten.

Theoretisch wären die Forderungen von Al-Qaida an die USA erfüllbar. Dazu zählen ein amerikanischer Truppenabzug aus Saudi-Arabien, ein Rückzug aus dem Irak und ein Ende der einseitigen Unterstützung für Israel. »Wenn Bush sagt, dass wir Freiheit hassen, dann soll er uns sagen, warum wir nicht Schweden angegriffen haben,« bestätigte bin Laden in einer Videobotschaft im Oktober 2004 diese These. »Wir kämpfen mit euch, weil wir frei sind und nicht eure Verstöße erdulden wollen. Wir wollen unsere Nation wieder haben. So wie ihr unsere Sicherheit stört, stören wir eure.«

Doch das Ziel der radikalen Islamisten ist nicht die Schaffung von Demokratien, sondern einer Theokratie ohne Rücksicht auf die Wünsche der Muslime. Sie verachten die etablierten Regime, weil sie nicht islamisch genug sind. Sogar das saudi-arabische Königshaus, der Vorkämpfer für die reine islamische Lehre des Wahhabismus, ist für Al-Qaida eine Zielscheibe, weil es sein Erdöl an die Ungläubigen verkauft und viel zu viele Kompromisse mit dem Westen schließt. Selbst wenn die meisten Islamisten nicht ernsthaft eine islamische Weltherrschaft und den Übertritt aller Nicht-Muslime zum rechten Glauben anstreben, so fordern sie doch den kompletten Rückzug des Westens aus allen islamischen oder halbislamischen Ländern – von Marokko bis Indonesien, von der Türkei bis nach Nigeria – und die Errichtung eines islamischen Kalifats auf diesen Territorien, einschließlich der Vertreibung von Juden und Christen und der Unterdrückung der Frauen. Das ist keine politische Agenda, über die sich verhandeln lässt – hier sind aus westlicher Sicht wie im Totalitarismus Raubtiere am Werk.

Al-Qaidaismus

In seiner konkreten Ausformung unterscheidet sich Al-Qaida allerdings erheblich von früheren Totalitarismen. Es steht keine Staatsmacht dahinter. Selbst das von den Taliban beherrschte Afghanistan war lediglich ein Rückzugsgebiet ohne echte militärische Ressourcen – und kein Zentrum, das man in einem Krieg treffen oder einnehmen könnte. Der Terrorismus blüht in einem außerstaatlichen Raum und wird durch die neuen Kommunikationsmöglichkeiten des Internets, durch grenzüberschreitende Finanzströme außerhalb jeglicher Kontrolle und die oft durchlässigen Grenzen im Mittleren Osten gefördert. Globale Terrorgruppen haben die Grenzen des Nationalstaates gesprengt und sind daher kaum zu fassen. Die Stärke von Al-Qaida ist also nicht von der Stärke eines Staates oder einer Staatenallianz abhängig, sondern von der Anziehungskraft auf eine breite Bevölkerung. Wenn ein militärischer Schlag gegen Al-Qaida in einem Land dazu führt, dass das Terrornetzwerk anderswo neue Aktivisten rekrutieren kann, ist ein solches Vorgehen kontraproduktiv. Vom harten Kern rund um bin Laden sind die meisten zwar tot oder in Haft, »aber die Al-Qaida-Weltsicht, oder der ›Al-Qaidaismus‹, wird täglich stärker«, schreibt der britische Terrorspezialist Jason Burke. Das entspricht dem im Kapitel 3 beschriebenen Bild der räuberischen Bienen, die sich durch Verhandlungen oder Zugeständnisse nicht beschwichtigen lassen, aber sich bei einer unüberlegten Politik der Härte vermehren.

Die Politik steht hier vor einem Dilemma. Jede Maßnahme muss zunächst geprüft werden, ob sie den Terror eindämmt oder nährt. Im Afghanistankrieg von 2001 scheint das Verhältnis zwischen potenziellem Nutzen und Schaden noch gestimmt zu haben. Die Zerstörung der wichtigsten Al-Qaida-Basis war ein entscheidender Schlag gegen das Terrornetzwerk, und in der islamischen Welt gab es viel Zustimmung zum Sturz des Taliban-Regimes. Anders ist die politische Kosten-Nutzen-Rechnung beim Irakkrieg, der sich aus der Sicht der Terrorbekämpfung als massiver Fehler erweist. Keine einzige Terroristenbasis wurde im Irak zerstört, dafür wurde dem Anti-Amerikanismus selbst unter moderaten Muslimen Auftrieb gegeben und die Position wichtiger amerikanischer Verbündeter untergraben. Im einst straff regierten Irak entstand ein Vakuum, das sich zum idealen Aufmarsch- und Einsatzgebiet für eine breite, heterogene und daher fast unbesiegbare Terrorbewegung entwickelt hat. Radikale sunnitische Islamisten arbeiten mit Anhängern von Saddam Husseins gestürztem Regime zusammen und erhalten Unterstützung von gemäßigten Irakern, die von den Amerikanern schwer enttäuscht sind und sich durch die Besatzung erniedrigt fühlen. Vor allem die Auflösung der irakischen Armee durch den einstigen US-Verwalter Paul Bremer im Frühjahr 2003 hat mehrere 100 000 Soldaten arbeitslos und damit zu potenziellen Rekruten für den Widerstand gemacht. Dazu kommt eine unbekannte Zahl Radikaler aus anderen Staaten, die über die unbewachte Grenze mit Syrien ins Land strömen. Sie alle wollen die Besatzungstruppen vertreiben und die von den USA geplanten demokratischen Strukturen verhindern.

Selten in der Geschichte wurde ein Bürgerkrieg mit derart konsequenter Grausamkeit betrieben. Ausländische Journalisten und wohltätige Helfer dienen genauso als Zielscheibe für Entführungen und Tötungen wie

irakische Politiker und überhaupt jeder, der mit der von den USA eingesetzten Staatsmacht auf irgendeine Weise kooperiert. Als Mittel zur Been-
digung der Besatzung ist die tägliche Gewalt im Irak genauso wertlos wie
die palästinensische Intifada in Israel: Der einzige Zweck der US-Truppen
ist es, den Aufstand zu beenden, um das Land endlich verlassen zu können.
Jeder Terroranschlag erhöht die Entschlossenheit der Bush-Regierung,
länger zu bleiben. Doch die Operationen der US-Armee wirken nach allen
Berichten aus dem Irak – angesichts der Gefahr für ausländische Journalisten werden es zunehmend weniger – keinesfalls friedensfördernd. Soldaten
jagen die Terroristen, aber sie treffen die Zivilbevölkerung und treiben so
immer mehr Menschen in die Hände der radikalen Kräfte. Mit jedem Iraker, den die Amerikaner verhaften oder töten, wächst die Kraft des Aufstands. »Islamische Extremisten nützen den irakischen Konflikt aus, um
neue anti-amerikanische Dschihad-Kämpfer anzuwerben«, räumt CIA-
Direktor Porter Goss im Februar 2005 ein. Überlebende des Aufstands
würden wichtige Erfahrungen im städtischen Terrorismus sammeln, die
sie in Saudi-Arabien, Jordanien und anderen arabischen Staaten verwerten
könnten, warnt Goss, der als republikanischer Kongressabgeordneter den
Irakkrieg zunächst vehement unterstützt hatte.

Andere Befürworter des Irakkriegs wiederum sehen gerade im entfes-
selten Terrorismus im Irak eine Bestätigung für ihre Meinung, dass der
Sturz Saddam Husseins notwendig war. So wie Stalin einst behauptete,
dass der Klassenkampf an Härte zunehmen werde, je mehr sich das Proletariat dem Sieg nähere, geben sie sich überzeugt, dass der Widerstand ein
letztes Aufbäumen gegen den Triumph der Demokratie in der islamischen
Welt darstelle. »Es gibt nur eine Seite, auf der man in dieser Schlacht zwischen Demokratie und Terror stehen kann«, sagt etwa der britische Premier Tony Blair. »Auf der einen Seite sind Menschen, die einen funktio-
renden demokratischen Prozess und die gleichen demokratischen
Freiheiten wie andere Weltteile haben wollen, auf der anderen Seite sind
Menschen, die töten, einschüchtern und eine bessere Zukunft für den Irak
zerstören wollen.«

Die Mehrheit der Briten zweifelt an dieser Interpretation und würde
lieber heute als morgen ihre Truppen zurückziehen. In den USA hingegen
verhält sich die Öffentlichkeit auf nahezu paradoxe Weise anders. Die vom
amerikanischen Kongress eingesetzte 9/11-Kommission hat in ihrem her-

vorragenden Bericht eindeutig nachgewiesen, dass Saddam Hussein nichts mit den Anschlägen des 11. September zu tun hatte und keine Beziehungen zu Al-Qaida pflegte. Diese für die Bush-Regierung eigentlich äußerst gefährliche Erkenntnis wurde von der wachsenden Gewalt im Irak nach der US-Invasion neutralisiert. Jeder Terroranschlag gegen US-Truppen oder ihre irakischen Verbündeten scheint in den Augen vieler Amerikaner Bushs Argument zu bestätigen, dass der Irakkrieg sehr wohl ein Teil des »Kriegs gegen den Terror« war. Bushs demokratischer Herausforderer John Kerry kam mit seinem Hinweis, dass dieser Feind ein Monster sei, das seine Existenz den militärischen Handlungen der USA verdanke, bei der Mehrheit der US-Wähler nicht durch.

Verwundbare Supermacht

Die Uhr lässt sich nicht wieder zurückdrehen, der Irakkrieg nicht rückgängig machen. Die USA stehen daher ebenso wie ihre europäischen Verbündeten vor schwierigen, unbefriedigenden Entscheidungen im Irak: Soll sich der Westen möglichst rasch zurückziehen und die Lage dadurch entschärfen, dass den Aufständischen ihr wichtigstes Feindbild verloren geht? Oder würde dies das Land endgültig in den Bürgerkrieg treiben, aus dem wie einst in Afghanistan die radikalsten und anti-westlichsten Fraktionen siegreich hervorgehen? Würde dies – eine besondere Schreckensvision – den Irak zu einer riesigen islamistischen Terrorbasis im Herzen der arabischen Welt machen?

Diese Frage müsste heute nüchtern und pragmatisch im Lichte der Gegebenheiten diskutiert werden. Stattdessen ist die Debatte vom Hitler-Syndrom überlagert: Ein Rückzug, so das Argument der Falken, wäre ein Akt des Appeasements, ein Erfolg für alle radikalen Kräfte und ein schwerer Rückschlag für das Ansehen des Westens. Das mag zum Teil stimmen; der Rückzug der USA aus Beirut nach dem Selbstmordanschlag von 1983 und der Abzug aus Somalia nach dem Tod der 18 Soldaten 1993 haben Osama bin Laden und seine Männer in ihrer Verachtung für die Wehrkraft des Westens bestärkt. Doch gleichzeitig muss man erkennen, dass die angebliche Machtdemonstration, mit der die Bush-Regierung im Irak die radikalen Kräfte einschüchtern und ihrer Unterstützung berauben wollte, gründlich danebengegangen ist. Die USA haben im Irak die Grenzen ihrer Macht und ihre eigene Verwundbarkeit demonstriert. Konnte die amerikanische Militärmaschinerie mit ihrer »Shock and Awe«-Kampagne im Frühjahr 2003 noch Angst in der Region verbreiten, so sieht heute jeder arabische Jugendliche dank der TV-Bilder aus dem Irak, wie einfach der Kampf gegen den amerikanischen Goliath geworden ist.

Es ist zu erwarten, dass die USA noch viele Jahre im Irak bleiben und versuchen werden, die begonnene Arbeit allen widrigen Umständen zum Trotz irgendwie zu Ende zu führen. Diese Aussicht stellt die Europäer vor eine schwierige Wahl. Denn was immer sie vom ursprünglichen Krieg auch halten: Heute ist es für Europa von entscheidendem Interesse, dass sich die Lage im Irak stabilisiert und die gemäßigten Kräfte ihre Macht konsolidieren. Das Ziel muss nicht die Schaffung einer liberalen Demokratie sein, aber eines halbwegs funktionierenden Staates, in dem nicht länger der Terror den Alltag regiert. Dafür allerdings müssten auch die Kontinentaleuropäer bereit sein, der irakischen Regierung mit Geld, Hilfsmaßnahmen und letztlich auch mit Truppen deutlich mehr zu helfen, als sie es derzeit tun. Dies wäre keine Billigung der amerikanischen Politik, sondern ein Akt des Eigeninteresses. Die Rolle als desinteressierter Kiebitz, der den Amerikanern gute Ratschläge erteilt, ist der Europäischen Union nicht würdig. Für viele Iraker wäre eine breitere Koalition, verbunden mit einer stärkeren Rolle der UNO, wahrscheinlich akzeptabler als eine rein amerikanische Besatzung. Der Abzug der spanischen Truppen nach dem Machtwechsel bei den Wahlen im März 2004, der durch den Terroranschlag von Madrid beeinflusst wurde, war angesichts der Wahlversprechen der siegreichen Sozialisten verständlich. Aber noch besser wäre es, wenn Spanien gemeinsam mit Deutschland und Frankreich möglichst bald unter der UNO-Flagge in den Irak zurückkehrt.

Genauso viel Unterstützung ist für das Vorhaben der US-Regierung nötig, politische Reformen und Demokratie in der gesamten arabischen Welt zu fördern. Denn die politische, wirtschaftliche und kulturelle Rückständigkeit der Region, die seit 2002 in den Berichten des UN-Entwicklungsprogramms (UNDP) mit oft drastischen Worten geschildert wird, ist der Boden, auf dem der radikale Islamismus gedeiht. In fast allen Erfolgskriterien einer modernen Gesellschaft ist die arabische Welt nicht nur gegenüber den USA und Europa zurückgefallen, sondern auch im Vergleich mit den Tigerstaaten in Ostasien sowie den Industriemächten China und Indien: Wirtschaftswachstum, Pro-Kopf-Einkommen, Produktivität, Innovationskraft, Unternehmertum, Forschung und Entwicklung, Bildung, Frauenrechte, politische Freiheiten, Menschenrechte und Pressefreiheit. Während sich seit 1989 Dutzende Staaten weltweit in Demokratien verwandelt haben, bleiben alle Araber von mehr oder weniger autoritären Diktatoren und Monarchen regiert. Besonders erschreckend ist die intellektuelle Abschottung vom Rest der Welt. Laut UNDP wurden in den Neunzigerjahren jährlich nur 330 Bücher ins Arabische übersetzt, allein ins Griechische waren es fünf Mal so viele. Wer den islamistischen Terrorismus bekämpfen will, muss vor allem diese Defizite angehen.

Dies ist eine ganz andere Herausforderung als der militärische Kampf gegen eine totalitäre Macht, vergleichbar eher mit der so erfolgreichen Transformation der deutschen und japanischen Gesellschaft nach 1945. Doch auch aus dieser historischen Erfahrung lassen sich, entgegen der Überzeugung der Bush-Regierung, wenige brauchbare Lehren für den Irak ziehen. Grundsätzlich hätte die USA als Besatzungsmacht die gleichen Möglichkeiten zum Aufbau einer demokratischen Zivilgesellschaft wie einst in Deutschland und Japan. Doch dort gab es nach den vernichtenden militärischen Niederlagen des Zweiten Weltkriegs geringere Widerstandskräfte und eine weitaus größere Bereitschaft für einen Neubeginn. Beide Länder waren moderne Industriestaaten, die vor ihrem Abgleiten in die Diktatur liberale politische Traditionen besaßen. Außerdem gingen die USA und ihre Alliierten nach 1945 die Besatzung mit deutlich besserer Planung und mehr Geschick an als im Irak nach 2003. Und selbst in Deutschland und Japan dauerte es mehrere Jahre, bis der Wiederaufbau anlief und die Wunden, welche die Diktatur in der Gesellschaft hinterlassen hatte, zu heilen begannen.

Noch ist der Irak nicht verloren. Die erfolgreichen Wahlen im Januar 2005 geben der Hoffnung Auftrieb, dass eine neue Generation irakischer Politiker die politischen Zügel in die Hand nehmen, den blutigen Aufstand im sunnitischen Kernland niederschlagen und das Land zusammenhalten kann. Die schiitische Bevölkerungsmehrheit, die jahrzehntelang von den Sunniten unterdrückt wurde, hat nun gemeinsam mit den Kurden die Möglichkeit zu zeigen, dass sie das fragile Gleichgewicht zwischen den drei Volksgruppen besser zu halten vermag als Saddam Husseins sunnitische

Klans. Vielleicht strahlt das demokratische Experiment im Irak auch tatsächlich auf andere arabische Staaten aus – etwa auf den Libanon, wo seit Anfang 2005 eine breite Volksbewegung gegen die syrischen Besatzungstruppen auftritt.

Die Anziehungskraft des Dschihad-Terrorismus in den islamischen Staaten hat seine Grenzen. Weder in der Türkei noch in Indonesien kann der Terror die weitere Demokratisierung aufhalten; in Saudi-Arabien sind die Terroristen dem Sturz des verhassten Königshauses nicht näher gekommen. Die Aktivitäten von Al-Qaida und ihren Ablegern können durch eine bessere Zusammenarbeit westlicher und arabischer Nachrichtendienste gestoppt werden. Und in Europa sind die Regierungen angesichts der Bedrohung durch den Islamismus endlich aufgewacht und schränken den Handlungsspielraum der Terroristen nach und nach ein.

Gerade in dieser komplexen Situation ist jede Form der ideologischen Verblendung ein Rezept für ein Desaster. Es gibt keinen Grund, vor dem Terror zurückzuweichen, aber sehr viel Gründe, die Auswirkungen von politischen Handlungen auf die öffentliche Meinung in der islamischen Welt genau zu prüfen und bei allen Entscheidungen zu berücksichtigen. Der islamistische Terror ist keine totalitäre Militärmacht, die mit einem militärischen Sieg vernichtet werden kann. Das Schreckensszenario von Terroristen, die chemische, biologische oder gar nukleare Waffen in die Hand bekommen könnten, liefert keinen Grund, jeden Staat anzugreifen, der auch nur theoretisch dazu in der Lage ist, solche Waffen zu entwickeln. Genauso wenig aber darf man all diese Gefahren unterschätzen oder glauben, dass den Islamisten mit leichten Korrekturen der westlichen Politik der Wind aus den Segeln genommen werde.

Eine spannende, aber schwer abzuschätzende Frage ist der Zusammenhang zwischen dem Nahost-Konflikt und der Stärke des islamistischen Terrors. Die ursprüngliche Hoffnung der US-Neokonservativen lautete, dass »die Straße nach Jerusalem durch Bagdad führt« – also der Sturz Saddam Husseins den Weg für eine Friedenslösung im Nahen Osten ebnen werde, der den israelischen Vorstellungen weit gehend entspricht. Diese Strategie des »Friedens durch Einschüchterung« hat sich als Irrtum erwiesen. Nicht der Sturz Saddams, sondern der Tod Arafats anderthalb Jahre später hat dem Nahost-Frieden eine neue Chance gegeben. Seither hoffen viele Beobachter auf die entgegengesetzte Dynamik: Ein Friede zwischen

Israel und den Palästinensern könnte die moderaten Kräfte in den arabischen Staaten stärken, die Unterstützung für Al-Qaida schwächen, das ramponierte Image der USA in der Region reparieren und letztlich zu einer Entspannung im Irak beitragen. Doch man darf die Bedeutung des israelisch-palästinensischen Konflikts nicht überschätzen: Die Radikalisierung der islamischen Welt hat viele andere und deutlich stärkere Ursachen als das Leid der palästinensischen Mitbrüder. Jedoch kann alles, was den Arabern das Gefühl nimmt, ein Opfer einer großen westlichen Verschwörung zu sein, helfen, gemäßigte Fraktionen zu stärken und die radikalen Kräfte zu isolieren. Saddam Husseins Sturz allein hat den von den Neokonservativen erhofften Umschwung in der Region nicht gebracht. Aber wenn ihm eine umsichtige Politik folgt, bei der die USA, Europa und ihre Verbündeten zusammenarbeiten, könnte sich der verunglückte Irakkrieg doch noch eines Tages als Schritt hin zu einer positiven Veränderung in dieser Region erweisen.

3. Iran

Am 1. Februar 1979 landete Ayatollah Ruhollah Khomeini in einem aus Paris kommenden Flugzeug in Teheran und wurde dort von einer riesigen Menge begeistert empfangen. Die Landung des schiitischen Geistlichen und Revolutionsführers markiert im Rückblick eines der einschneidendsten Ereignisse des späten 20. Jahrhunderts. Die iranische Revolution war der erste Triumph jenes islamischen Fundamentalismus, der die Weltpolitik heute mehr denn je in Atem hält. Mit dem Sturz von Schah Reza Pahlevi ging den USA einer ihrer wichtigsten Verbündeten verloren; die spätere Geiselnahme von 52 Amerikanern in der Teheraner US-Botschaft erniedrigte die Weltmacht und führte mit dem Wahlsieg Ronald Reagans zu einer konservativen Wende in Amerika.

Heute stellt der Iran für den Westen noch immer eine der größten weltpolitischen Herausforderungen dar: Eine regionale Großmacht zwischen Totalitarismus und Reform im Inneren sowie Aggressivität und Pragmatismus nach außen, die mit ihrer nuklearen Aufrüstungspolitik den weltweiten Kampf gegen die Ausbreitung von Atomwaffen gefährdet. Und in keinem anderen aktuellen Konflikt stoßen die beiden in diesem Buch beschriebenen Irrwege – Hitler-Syndrom und Appeasement – so massiv aufeinander, verfolgen die USA und Europa mit so viel Überzeugung derart gegensätzliche Strategien.

Revolution und Reform

Die schiitischen Mullahs, die 1979 an die Macht kamen, entpuppten sich als weitaus radikaler und gefährlicher, als es irgendjemand erwartet hatte. Die »Islamische Republik Iran« erhielt zwar eine scheinbar demokratische Verfassung, doch die wahre Macht lag bei Khomeini, beim Wächterrat und bei den Revolutionsgarden, von denen die Bevölkerung im Namen des Islam terrorisiert wurde. Hunderte Gegner und Kritiker des Regimes wurden hingerichtet, ebenso wie einige der säkularen Politiker, die anfangs auf Seiten der Revolution gestanden hatten. Khomeini schickte Terroreinheiten nach Europa, um geflüchtete Dissidenten zu ermorden. Er wetterte gegen den »großen Satan« Amerika und nannte Israel »ein Krebsgeschwür im Herzen der Muslime«, das beseitigt werden müsse. Der Iran unterstützte radikale schiitische Organisationen wie die Hisbollah, die im Libanon einen brutalen Guerillakampf gegen israelische Truppen führte und zahlreiche amerikanische Zivilisten als Geiseln nahm. Im Februar 1989 schockte Khomeini die Weltöffentlichkeit mit einer Fatwa, in der er alle Muslime zur Ermordung des indisch-britischen Schriftstellers Salman Rushdie aufrief, weil dieser in seinem Roman *Die Satanischen Verse* den Propheten beleidigt habe.

Khomeinis islamistische Ambitionen beschränkten sich nicht auf den Iran, aber seine Anziehungskraft auf andere Muslime wurde durch zwei Faktoren beeinträchtigt: Die Iraner sind keine Araber, und die Schiiten sind außerhalb des Iran und des Irak eine kleine, oft bedrängte Minderheit. Als Antwort auf Khomeinis Versuche, die Schiiten im Irak zum Aufstand gegen das von Sunniten dominierte Regime Saddam Husseins anzustacheln, griff Saddam den Iran im September 1980 an. Der Krieg dauerte acht Jahre, kostete rund 1,5 Millionen Menschenleben und endete mit einem Patt. Vor allem aber band der Konflikt die revolutionäre Energie der

Mullahs auf Jahre und verhinderte damit ein Übergreifen des Islamismus auf andere Länder.

Khomeini starb im Juni 1989 und hinterließ eine ausgeblutete, bankrotte und orientierungslose Nation. Seine Erben waren über die Zukunft der islamischen Republik tief gespalten. Die Konservativen wollten vor allem den Kampf gegen Amerika, den Zionismus und die gesamte westliche Kultur fortsetzen, die Pragmatiker suchten Wege, um die Herrschaft der Mullahs zu konsolidieren. Der konservative Geistliche Ali Khamenei wurde Khomeinis Nachfolger als spiritueller Führer, genoss aber deutlich weniger religiöse Autorität. Im gleichen Jahr wurde mit Ali Akbar Hashemi Rafsanjani ein Pragmatiker zum Präsidenten gewählt, der eine Annäherung zum Westen suchte und im Inneren kleine Schritte in Richtung Liberalisierung wagte. Auch die Beziehungen zu den USA, die unter der Parteinahme Washingtons für Saddam Hussein und der iranischen Unterstützung für Terrorgruppen gelitten hatten, hellten sich etwas auf. Präsident George Bush sr. streckte in seiner Rede bei der Vereidigung im Januar 1989 dem Iran seine Hand aus:»Wohlwollen zeugt Wohlwollen«, sagte er. Doch das Mullah-Regime war zu keiner öffentlichen Geste der Annäherung bereit, der Hass auf Amerika blieb das Kernstück der innenpolitischen Rhetorik.

Auf den Beziehungen zu Europa lasteten neben der Fatwa gegen Rushdie, die Khomeinis Erben nicht aufheben wollten, vor allem Terroranschläge wie die Ermordung von vier iranisch-kurdischen Oppositionspolitikern im Berliner Lokal»Mykonos« im September 1992, für die ein deutsches Gericht fünf Jahre später die iranische Staatsspitze verantwortlich machte. Doch die Europäer wollten dem Konflikt so weit wie möglich aus dem Weg gehen und die Handelsbeziehungen zu Teheran nicht gefährden. Schließlich eröffnete die Boykottpolitik der USA europäischen, vor allem deutschen Unternehmen neue Marktchancen. Beim Europäischen Rat in Edinburgh im Dezember 1992 wurde der von Deutschland propagierte »kritische Dialog« gemeinsame EU-Politik. Der Schwerpunkt dieser Strategie lag beim Dialog, nicht bei der Kritik. Die EU-Staaten verpflichteten sich zwar, im Gespräch mit dem Iran dessen Menschenrechts- und Terrorpolitik anzusprechen, die zentrale Absicht aber war, durch wirtschaftliche und politische Anreize das Mullah-Regime zu einem Kurswechsel zu bewegen. So wurden unter anderem die iranischen Staatsschulden unter großzügigen Bedingungen umgeschuldet.

In den USA kam es dagegen mit dem Amtsantritt von Präsident Bill Clinton zu einer Verhärtung, die vor allem mit dem Friedensprozess im Nahen Osten zusammenhing. Unter Khomeinis Nachfolgern lehnte Teheran die Existenz Israels nach wie vor vehement ab und entwickelte sich zunehmend zur Schutzmacht der Hamas und anderer radikaler palästinensischer Gruppen, die die Bemühungen um Frieden durch Terroranschläge zu sabotieren suchten. 1996 machte Washington die vom Iran unterstützte Hisbollah für den Angriff auf die von US-Militärpersonal bewohnten Khobar-Türme im saudischen Dhahran, dem 19 Amerikaner und ein Saudi zum Opfer fielen, verantwortlich. Auch das Bombenattentat zwei Jahre zuvor auf ein jüdisches Gemeindezentrum in Buenos Aires, das 87 Menschenleben forderte, ging ganz offensichtlich auf die Rechnung iranischer Agenten. Das Regime in Teheran blieb ein Hauptsponsor des weltweiten Terrors.

Am meisten Sorgen bereitete den USA das iranische Atomprogramm: Mit russischer Hilfe errichtete der ölreiche Staat ein Kernkraftwerk in Buschehr, das nach US-Einschätzung nur für die Entwicklung von Atomwaffen dienen konnte. Da die Regierung in Teheran den Atomwaffensperrvertrag (NPT) unterzeichnet hatte, wäre dies nicht nur eine Bedrohung, sondern auch eine Verletzung des Völkerrechts. Gleichzeitig entwickelte der Iran neue Raketen mit größerer Reichweite, die nicht nur Israel, sondern auch Ziele in Europa treffen könnten.

Nach dem Wahlerfolg der Republikaner bei den Kongresswahlen im November 1994 stieg der amerikanische Druck weiter. Vor allem der New Yorker Senator Alfonse D'Amato forderte ein immer härteres Vorgehen gegen Teheran, und die Clinton-Regierung widersprach dem nur zögerlich. Ausgehend von einem Verbot von US-Investitionen in die iranische Ölindustrie erließ der US-Kongress 1996 ein Gesetz, das auch Maßnahmen gegen europäische Unternehmen vorsah, die in den Erdölsektor im Iran oder in Libyen investierten. Das Gesetz wurde zwar nie exekutiert, vergiftete aber die Atmosphäre zwischen den transatlantischen Verbündeten.

Der Wahlsieg des Reformers Mohammed Khatami bei den Präsidentenwahlen 1997 eröffnete dann neue Perspektiven für konstruktive Beziehungen zum Iran. Khatami wurde durch eine Koalition von Studenten, Frauen und gebildeten Städtern gestützt, die von der Bevormundung durch die Mullahs genug hatten. Der Iran wandelte sich offenbar zu einer

Gesellschaft, in der die Menschen immer weniger religiös waren und die USA trotz der offiziellen Rhetorik in besonders hohem Ansehen standen. Es kam zur Annäherung an die Europäer, die sich 1998 in einer offiziellen Distanzierung Teherans von der Fatwa gegen Salman Rushdie niederschlug, ebenso zu einem Tauwetter in den Beziehungen zur USA. Clinton rief dazu auf, »die Mauern des Misstrauens« zwischen den beiden Staaten niederzureißen.

Doch Khatami vermochte es nicht, seine Popularität und die zahlreichen Wahlsiege der Reformer in eine echte Veränderung des Systems umzusetzen. Er schreckte vor einer direkten Konfrontation mit dem konservativen Klerus zurück und ließ es zu, dass dieser seine Verbündeten verfolgte und die meisten Reformschritte rückgängig machte. Das Lager der Reformer geriet zunehmend in die Defensive, und bei den Parlamentswahlen im Februar 2004 eroberten die Konservativen durch eine Mischung aus Repression – die meisten Reformkandidaten wurden vom Wächterrat disqualifiziert – und Desillusion – die Wähler hatten das Vertrauen in die Reformer verloren – die Macht zurück.

Die nukleare Option

Ayatollah Khomeinis Vision eines Gottesstaates inspirierte indirekt die Drahtzieher des 11. September 2001, aber die iranische Führung fühlte sich für die Terroranschläge in keiner Weise verantwortlich. Der Iran war mit den radikal-sunnitischen Taliban, die in Afghanistan regierten, verfeindet, unterhielt kaum Beziehungen zu Osama bin Laden und erklärte sich sogar zur Kooperation mit den Amerikanern auf der Jagd nach Al-Qaida bereit. Umso größer war der Schock, als Präsident Bush im Januar 2002 den Iran – gemeinsam mit dem Irak und Nordkorea – wegen der Waffenprogramme und der Unterstützung von Terrorgruppen als Teil der »Achse des Bösen« bezeichnete. Die amerikanische Rhetorik stieß in Europa auf breites Unverständnis. Ging es beim Irak und Nordkorea um Fragen des Stils, sahen die meisten Europäer die Verteufelung des Iran als einen völligen Irrweg: Der Iran sei auf dem richtigen Weg und müsse durch politische, wirtschaftliche und psychologische Einbindung zu weiteren Reformen ermutigt werden. Die Politik der USA würde den Reformgegnern im innenpolitischen Machtkampf in die Hände spielen und damit die Bedrohung nur vergrößern.

Die USA hatten zu diesem Zeitpunkt die Hoffnung auf die Reformfähigkeit der iranischen Führung aufgegeben; Khatami sei »zu schwach und ineffektiv«, hieß es. Die dann folgenden Ereignisse schienen der Bush-Regierung Recht zu geben. Die Reformer verloren zunehmend an Boden, während die Konservativen an die Schaltstellen der Macht zurückkehrten. Und auch in ihrer Sorge über die iranische Atompolitik fühlten sich die Amerikaner bestätigt. Im Sommer 2002 deckte eine iranische Exilgruppe auf, dass der Iran in Natans eine Urananreicherungsanlage errichtete. Die Internationale Atomenergiebehörde (IAEO) in Wien entsandte Inspektoren nach Teheran, die in ihren Berichten verschiedene Verstöße gegen den Atomwaffensperrvertrag feststellten. Die Atomwaffentechnik kam zum Großteil vom Schöpfer der pakistanischen Atombombe, Abdul Kadir Khan, der später eingestand, sensible Technologie auch an Libyen und Nordkorea weitergegeben zu haben. Immer mehr entwickelte sich der Iran zu einem der größten Sorgenkinder der IAEO, die über die Einhaltung des Atomwaffensperrvertrags wacht.

Dieser Vertrag ist seit 35 Jahren in Kraft und mit mehr als 180 Staaten das größte Rüstungskontrollabkommen der Welt. Aber er beruht auf einer seltsamen Konstruktion: Der Vertrag unterscheidet zwischen den fünf etablierten Atommächten (USA, Sowjetunion beziehungsweise Russland, China, Großbritannien und Frankreich), die sich verpflichten, keine Atomwaffentechnologie an andere Staaten weiterzureichen, und den übrigen Ländern, die auf die Entwicklung von Kernwaffen verzichten. Letzteren wird im Gegenzug Hilfe beim Aufbau einer zivilen Nuklearindustrie zugesagt. Im Vertrag festgelegt ist auch das Recht auf die Anreicherung von Uran – eine Technik, bei der das natürlich vorkommende Uran in Zentrifugen für die Kernspaltung aufbereitet wird. Problematisch ist allerdings, dass angereichertes Uran sowohl für die zivile Atomenergie als auch für den Bau von Atomwaffen benötigt wird. Für Atomenergie reicht eine fünfprozentige Anreicherung mit dem spaltbaren Isotop U 235 aus, waffenfähiges Uran muss hingegen zu 90 Prozent angereichert sein. Der zweite und schnellere Weg für den Bau von Kernwaffen ist die Isolierung von Plutonium aus den benutzten Brennstäben von Schwerwasserreaktoren. Wer solche Reaktoren betreibt, muss bei der IAEO den Verbleib der Brennstäbe nachweisen.

Grundsätzlich haben also alle Staaten das Recht auf eine zivile Technologie, die jedoch gleichzeitig eine wichtige Vorstufe zum Bau von Atomsprengköpfen darstellt. Das eröffnet die theoretische Möglichkeit, zuerst unter Einhaltung des Atomwaffensperrvertrags alle Vorbereitungen für ein Atomwaffenarsenal zu treffen, um dann unter Einhaltung einer 90-tägigen Kündigungsfrist aus dem Vertrag auszuscheiden. Das hat beispielsweise Nordkorea getan. Auch andere Staaten, darunter so solide Demokratien wie Japan und Südkorea, verfolgen eine Strategie des »Nuclear Hedging«: Sie verfügen über die für den Bau von Atombomben notwendige Technologie und könnten diese in kurzer Zeit aktivieren. Schließlich gibt es drei Staaten, die dem Atomwaffensperrvertrag nie beigetreten sind und Kernwaffen entwickelt haben: Indien und Pakistan sind deklarierte Atommächte; Israel hat sich nie offen dazu bekannt, aber wenig Zweifel an seinen nuklearen Fähigkeiten gelassen; Experten vermuten ein Arsenal von 200 Atomsprengköpfen.

Bis vor einigen Jahren durften die Inspektoren der IAEO nur die von den Mitgliedsstaaten deklarierten Einrichtungen überprüfen und selbst Anlagen, in denen illegale Aktivitäten vermutet wurden, nicht betreten. Erst 1997 wurde ein Zusatzprotokoll beschlossen, das spontane Inspektionen an anderen Orten ermöglicht. Doch nur die Hälfte der Vertragsstaaten hat dieses Protokoll bisher unterschrieben. So wird die Nicht-Verbreitung von Kernwaffen angesichts dieser vielen Schlupflöcher zu einer Frage des politischen Willens. Die IAEO kann dabei vor allem helfen, Diskrepanzen zwischen den Ankündigungen und den Handlungen einiger Staaten aufzudecken. Aber die Bilanz ihrer Inspektoren ist mager: Saddam Hussein konnte bis zum Golfkrieg 1991 vor der Welt verbergen, dass er dem Bau einer rudimentären Atombombe ziemlich nahe gekommen war. Und auch im Iran war es nicht die IAEO, sondern eine Exilgruppe, die das geheime Nuklearprogramm aufdeckte.

Der Grundstein für das Atomprogramm des Iran wurde bereits unter der Schah-Herrschaft gelegt: Die Siemens-Tochter KWU begann in den Siebzigerjahren mit dem Bau zweier Leichtwasserreaktoren in Buschehr. Nach der Revolution ließ Khomeini die Arbeit an dieser für ihn viel zu westlichen Technologie einstellen, änderte aber während des Kriegs mit dem Irak von 1980 bis 1988 seine Meinung. Buschehr wurde durch Raketenangriffe beschädigt und erst in den Neunzigern mit russischer Hilfe vollendet. Bis heute besteht die iranische Führung darauf, dass sie die Nutzung der Atomenergie nur aus rein wirtschaftlichen Gründen für die Zeit anstrebt, wenn ihre Ölreserven ausgehen. Nuklearwaffen seien nicht geplant, heißt es. Doch welchen Sinn könnten Investitionen in zivile Atomkraftanlagen in einem der erdölreichsten Länder der Welt ergeben, außer wenn sie als Mittel zum Bau von eigenen Kernwaffen gedacht sind? Zumal der Iran von Atommächten umringt ist – im Norden Russland, im Osten Pakistan und Indien, im Westen Israel und im Süden die amerikanische Flotte im Persischen Golf – und während des Kriegs gegen den Irak die Folgen seiner internationalen Isolierung schmerzhaft zu spüren bekam. Von den USA fühlt sich der Iran schon seit der Revolution bedroht – und seit Georg W. Bushs Rede über die »Achse des Bösen« noch mehr. Auch Israels Kernwaffenarsenal wird in Teheran als Bedrohung, zumindest als Herausforderung betrachtet. Darüber hinaus spielt, unabhängig von jeder islamistischen Ideologie, der iranische Nationalstolz eine entscheidende Rolle: Der Iran sieht in einer Atombewaffnung eine Möglichkeit, die Kluft zwischen seiner wirtschaftlichen Schwäche und dem Selbstbild einer regionalen Führungsmacht zu überbrücken.

Deshalb haben Beobachter keinerlei Zweifel daran, dass der Iran aus defensiven und offensiven Gründen den Bau von Atombomben anstrebt und bereit ist, viel finanzielles und politisches Kapital in dieses Vorhaben zu investieren. Wie hoch die politischen Kosten sind, wird in der iranischen Führung heftig diskutiert. Es ist ihr nicht entgangen, dass Indien durch sein Nukleararsenal internationales Prestige gewonnen hat und Pakistan mit der Entwicklung seiner Atombombe relativ ungestraft davongekommen ist. Dass sich der Westen weitaus mehr mit dem iranischen Kernwaffenprogramm beschäftigt, wird in Teheran als ungerechte Diskriminierung der islamischen Republik empfunden. Für konservative und nationalistische Kreise ist die Atombombe zum Symbol der nationalen Souveränität geworden; sie sind bereit, dafür die totale internationale Isolierung zu riskieren. Andere Vertreter des Regimes sehen das Kernwaffenprogramm nüchterner – als Sicherheitsgarantie gegen einen Angriff der USA oder Israels, aber auch als Verhandlungsmasse, die gegen wirtschaftliche Zugeständnisse eingetauscht werden kann.

Für den Westen ist die iranische Rüstungspolitik zu einer weltpolitischen Nagelprobe geworden. Ein nuklear bewaffneter Iran muss verhindert werden, darin sind sich die Vereinigten Staaten, die Europäische Union und Russland einig. Die Befürchtungen dahinter sind vielfältig: Der Iran könnte Kernwaffen an ideologisch verbundene Terrorgruppen weitergeben, Israel attackieren oder zumindest gegenüber äußerem Druck unverwundbar werden. Außerdem würde der Bau einer iranischen Atombombe der Weiterverbreitung von Kernwaffen im Mittleren Osten und in Zentralasien Tür und Tor öffnen und den Atomwaffensperrvertrag obsolet machen. Was immer an diesen Befürchtungen dran sein mag: Ein Staat, der eine radikale, anti-westliche Ideologie vertritt, grobe Menschenrechtsverletzungen duldet und sich Zugang zu Atomwaffen verschafft, ist für den Rest der Welt ein unheimliches Szenario.

Uneinigkeit herrscht allerdings darüber, wie dieses Szenario zu verhindern ist. Kann der Iran durch Anreize, durch Drohungen oder überhaupt nicht von seinem Kurs abgehalten werden? Die USA und die EU sind in dieser Frage tief gespalten – und hier ist Europa, anders als beim Irakkrieg, wirklich geeint. US-Präsident Bush droht seit seiner Wiederwahl im November 2004 immer wieder mit einer Militäraktion gegen den Iran, während europäische Politiker, einschließlich des britischen Premierministers Tony Blair, allein auf die diplomatische Karte setzen.

Unterstützung für einen amerikanischen Militärschlag kommt aus Israel, das sich durch eine iranische Atombombe besonders bedroht fühlen würde. Wie der investigative Journalist Seymour M. Hersh im Januar 2005 im *New Yorker* schreibt, glauben amerikanische und israelische Experten daran, allen Hindernissen zum Trotz rund drei Viertel der iranischen Atomanlagen aus der Luft zerstören zu können. Zur Vorbereitung einer solchen Aktion seien bereits seit längerem US-Geheimdienstteams im Iran unterwegs. Ein Schlag von außen gegen Iran, so das Denken im Pentagon, würde eine innenpolitische Kettenreaktion auslösen. »In dem Moment, in dem die Aura der Unverwundbarkeit der Mullahs zerstört ist und damit auch ihre Fähigkeit, den Westen zu täuschen, wird das iranische Regime zusammenbrechen«, zitiert Hersh einen US-Regierungsberater.

Die meisten Iranexperten außerhalb der US-Regierung zweifeln jedoch erheblich an dieser Voraussage: Selbst ein halbwegs erfolgreicher amerikanischer Angriff würde das Mullah-Regime nur weiter stärken. Für eine Invasion zum Sturz des Regimes aber fehle es den US-Streitkräften – nicht nur angesichts der gewaltigen Probleme im Irak – an militärischen

Mitteln. Eine Besetzung des Iran sei angesichts der Größe des Landes, der schwierigen Topografie und des zu erwartenden massiven Widerstands der Iraner noch weitaus schwieriger als der Irakkrieg und könne leicht in einem Fiasko enden, behauptet der ehemalige CIA-Analyst Kenneth Pollack. Aber auch eine Bombardierung der iranischen Atomanlagen scheint wenig Erfolg versprechend: Der Iran hat aus den Erfahrungen Saddam Husseins gelernt, dessen Osirak-Reaktor 1981 durch israelische Bomber zerstört wurde. Die iranischen Nukleareinrichtungen sind weit verstreut und meist tief in der Erde vergraben. Das schwächt auch den politischen Wert militärischer Drohungen.

Allerdings ist die Bilanz der europäischen Diplomatie nicht minder frustrierend. Um sicher zu gehen, dass der Iran keine Atomwaffen baut, müsste das Regime auf das Recht zur Anreicherung von Uran verzichten, das ihm laut Atomwaffensperrvertrag zusteht. Von einem misstrauisch und sogar feindlich gesinnten Verhandlungspartner ist ein derartiges Zugeständnis jedoch kaum zu erlangen. Im Oktober 2003 flogen die Außenminister Deutschlands, Frankreichs und Großbritanniens nach Teheran und handelten dort – so dachten sie zumindest – ein Abkommen über die Einstellung der Urananreicherung aus. Der Iran verpflichtete sich zur vollen Kooperation mit der IAEO. Doch in den folgenden zwölf Monaten nutzte Teheran alle verfügbaren Schlupflöcher, um sein Anreicherungsprogramm fortzusetzen, und sabotierte die Inspektionen der IAEO. Ein Jahr später kam es beim Treffen des IAEO-Gouverneursrats in Wien zu einer neuerlichen Einigung mit mehr oder weniger gleichem Inhalt. Die Führung in Teheran verpflichtete sich darin, die umstrittene Urananreicherung auszusetzen, machte aber sogleich deutlich, dass sie weiterhin auf dem grundsätzlichen Recht der Anreicherung bestehen wolle. Zum Ärger der USA wurde dem Iran dadurch ein Verfahren vor dem UNO-Sicherheitsrat erspart.

Europäische Politiker rechnen damit, dass sich am Ende in Teheran die Pragmatiker durchsetzen und der Iran bei einem wirklich verlockenden Angebot zur Aufgabe seines Kernwaffenprogramms bewogen werden kann. Eine solche Positivstrategie beinhaltet die Aussicht auf eine breite wirtschaftliche Zusammenarbeit, dank der sich das Land aus seiner selbst verschuldeten ökonomischen Dauerkrise – hohe Inflation, Jugendarbeitslosigkeit, ineffiziente Staatsbetriebe – befreien kann. Ein Schritt in diese

Richtung wäre die Aufnahme von Verhandlungen über einen Beitritt zur Welthandelsorganisation (WTO), da der Iran als einer der wenigen Staaten der Welt noch kein Mitglied ist. Außerdem wollen die Europäer dem Mullah-Regime das ständige Gefühl der Bedrohung nehmen. Der deutsche Bundeskanzler Gerhard Schröder formulierte das auf der Münchner Sicherheitskonferenz im Februar 2005 folgendermaßen: »Es gilt, die massive Isolierung des Iran zu überwinden. Denn der Iran wird auf die nukleare Option nur dann dauerhaft verzichten, wenn neben seinen wirtschaftlichen Interessen auch seine legitimen Sicherheitsinteressen gewahrt sind.«

Eines ist Schröder und seinen europäischen Kollegen klar: Damit ein solcher großer Kompromiss gelingt, müssten auch die USA an Bord kommen, die Wirtschaftssanktionen gegen Teheran lockern und eine Art von Sicherheitsgarantie abgeben. Doch das wäre aus der Sicht der Bush-Regierung und vieler Amerikaner reines Appeasement, das die Iraner dazu nutzen würden, auf Zeit zu spielen und den Westen erneut zu hintergehen. Für die USA besitzt das fanatische, anti-amerikanische und antisemitische Regime in Teheran nämlich keine »legitimen Sicherheitsinteressen«. Und die Hinweise, dass der Iran am Bau eines Schwerwasserreaktors arbeitet, mit dem sich waffenfähiges Plutonium gewinnen lässt, scheinen das Misstrauen der US-Öffentlichkeit noch zu vertiefen.

Gefragt nach einer überzeugenden Gegenstrategie zeigen sich allerdings auch die US-Diplomaten eher ratlos. Sie bestehen aber darauf, dass Verhandlungen mit dem Iran nur dann Erfolg haben können, wenn sie von glaubwürdigen Drohungen und nicht nur von vagen Versprechen begleitet werden. Das Mullah-Regime, so die Analyse in Washington, ist auf seinen internationalen Ruf äußerst bedacht. Daher sollte es vor den UNO-Sicherheitsrat gezerrt und vor der Weltöffentlichkeit verurteilt werden. In Europa befürchtet man hingegen, dass eine solche Eskalation die iranische Politik erst recht verhärten würde. Außerdem sei eine Verurteilung durch den Sicherheitsrat äußerst fraglich, da Russland und China ein Veto einlegen könnten. Derzeit sieht es so aus, als ob gegenüber einer der größten Bedrohungen des Weltfriedens weder militärische noch diplomatische Mittel wirklich greifen können.

Das persische Puzzle

Die westliche Iran-Politik leidet an einem grundlegenden Dilemma: Der Charakter des Regimes wird nicht verstanden. Ist es von Natur aus aggressiv, oder kann es durch eine geschickte Politik eingebunden, gezähmt werden? Sind die regierenden Mullahs in Teheran in ihrem Kern die Vollstrecker von Khomeinis universalistischer Revolution geblieben, die sich nur aus taktischen Gründen gemäßigt geben, aber mit aller Kraft nach Atomwaffen streben? Oder sind sie typische Post-Revolutionäre, die ihre Macht von inneren und äußeren Kräften bedroht wähnen und die Bombe als Mittel der Verteidigung sehen? Dass der Iran Nuklearwaffen haben will, steht außer Zweifel. Die Frage ist nur, mit welcher Intensität er dieses Ziel anstrebt, und zu welchem Preis er zum Verzicht bereit wäre.

Wenn die Mullahs wie zu Khomeinis Zeiten von ideologischem Eifer getrieben sind, dann wäre eine Politik der Zugeständnisse sinnlos oder gar gefährlich. Der Iran würde zwar immer wieder Zugeständnisse machen, um akute Sanktionen abzuwenden, aber bei der nächsten Gelegenheit die Vereinbarungen brechen und darauf hoffen, dass der Westen das Kernwaffenarsenal irgendwann als Faktum akzeptiert. Selbst wenn der Iran keine Pläne hätte, diese Waffen aggressiv einzusetzen, würde er dennoch damit seine Missachtung der internationalen Verhaltensnormen demonstrieren und zur Untergrabung der Weltordnung beitragen. Dies wäre eine Einladung an andere Tyranneien, auf ähnliche Weise zu handeln.

Sind die Mullahs dagegen vornehmlich am eigenen politischen Überleben interessiert, dann wären Drohungen kontraproduktiv, weil diese die Führung in ihren Verfolgungsgefühlen bestärken. Pollack weist in seinem Buch *The Persian Puzzle* darauf hin, dass die iranische Angst vor den USA jahrzehntealte Wurzeln hat und auf den Sommer 1953 zurückgeht, als ein CIA-geführter Coup den demokratisch gewählten Premier Mohammed Mossadegh stürzte und dem Schah wieder an die Macht verhalf. Auch heute seien die meisten Berater der Bush-Regierung enthusiastische Befürworter eines Regimewechsels im Iran und würden sich bloß durch die praktischen Hindernisse von einem Eingreifen abhalten lassen. Pollack zitiert einen beliebten Spruch: »›Bloß weil du paranoid bist, kann trotzdem jemand hinter dir her sein.‹ Und wir waren hinter ihnen her.«

Pollack, der sein massives Eintreten für den Irakkrieg vor dem März 2003 später bereut hat, empfiehlt in seinem Buch eine pragmatische Mischung aus wirtschaftlichen Anreizen und konsequenten Drohungen mit finanziellen Sanktionen, um den Iran zur nachhaltigen Kooperation zu drängen. Wenn Teheran auf die Kernwaffenoption verzichte, dürfe es auf eine Ausweitung von Handel und Investitionen hoffen, geschehe das nicht, müsste der Westen die bestehenden Beziehungen einfrieren.

Diese Verhandlungstaktik könnte durch eine europäisch-amerikanische Doppelstrategie zum Ziel führen: Europa winkt mit dem Zuckerbrot, die USA knallen die Peitsche. Das Problem daran ist nur, dass die Amerikaner – geblendet vom Hitler-Syndrom – kaum bereit sein werden, echtes iranisches Wohlverhalten durch echte Zugeständnisse zu belohnen, während die für das Appeasement anfälligen Europäer wahrscheinlich davor zurückschrecken werden, den Iran im Ernstfall so zu bestrafen, dass es wirklich weh tut – etwa durch den Abbruch aller Handelsbeziehungen und Investitionen. Statt einer den Umständen angepassten Flexibilität demonstriert der Westen also Uneinigkeit und gibt dem Iran damit die Gelegenheit, die wichtigsten Mitglieder der westlichen Staatengemeinschaft gegeneinander auszuspielen.

Die iranische Innenpolitik ist ein weiterer komplizierender Faktor im »persischen Puzzle«. Denn obwohl die Reformer die Schlacht verloren zu haben scheinen, dürfte der Kampf um die Zukunft des Landes noch lange nicht vorbei sein. Die Einstellungen und Ambitionen der zunehmend nicht-religiösen Jugend werden die Herrschaft des konservativen Klerus noch häufig vor große Herausforderungen stellen und eines Tages möglicherweise überwinden. Jede internationale Entscheidung muss daher immer auch unter dem Blickwinkel der innenpolitischen Folgen erwogen werden.

Pollack glaubt, dass ein nuklear bewaffneter Iran keine akute Gefahr darstellt und durch eine Politik der Abschreckung von gefährlichen Schritten abgehalten werden kann. Vor allem hält er wenig von der Warnung der Bush-Regierung, der Iran werde seine Atomwaffen in die Hände der Terroristen geben. Denn dies könne angesichts der vielen Feinde, die der Iran in der Region hat, dessen eigene Sicherheit gefährden. Trotzdem räumt Pollack ein, dass ein nuklearer Iran einen deutlichen Verlust an globaler Sicherheit bewirken würde.

Nicht völlig außer Acht lassen sollte man die Verbindung zwischen dem iranischen und dem israelischen Kernwaffenprogramm. Der Iran würde wohl auch ohne das israelische Atomwaffenarsenal die eigenen Pläne verfolgen, aber die israelische Politik gibt den nuklearen Ambitionen in der muslimischen Welt zusätzlichen Auftrieb. Diese Dynamik stellt wiederum die Logik hinter Israels Nuklearwaffenprogramm infrage. Einerseits ist es verständlich, dass ein kleines verwundbares Land, das von Feinden umringt ist, in der ultimativen Waffe eine Art von Lebensversicherung sieht. Möglicherweise haben die israelischen Atombomben in der Vergangenheit aggressive Nachbarn sogar abgeschreckt. Sollte nun aber tatsächlich ein feindlich gesinntes Land in der Region zur Atommacht aufsteigen, tritt jener Effekt ein, den das in Kapitel 3 beschriebene Sicherheitsdilemma voraussagt. Eine nuklear bestückte Rakete in der Hand radikaler Mullahs stellt eine größere Gefahr für Israel dar als israelische Kernwaffen für den Iran. Mit einer Bevölkerung von nur sieben Millionen Menschen, die zum Großteil in städtischen Ballungsräumen leben, ist Israel durch einen Atomschlag besonders gefährdet; in einem großen Land wie dem Iran ist das Risiko, eine Vielzahl von Menschenleben aufs Spiel zu setzen, geringer. Durch die Gegenreaktion des Feindes – in diesem Fall durch das iranische Atomwaffenprogramm – hätte Israels nukleare Strategie demnach die Sicherheit des Landes nicht vergrößert, sondern reduziert. Noch ist es nicht so weit, denn weder der Iran noch einer der arabischen Staaten haben bisher Kernwaffen entwickelt, und die »islamische Bombe« in Pakistan ist eher gegen Indien als gegen Israel gerichtet. Aber allein die Möglichkeit eines solchen Szenarios und die Schwierigkeiten, die iranischen Kernwaffenambitionen zu stoppen, sollten Israels strategischen Planern zu denken geben.

Ein Abkommen über einen kernwaffenfreien Nahen Osten, in das auch Israel eingebunden wäre, könnte einen Rahmen bilden, in dem der Iran tatsächlich auf sein Atomwaffenprogramm verzichtet. Doch aus israelischer Sicht ist dies erst nach Abschluss des Friedensprozesses und im Rahmen eines umfassenden Nahost-Friedens möglich, in dem alle Staaten Israels Existenz in sicheren Grenzen ohne Vorbehalte anerkennen. Gerade der Iran mit seinem tiefen Hass auf das »zionistische Gebilde« steht einer solchen Lösung bislang im Wege. Dennoch: Eine Straße zur Beilegung des Atomkonflikts mit dem Iran führt über Jerusalem, und ein Pfad zum Nahost-Frieden auch über Teheran.

4. Nordkorea

Als *hermit kingdom* (»Einsiedler-Königreich«) war Korea im 19. Jahrhundert aufgrund seiner selbst auferlegten Isolation bekannt. Heute ist das pulsierende und wirtschaftlich so dynamische Südkorea das Gegenteil davon. Auf Nordkorea hingegen trifft das Bild immer noch zu: Kein anderes Land der Welt ist von den globalen Entwicklungen so fest abgeschottet. Kein Satellitenfernsehen, kein Internet, nicht einmal über Kurzwellenradio können gewöhnliche Nordkoreaner etwas über die Außenwelt erfahren. Nordkorea ist der letzte wirklich totalitäre Staat der Welt.

Doch das Ideal der Autarkie, die den Kern der offiziellen »Juche«-Ideologie des Staatsgründers Kim Il Sung bildet, ist eine Illusion: Wenige Länder der Welt sind heute von internationaler Finanz- und Lebensmittelhilfe derart abhängig wie das letzte stalinistische Arbeiter- und Bauernparadies. Die Wirtschaft ist ruiniert, und obwohl die Hungersnot der Neunzigerjahre gebannt scheint, leiden die meisten Kinder nach wie vor unter Mangelernährung. Nordkorea gehört zu den Ländern mit den gröbsten Menschenrechtsverletzungen und pflegt seit Jahrzehnten den absurdesten Personenkult, der nahtlos von Kim Il Sung auf seinen Sohn Kim Jong Il überging. Vor allem aber gilt Nordkorea als eines der gefährlichsten Länder der Welt: Ein hochgerüsteter Garnisonsstaat, der 1,2 Millionen Männer unter Waffen hat und rund ein Viertel seines Bruttoinlandprodukts ins Militär steckt. Allen Annäherungsversuchen zwischen Nord- und Südkorea zum Trotz ist die Kriegsgefahr zwischen den beiden Staaten weiterhin akut. Die demilitarisierte Zone rund um die Waffenstillstandslinie von 1953 ist die letzte Front des Kalten Kriegs. Entführungen von Japanern und Südkoreanern sowie blutige Terroranschlägen haben über die Jahre Nordkoreas Ruf als besonders bösartigen »Schurkenstaat« gefestigt.

Politiker in aller Welt sorgen sich vor allem um Nordkoreas nukleare Ambitionen. Seit Anfang der Neunziger verfolgt das Regime in Pjöngjang ein Programm zum Bau von Atomwaffen. Alle Versuche der USA und der internationalen Staatengemeinschaft, das Regime entweder durch Isolation und Drohungen oder durch Engagement und wirtschaftliche Anreize von diesem Kurs abzubringen, sind gescheitert. Auf Zugeständnisse reagiert Nordkorea mit neuen Forderungen und gebrochenen Versprechen, auf Warnungen und Konfrontation mit eigener Härte. In den USA breitet sich genauso wie in Südkorea, Japan und sogar beim Verbündeten China zunehmend Ratlosigkeit über den richtigen Umgang mit dem Kim-Regime aus. Als »Irrer mit der Bombe« wird Kim Jong Il in zahlreichen westlichen Medien bezeichnet, seitdem seine Regierung Anfang 2005 den Besitz von Kernwaffen bekannt gab. Doch selbst diese Ankündigung wirft mehr Fragen auf, als sie beantwortet. Denn noch gibt es keinen Beweis, dass Nordkorea wirklich über eine funktionierende Atombombe verfügt, und noch weniger klar ist, was eine Atommacht Nordkorea für Ostasien strategisch bedeuten würde. Die Meinungen schwanken zwischen der Warnung vor einem gefährlichen regionalen Wettrüsten, an dem auch Japan sich mit Kernwaffen bewaffnen würde, und der Beschwichtigung, dass auch ein nuklear gerüstetes Nordkorea keine akute Gefahr darstelle und daher toleriert werden könne.

Das Hauptproblem all jener Experten und Politiker, die sich mit Nordkorea beschäftigen, ist, dass man so wenig über das Land und seine Führung weiß und sich die möglichen Reaktionen auf bestimmte Schritte dadurch nicht voraussagen lassen. Ob Raubtier oder Bienenschwarm – diese Frage ist beim *hermit kingdom* besonders schwer zu beantworten.

Nukleare Diplomatie

Nordkoreas Kernwaffenprogramm geht bis in die Sechzigerjahre zurück, als Kim Il Sung in Yongbyon nördlich der Hauptstadt Pjöngjang die Errichtung eines nuklearen Forschungszentrums anordnete. Kim fühlte sich stets im Visier der USA, die im Koreakrieg mit dem Einsatz von Atombomben gedroht hatten und bis 1991 nukleare Sprengköpfe in Südkorea lagerten. In den Siebzigern baute Nordkorea zwei Schwerwasserreaktoren und begann im Geheimen mit der Isolierung von Plutonium aus den verbrauchten Brennstäben. Unter massivem internationalen Druck trat das Regime 1985 dem Atomwaffensperrvertrag bei und verpflichtete sich, auf den Bau von Nuklearwaffen zu verzichten. Doch die Inspektoren der Internationalen Atomenergiebehörde in Wien wurden nicht ins Land gelassen.

In den Folgejahren erlebte Nordkorea eine dramatische Verschlechterung seiner geostrategischen Lage. Das Atomwaffenprogramm war nun nicht mehr nur ein Mittel zur Selbstverteidigung, sondern eine Versicherungspolice gegen den politischen Untergang. Der Koreakrieg hatte in Nordkorea zwar furchtbare Verwüstungen hinterlassen, dennoch war Kim der Konfrontation mit der Supermacht USA mit großem Selbstbewusstsein entstiegen. Geschickt spielte er seine beiden Verbündeten, die Sowjetunion und die Volksrepublik China, gegeneinander aus und sicherte sich großzügige Wirtschaftshilfe von beiden Seiten. Das Ergebnis war der rasche Aufbau einer Schwerindustrie und ein Lebensstandard, der dem südkoreanischen anfangs zumindest ebenbürtig war.

Doch während Südkorea seit den Siebzigerjahren einen beeindruckenden Wirtschaftsaufschwung erlebte und die Transformation in eine moderne Industriegesellschaft schaffte, stagnierte die Wirtschaft Nordkoreas. Der Zusammenbruch der Sowjetunion beraubte Nordkorea seines wichtigsten Verbündeten, und auch die Volksrepublik China war bald mehr am Ausbau der Wirtschaftsbeziehungen zu Südkorea als am Schicksal des kleinen Verbündeten interessiert. Die Kluft zwischen Nord und Süd wurde von Jahr zu Jahr größer; das Pro-Kopf-Einkommen der Südkoreaner ist heute 18 Mal so hoch wie das der Landsleute im Norden. Die deutsche Wiedervereinigung schürte in Ostasien Erwartungen, dass Nordkorea ebenso wie die DDR auf der Schutthalde der Weltgeschichte landen und die Vereinigung Koreas unter der Führung des zunehmend demokratischen Südkoreas zustande kommen würde.

Tatsächlich kam es in dieser Phase zu einer Annäherung, von der sich Pjöngjang südkoreanische und japanische Hilfe für seine marode Wirtschaft erhoffte. Als Zugeständnis ließ man 1992 erstmals Inspektoren der IAEO zu den Atomanlagen in Yongbyon. Kim kannte nicht deren technische Möglichkeiten, Verstöße gegen den Atomwaffensperrvertrag zu erkennen. So fanden die Inspektoren bald handfeste Beweise, dass Nordkorea genügend Plutonium aus den atomaren Brennstäben isoliert hatte, um eine Hand voll Atombomben zu bauen. Kim stoppte daraufhin die Inspektionen und kündigte im März 1993 den Austritt aus dem Atomwaffensperrvertrag an. Da Nordkorea gleichzeitig Raketen mit mehreren 1000 Kilometern Reichweite entwickelte, stellte dies eine unmittelbare Bedrohung für die ganze Region dar.

Die Regierung von US-Präsident Bill Clinton reagierte mit ungewöhnlicher Härte und war 1994 nahe daran, Nordkorea militärisch anzugreifen.

Doch das wäre für Südkorea ein gewaltiges Risiko gewesen: Die Hauptstadt Seoul liegt wenige Kilometer von der Waffenstillstandslinie entfernt, noch dazu im Schussfeld der nordkoreanischen Artillerie. Ob es die Drohungen aus Washington oder die diplomatische Mission des ehemaligen US-Präsidenten Jimmy Carter war, die Pjöngjang zum Einlenken bewegte, ist unklar. Jedenfalls schlossen die USA und Nordkorea im Oktober 1994 eine Vereinbarung, in der sich Kim zum Stopp der Kernwaffenproduktion verpflichtete. Die Clinton-Regierung erklärte sich im Gegenzug bereit, den Bau von zwei Leichtwasserreaktoren zu finanzieren, die kein waffenfähiges Material abwerfen würden. Bis zur Fertigstellung dieser Anlage durfte Nordkorea kostenlos eine halbe Million Tonnen Heizöl im Jahr von den USA beziehen.

Inmitten der Verhandlungen starb im Sommer 1994 Kim Il Sung, sein Sohn Kim Jong Il übernahm nun schrittweise die Macht. Trotz zahlreicher Verstimmungen und Krisen in den nächsten Jahren ging die Clinton-Regierung davon aus, dass sich Pjöngjang grundsätzlich an die Vereinbarungen hielt. Der neue südkoreanische Präsident und frühere Dissident Kim Dae Jung suchte mit seiner »Sonnenscheinpolitik« eine Annäherung an Nordkorea, die in seinem Treffen mit Kim Jong Il im Juni 2000 in Pjöngjang seinen Höhepunkt fand. Einige Monate später besuchte auch US-Außenministerin Madeleine Albright Pjöngjang, während Kim Dae Jung mit dem Friedensnobelpreis ausgezeichnet wurde. Die Gefahr eines atomar bewaffneten Nordkoreas schien gebannt.

Die US-Republikaner hatten weitaus weniger Vertrauen in Nordkoreas Paktfähigkeit, weshalb sich die Beziehungen nach dem Amtsantritt von George W. Bush rasch verschlechterten. Pjöngjang reagierte empört, als Bush im Januar 2002 das Land gemeinsam mit Irak und Iran zur »Achse des Bösen« erklärte, und beobachtete mit Sorge den militärischen Aufmarsch gegen den Irak. Im Oktober 2002 konfrontierte die Bush-Regierung Nordkorea mit Hinweisen auf ein illegales Urananreicherungsprogramm, erklärte das Abkommen von 1994 für obsolet und brach die Heizöllieferungen an Nordkorea ab. Pjöngjang verkündete daraufhin den Austritt aus dem Atomwaffensperrvertrag, warf die Inspektoren der IAEO aus dem Land und nahm die 1994 eingefrorene Anreicherung von Plutoniumbrennstäben in Yongbyon wieder auf.

Immer noch ließ Nordkorea die Welt im Unklaren, wie weit der Bau von Kernwaffen wirklich gediehen sei. Erst im Februar 2005 gab ein Regie-

rungssprecher bekannt, dass das Land über einsatzbereite Atomspreng-
köpfe verfüge. Doch auch dieses öffentliche Bekenntnis lässt manche Fragen offen. Viele Experten sind überzeugt, dass Nordkorea blufft und von
einem funktionierenden Waffenprogramm noch weit entfernt ist. Andererseits hat Nordkorea wichtige Komponenten vom internationalen
Schmuggelnetzwerk des pakistanischen Atomwissenschaftlers Abdul Kadir
Khan erhalten und könnte dadurch seinem Ziel deutlich näher gekommen
sein.

Angesichts dieser Mischung aus Bedrohung und Unwissen wirkt die
Politik der USA unentschlossen und zweideutig. Die Bush-Regierung verurteilt zwar Nordkorea bei jeder Gelegenheit und stellt den Wunsch nach
einem Regimewechsel in den Raum, schreckt aber vor konkreten militärischen Drohungen zurück. Sie kommt der Forderung Pjöngjangs nach direkten bilateralen Gesprächen nicht nach und setzt stattdessen auf multilaterale Verhandlungen unter Einbindung von Südkorea, Japan, China und
Russland. Diese Sechser-Gespräche brachten keine Annäherung und wurden von Pjöngjang schließlich abgebrochen. Südkorea und Japan setzen
trotz der Verschärfung des US-Kurses die unter Clinton begonnene Entspannungspolitik fort, die in vieler Hinsicht der deutschen Ostpolitik der
Siebzigerjahre ähnelt. Für minimale humanitäre Zugeständnisse wie vorübergehende Familienzusammenführungen erhält Nordkorea massive
Wirtschaftshilfe und Investitionen. Gleichzeitig experimentiert Pjöngjang
mit einigen Wirtschaftsreformen, die bislang allerdings wenig positive
Wirkung gezeigt haben. Wie einst aus der DDR versuchen immer mehr
Menschen aus Nordkorea zu flüchten, zumeist über die Grenze nach
China. Der große Nachbar bietet selbst in seinen ärmeren Nordostprovin-
zen einen Lebensstandard, von dem die hungernden Nordkoreaner nur zu
träumen wagen.

Gegenstrategien

Anders als in den anderen großen weltpolitischen Konflikten spielt
Europa in den Beziehungen zu Nordkorea keine Rolle. Die wichtigen Spie-
ler sind die USA, China sowie Südkorea und Japan, die zumeist an einem
Strang ziehen. Alle verfolgen das gleiche Ziel, ein nuklear bewaffnetes

Nordkorea zu verhindern, denn auch für China würde dies einen Verlust an Sicherheit bedeuten. In allen darüber hinaus gehenden Fragen jedoch und vor allem in der grundsätzlichen Vorgehensweise liegen diese drei Parteien meilenweit auseinander.

Die Volksrepublik China betrachtet sich als Schutzmacht Nordkoreas und wertet die aggressive Politik der USA als Angriff auf ihre eigenen Interessen. Sie wünscht sich aber, dass Nordkorea dem eigenen Beispiel folgt und durch Wirtschaftsreformen die gefährdete politische Ordnung im Land stabilisiert. Wie die Eltern eines missratenen Kindes versucht die Führung in Peking, Nordkorea durch sanften Druck zur Besserung zu bewegen, lehnt aber jede Einmischung von außen empört ab.

Den Regierungen von Südkorea und Japan ist die chinesische Politik viel zu zögerlich, aber auch sie setzen auf eine Strategie der Anreize und Konzessionen. Sie machen sich über die Brutalität und Gefährlichkeit des Regimes in Pjöngjang keine Illusionen, betrachten es aber als verängstigtes Raubtier, dessen Handlungen in erster Linie durch das Gefühl der eigenen Bedrohung bestimmt werden. Kim und seine Generäle, so die Überlegung, fühlen sich von innen und von außen bedroht – von innen durch die andauernde Wirtschaftskrise und die Schwierigkeiten, eine totalitäre Kontrolle im 21. Jahrhundert aufrechtzuerhalten, von außen durch die beständigen Drohungen aus den USA. Alles, was Kims Nerven beruhigt und ihm die Angst nimmt, das Schicksal Erich Honeckers zu erfahren oder gar das des rumänischen Diktators Nicolae Ceaucescu, der in der Revolution von 1989 gemeinsam mit seiner Frau erschossen wurde, trägt in den Augen Südkoreas und Japans zur Sicherheit in Ostasien bei.

Dazu kommt in Südkorea – und in abgeschwächter Form auch in Japan – die Angst vor den finanziellen Kosten eines plötzlichen Kollapses. Offiziell verfolgt Südkorea das Ziel der Wiedervereinigung und hat sogar ein Ministerium dafür eingerichtet. Aber ähnlich wie die Bundesrepublik in den Achtzigern betrachtet die südkoreanische Elite die Vereinigung als ferne Zukunftsvision und schreckt vor ihr wegen der befürchteten hohen Kosten sogar bewusst zurück. In Seoul beobachtet man genau, wie das wesentlich reichere Deutschland die Integration der DDR immer noch nicht verkraftet hat, und man weiß, dass die ökonomische Kluft auf der koreanischen Halbinsel noch viel größer ist. Wie einst die Verfechter der deutschen Ostpolitik hoffen Kim Dae Jung und sein Nachfolger Roh Moo Hyun, durch einen allmählichen Ausbau der Wirtschaftsbeziehungen das harte Regime im Norden so langsam aufzuweichen, dass es zwar zu einer Annäherung, aber nicht zu einem plötzlichen Zusammenbruch kommt. Das trifft sich mit den Interessen Nordkoreas, das möglichst viele wirtschaftliche Konzessionen erhalten möchte, ohne den Weg echter Reformen einschlagen zu müssen, die das Regime destabilisieren könnten. Beide Staaten auf der koreanischen Halbinsel wollen den Status quo möglichst lange aufrechterhalten.

Für die USA ist diese Haltung eine doppelte Form des Appeasements: einerseits die Beschwichtigung eines potenziellen Aggressors, der jede Konzession zum Anlass nimmt, um noch einen Schritt weiter zu gehen, andererseits die Tolerierung eines Menschen verachtenden Regimes im Namen eines wahrscheinlich fragilen Friedens. Ein reformiertes kommunistisches Regime nach dem Vorbild Chinas oder Vietnams, wo Marktwirtschaft und Diktatur nebeneinander existieren, würden die USA akzeptieren. Der Status quo aber sei nicht nur strategisch, sondern auch moralisch unakzeptabel, meint man in Washington. Ein Regimewechsel in Nordkorea sei früher oder später ohnehin nicht zu vermeiden, weshalb man diesen lieber fördern als behindern solle. Wenn Kim Jong Il das Atomwaffenprogramm als eine Garantie des Überlebens betrachte, müsse man umso stärker versuchen, ihn von diesem Weg abzubringen. Aus der Sicht der Republikaner ist der Versuch der Clinton-Regierung, dem Regime die nukleare Option durch Konzessionen abzukaufen, gescheitert. Kim Jong Il und seine Generäle hätten die Nachgiebigkeit des Westens ausgenutzt, um noch schneller ans Ziel einer funktionierenden Atombombe zu gelangen. Nur eine Politik der Härte und der ständigen Drohungen könne ein nukleares Nordkorea in Schach halten.

Möglicherweise aber wird die nukleare Karte von beiden Seiten ganz anders eingesetzt, als es scheint. Vielleicht geht es Nordkorea weniger um den tatsächlichen Bau einer Atombombe als um die Drohung mit diesem Szenario. Seit Anfang der Neunzigerjahre dient die nukleare Option als Ersatz für die schwindende Beistandsbereitschaft der früheren kommunistischen Verbündeten und gibt dem Regime ein Maß an internationaler Aufmerksamkeit, das es sonst nie erhalten würde. Nach Meinung des konservativen Ostasienexperten Nicholas Eberstadt vom American Enterprise Institute verwendet Nordkorea ganz bewusst die Drohung mit regionaler

Instabilität und atomarer Aufrüstung, um sich Geldmittel für seine schwer kranke Wirtschaft zu erpressen. Indem Nordkorea ständig die Vereinbarungen bricht, handelt es wie ein Entführer, der Lösegeld kassiert und dennoch seine Geisel nicht freigibt, um weitere Zahlungen zu erzwingen. Eberstadts Schlussfolgerung lautet, dass man Nordkorea nicht länger nachgeben solle. »Appeasement ist bei Hitler gescheitert, und es wird bei Kim Il Sung nicht funktionieren«, schreibt er in einem Kommentar in *Time* am 21. Juni 2004.

Aber auch die USA spielen nach Meinung mancher Beobachter mit falschen Karten. In einem Aufsehen erregenden Artikel in *Foreign Affairs* im Januar 2005 behauptet der liberale Asienexperte Selig Harrison, dass die Bush-Regierung den Nordkoreanern mit ihrem Vorwurf, sie hätten die Vereinbarungen von 1994 gebrochen, Unrecht tue. In diesem Abkommen sei es nämlich um das nordkoreanische Plutoniumprogramm gegangen. Die Beweise der Bush-Regierung würden sich hingegen auf die Herstellung von niedrig angereichertem Uran beziehen, das für die Waffenherstellung nicht unbedingt geeignet und daher auch unter dem Atomwaffensperrvertrag erlaubt sei. Die Produktion von hoch angereichertem Uran ergebe für Nordkorea keinen Sinn, weil es bereits die technischen Voraussetzungen für die Herstellung von Plutonium besitze, argumentiert Harrison. Nordkorea sei es demnach in den Neunzigerjahren weniger um den Bau von Atombomben gegangen als um einen autonomen Brennstoffkreislauf, so wie ihn auch der Iran für sich beansprucht. Erst die massiven US-Drohungen und die Einstellung der Heizöllieferungen hätten Pjöngjang den Anstoß gegeben, das weitaus gefährlichere Plutoniumprogramm wieder aufzunehmen und den Weg der Verhandlungen zu verlassen. Nach Harrisons Meinung habe die Bush-Regierung all dies genau gewusst. Er weist darauf hin, dass sie niemals konkrete Beweise für ihre Behauptungen vorgelegt habe. Die amerikanische Überreaktion sei dazu gedacht, die von Clinton eingeschlagene Politik des Engagements zu beenden und die Annäherung zwischen Nord- und Südkorea zu sabotieren. Dies habe die deutlich größere Gefahr einer nordkoreanischen Plutoniumbombe wieder belebt.

Der Artikel hat heftige Reaktionen von Regierungsvertretern hervorgerufen, die Harrison vorwerfen, die nordkoreanische Gefahr herunterzuspielen und die Vertragsbrüchigkeit zu rechtfertigen. Aber Tatsache bleibt, dass die USA bislang keinen überzeugenden Weg aufgezeigt haben, wie

Nordkorea von seinem nuklearen Kurs abgebracht werden könnte. Die militärische Karte ist unrealistisch. Nordkorea ist bis zu den Zähnen bewaffnet und könnte die Millionenstadt Seoul in kurzer Zeit in Schutt und Asche legen. Auch eine Konfrontation mit China wäre zumindest möglich. Schon deshalb muss die westliche Politik auf diplomatische Mittel beschränkt bleiben.

Ob in den Verhandlungen Anreize oder Druck mehr nützen, lässt sich nicht mit letzter Sicherheit voraussagen. Aber wenn in der Psychologie des Kim-Regimes die Angst vor dem eigenen Untergang im Vordergrund steht, dann ist eine Drohkulisse, wie sie die USA aufzubauen versuchen, sicherlich der falsche Weg. Je weniger sich das Regime in Pjöngjang sich von außen bedroht fühlt, desto weniger aggressiv wird es agieren. Die »Achse des Bösen«, der »Vorposten der Tyrannei« – all diese Etiketten sind letztlich leere Worte, die bloß zur Verschärfung der Krise beitragen. Amerikas Hitler-Syndrom erweist sich gegenüber dem Diktator von Pjöngjang als besonders kontraproduktiv.

Gerade der Irakkrieg dürfte Kim Jong Il in seiner Überzeugung bekräftigt haben, dass sich die USA nur durch den Besitz von Atomwaffen abschrecken lassen. Saddams größter Fehler wäre demnach gewesen, nicht rechtzeitig seine eigene Bombe gebaut zu haben. Um Kim Jong Il zum Verzicht von Kernwaffen zu überreden, müsste er sicher sein, nicht das Ziel eines amerikanischen Angriffs zu werden – etwa durch eine formelle Sicherheitsgarantie oder einen Nichtangriffspakt mit Washington. Genau das fordert Pjöngjang schon seit Jahren, doch die USA wehren sich beharrlich dagegen. Washington will militärische Maßnahmen gegen die Diktatur von Pjöngjang auf keinen Fall ausschließen, weil man befürchtet, dass ein Vertrag mit Nordkorea als Propagandasieg des Kim-Regimes ausgelegt werden würde.

Aber wäre Kim tatsächlich zu inneren Reformen bereit und würde dadurch das Ziel eines Regimewechsels in greifbare Nähe rücken, wenn die US-Politik ihren Kurs änderten und Kim sich sicherer fühlen würde? Eine spekulative Frage, aber ganz ausgeschlossen ist das nicht. Es gibt zwar keine Anzeichen für eine Opposition oder sogar nur eine Zivilgesellschaft in Nordkorea, doch gerade die Ereignisse von 1989 haben gezeigt, wie schnell Unterdrückungsregime implodieren können, sobald etwas in Bewegung kommt.

Die militärischen Risiken eines konzilianten Weges sind recht gering. Zwar definiert sich Nordkorea immer noch als einziger legitimer Vertreter des koreanischen Volkes und betrachtet Südkorea als amerikanische Besatzungszone. Das Ziel der Wiedervereinigung – friedlich oder mit Gewalt – bleibt offizielle Staatsdoktrin. Doch die Vorstellung, dass das bankrotte Nordkorea durch Eroberung oder militärische Erpressung eine solche Wiedervereinigung unter seiner Führung durchsetzen könnte, ist äußerst unrealistisch. Daher könnte auch der Westen grundsätzlich mit einem atomar bewaffneten Nordkorea leben – wenn auch ungern.

Die Gegenargumente gegen allzu große Zugeständnisse ergeben sich eher aus der politischen Moral. So sieht es zumindest der frühere tschechische Präsident Václav Havel, der den Südkoreanern angesichts der Zustände in den nordkoreanischen Gefangenenlagern und der entsetzlichen Armut Appeasement vorwirft. Die demokratischen Staaten »müssten klarstellen, dass sie keine Zugeständnisse an einen totalitären Diktator machen werden«, schrieb Havel im Juni 2004 in der *Washington Post*. »Sie müssen erklären, dass Respekt für grundlegende Menschenrechte einen integralen Teil jeder zukünftigen Diskussion mit Pjöngjang darstellt. Entschlossenheit, Beharrlichkeit und Verhandlungen aus einer Position der Stärke sind das Einzige, das Kim Jong Il und Männer wie er verstehen.«

Die Verteidigung des Status quo in der vielleicht grausamsten Diktatur der Welt kann tatsächlich nicht das Ziel des Westens sein. Ebenso wie einst in der DDR deutet die wachsende Zahl von Nordkoreanern, die über die Grenze nach China flüchten, auf eine innere Destabilisierung des Regimes hin. Je schlechter die wirtschaftliche Lage in Nordkorea wird, desto mehr sieht sich der Westen gefordert, sich für eine Demokratisierung des Landes einzusetzen. Und das ist auch richtig. Doch das Problem ist, dass ein Regime wie dieses gerade in Phasen der Veränderung besonders gefährlich werden kann – indem es eine wachsende Flucht- oder Protestbewegung mit besonderer Brutalität niederschlägt oder durch eine Eskalation mit Südkorea innere Unruhen in einen äußeren Konflikt umzuleiten versucht. Gerade deshalb wäre es wichtig, den Weg zur nuklearen Bewaffnung abzuschneiden. Wenn dies weitere politische und wirtschaftliche Zugeständnisse fordert, dann sollten die USA über ihren Schatten springen und sich dazu bereit erklären.

Die Hauptschwierigkeit bei der Formulierung einer sinnvollen Nord-korea-Strategie ist das mangelnde Wissen über die wahren Vorgänge im In-neren des Landes. Auch die Südkoreaner verstehen die Psychologie des Kim-Regimes nicht gut und erleben dadurch immer wieder böse Überra-schungen. Man kann aber davon ausgehen, dass das Verständnis vor Ort größer ist als in Washington, wo stets die Gefahr besteht, dass falsche histo-rische und politische Analogien zur Anwendung kommen. Nordkorea ist vor allem deshalb so gefährlich, weil es wie ein verängstigtes Raubtier unberechenbar ist. Alles, was die Berechenbarkeit fördert, ist ein Gewinn. Eine Politik, die von der Logik des Hitler-Syndroms bestimmt wird, be-wirkt das Gegenteil.

5. China

Als im Frühsommer 2004 der Erdölpreis über 40 Dollar pro Barrel klet-terte, ging ein Raunen durch die Weltmärkte: Nicht die Terrorangst oder der Irakkonflikt, sondern die massive Nachfrage aus China seien an dem dramatischen Anstieg schuld. Im Dezember des gleichen Jahres verkün-dete der Computerriese IBM den Verkauf seiner einst führenden PC-Sparte an einen chinesischen Konzern. Und kurz vor Jahresende gab China bekannt, dass es mit einem Anstieg des Außenhandels um 30 Prozent zur drittgrößten Handelsnation der Welt aufgestiegen ist – hinter den USA und Deutschland, aber noch vor Japan. Keine Frage: Die Volksrepublik China hat den Sprung zur Wirtschaftsmacht geschafft und könnte, wenn die Wachstumsdynamik anhält, eines Tages sogar die USA überholen.

Für Geostrategen ergeben sich daraus faszinierende, aber auch beunruh-igende Szenarien. Wenn die bevölkerungsreichste Nation der Welt mit einem hohen nationalen Selbstbewusstsein plötzlich eine derartige wirt-schaftliche Macht erringt, dann hat das auch politische Folgen. Der Auf-stieg der Vereinigten Staaten zur größten Industrienation der Welt leitete den Niedergang der europäischen Großmächte ein – wenn auch auf sanfte Weise. Anders verlief der Versuch des Deutschen Reiches, seine wirtschaft-liche Stärke nach 1871 politisch zur Geltung zu bringen: Er mündete in zwei Weltkriege. Der Aufstieg Chinas ist daher längerfristig wahrscheinlich die weitaus größere Herausforderung für den Westen als die Unruhe in der islamischen Welt. Terroristen können vielen Menschen das Leben zur Hölle machen, sie können ein Land erschüttern, seine Existenz aber nicht zerstören. Ein reiches, hochgerüstetes, nationalistisches und aggressives China wäre hingegen ein bedeutender Risikofaktor für Ostasien und möglicherweise für die ganze Welt.

Markt und Macht

Die Chancen für eine solche gefährliche Entwicklung sind derzeit nicht hoch. Die Volksrepublik bleibt ein autoritär geführter Staat, in dem Dissens verboten ist und Regimekritiker unbarmherzig verfolgt werden. Die Lage der Menschenrechte ist erbärmlich, der Rechtsstaat eine Farce. Doch wer sich an die bestehenden Regeln hält, bleibt von der Staatsgewalt verschont. Die kommunistische Partei hat sich von ihrem früheren totalitären Gedankengut fast vollständig gelöst und stellt heute eine pragmatische Elite dar, die nur nach Machterhalt und Reichtum strebt. China verdankt seine wirtschaftliche Stärke der Einführung der Marktwirtschaft und der Einbindung in den Welthandel. Es wird daher nichts unternehmen, was dieses Geschäft stören kann. Letztlich hat das chinesische Wirtschaftswunder in den vergangenen Jahren Millionen von Familien zu etwas Wohlstand und einem bürgerlichen Leben verholfen. Sie genießen heute mehr Freiheiten als je zuvor in der chinesischen Geschichte. Vielen ist das deutlich mehr wert als eine unzensierte Presse.

Für die USA und Europa ist China seit mehr als 20 Jahren ein hoffnungsvoller Markt und seit kurzem auch ein entscheidender Faktor für die Weltwirtschaft. Daher bestimmen in allen Staaten geschäftliche Interessen die China-Politik und lassen die Frage der Menschenrechte zunehmend in den Hintergrund rücken. Selbst nach der brutalen Niederschlagung der Studentenproteste auf dem Platz des Himmlischen Friedens im Juni 1989 kehrten die westlichen Regierungen rasch zur Tagesordnung zurück. Zwar setzen sie sich gelegentlich für einzelne Dissidenten ein, doch Themen wie die Unterdrückung der Tibeter, die Verfolgung der Falun-Gong-Sekte, die Zwangsarbeiterlager oder die erschreckend hohe Zahl von Hinrichtungen werden Menschenrechtsgruppen überlassen. Diese beklagen immer wieder die fehlende politische Moral und fordern von den Regierungen eine härtere Haltung gegenüber dem KP-Regime.

Doch es lässt sich gut argumentieren, dass es wenig nützt, Chinas Menschenrechtspolitik allzu offen an den Pranger zu stellen. Die Volksrepublik hat in den vergangenen 15 Jahren eine tief greifende Liberalisierung erlebt, und viele der Forderungen der Demokratiebewegung von 1989 – Bewegungsfreiheit, Gewerbefreiheit, sogar ein gewisses Ausmaß von Gedankenfreiheit – wurden erfüllt. Nur das politische Machtmonopol ist bei der kommunistischen Partei geblieben. Wer dieses nicht offen infrage stellt, hat gute Chancen, in Ruhe gelassen zu werden. Dieser politische Wandel ist eng mit dem phänomenalen wirtschaftlichen Aufschwung der vergangenen Jahre verknüpft, und dieser wiederum wurde nicht nur durch interne Reformen, sondern auch durch das Wachstum des Außenhandels und die Milliarden von Auslandsinvestitionen gefördert, die nach China hereinströmen. Alles, was diese wirtschaftliche Entwicklung hemmt, verringert die Chance auf einen politischen Aufbruch. Eine Isolierung Chinas im Namen der Menschenrechte könnte mittelfristig der Sache der Menschenrechte in diesem Land eher schaden als nützen. Das haben die USA erkannt, als sie Ende der Neunzigerjahre auf die Kopplung von Handelszugeständnissen an die Menschenrechtslage verzichteten und den Weg für einen Beitritt Chinas zur Welthandelsorganisation (WTO) im Jahr 2001 frei machten. Auch Chinas unterdrückte Opposition dürfte von dieser Entwicklung profitiert haben.

Die gesellschaftlichen Veränderungen in der Volksrepublik scheinen in vieler Hinsicht dem Vorbild von Taiwan und Südkorea zu folgen. Diese beiden Staaten wurden bis Ende der Achtzigerjahre ebenfalls autoritär regiert, von einer Einparteiendiktatur in Taiwan und einem Militärregime in Südkorea. Der wirtschaftliche Erfolg schuf die Grundlagen für den politischen Wandel. Eine wachsende und zunehmend selbstbewusste Mittelschicht forderte die Diktatur heraus und setzte zuerst eine Liberalisierung, dann eine echte Demokratisierung durch. In China dürfte eine solche Entwicklung allerdings auf weitaus größere Hindernisse stoßen. Die kommunistische Partei dürfte zu einem Machtverzicht weitaus weniger bereit sein als die Kuomintang in Taiwan oder Südkoreas Generäle. Die Pekinger Führung sieht sich jenseits jeglicher Ideologie als Garant für den Zusammen-

halt des riesigen Reiches und würde allein schon deshalb auf jede Bedrohung ihrer Autorität mit Härte reagieren. Wirtschaftliche Entwicklung
führt nicht automatisch zu Demokratie. Das zeigt der Stadtstaat Singapur,
dessen autoritäre Regierung allerdings von den Bürgern akzeptiert wird.

Doch genauso gut ist es möglich, dass in China eine wieder erwachte
Demokratiebewegung und eine reformunwillige Staatsführung aufeinander stoßen. In einem solchen Konflikt wäre der Westen gefordert, Stellung
zu beziehen – auch auf die Gefahr hin, den Zorn der Führung zu erregen.
Eine gewalttätige Niederschlagung der Opposition wie 1989 würde all jene
demokratischen Staaten, die mit China enge wirtschaftliche Beziehungen
pflegen, in ein schweres Dilemma stürzen und wahrscheinlich einen Keil
zwischen verschiedene westliche Staaten treiben. Sollten die über die Jahre
aufgebauten politischen Kontakte und Wirtschaftsbeziehungen in diesem
Fall eingefroren werden, und wenn ja, für wie lange? Oder sollten die Ein-
flussmöglichkeiten auf China erhalten bleiben, um das Land möglichst
rasch wieder auf einen liberaleren Kurs zu führen. Die Erfahrungen nach
dem Juni 1989 haben gezeigt, dass die Volksrepublik auf Anreize besser reagiert als auf Druck und Drohungen.

Taiwan

China hat in den vergangenen Jahren eine vorsichtige, konservative
und oft konstruktive Außenpolitik verfolgt. Für einen aggressiven Kurs gegenüber den Nachbarn gab es trotz wachsender militärischer Stärke wenig
Anzeichen. Ein heikler Punkt ist der Streit um die Spratly-Inseln im süd-
chinesischen Meer, wo große Öl- und Gasvorkommen vermutet werden
und China seine Ansprüche gegen die Philippinen, Vietnam und Taiwan
auch mit militärischen Mitteln durchzusetzen versucht. Doch dies sind lokale Konflikte, die relativ leicht geregelt werden können.

Das große Fragezeichen sind die Beziehungen zu Taiwan, das Peking
nicht als eigenen Staat, sondern als abtrünnige Provinz betrachtet. Nach
dem Sieg der Kommunisten 1949 flüchteten die Nationalisten der Kuomintang unter Chiang Kai-shek auf die Insel und richteten dort unter
amerikanischem Schutz eine westlich orientierte Diktatur ein, die – ebenso
wie die Volksrepublik – den Anspruch auf ganz China aufrechterhielt und

sich daher immer noch als Teil Chinas definierte. Nach Jahren der militärischen Konfrontation akzeptierte Peking zunehmend die faktische Eigenständigkeit Taiwans und suchte Handelsbeziehungen und Investitionen. Doch als Taiwan in den Neunzigerjahren unter Lee Teng-hui demokratisch wurde, verschärfte sich der Konflikt erneut. Denn eine junge Generation von Taiwanesen will sich nicht mehr als Teil Chinas sehen, sondern strebt auch formell die Unabhängigkeit an; ihre demokratischen Volksvertreter möchten zumindest als gleichberechtigte Partner gegenüber Peking auftreten. Der alte Alleinvertretungsanspruch der Kuomintang war für die Führung in Peking noch akzeptabel, Taiwans Streben nach Unabhängigkeit ist es allerdings nicht, weil es die territoriale Integrität des chinesischen Staates infrage stellt. Deshalb reagiert Peking mit massiven Drohungen auf alle Unabhängigkeitstendenzen und lässt keinen Zweifel daran, dass es auf eine Unabhängigkeitserklärung mit Waffengewalt reagieren würde.

Die meisten Regierungen akzeptieren das Ein-China-Prinzip, und selbst die USA unterhalten seit 1979 keine vollen diplomatischen Beziehungen zu Taiwan. Gleichzeitig aber sieht sich Washington als engster militärischer Verbündeter des Inselstaates und versorgt dessen Armee mit genügend modernen Waffen, um China effektiv abzuschrecken. Der vom US-Kongress erlassene »Taiwan Relations Act« verpflichtet die USA im Falle eines Angriffs auf Taiwan zur Hilfeleistung. Mehr als 20 Jahre ließen alle US-Regierungen die Frage offen, ob sie sich daran gebunden fühlen, erst George W. Bush gab in einem entscheidenden Kurswechsel kurz nach seinem Amtsantritt eine Art von Sicherheitsgarantie ab. Trotzdem wirken die USA weiterhin auf die Taiwanesen ein, die Volksrepublik nicht durch unbedachte Schritte in Richtung Unabhängigkeit zu provozieren.

In Wirklichkeit ist Taiwan nach mehr als fünf Jahrzehnten eigenständiger Entwicklung de facto unabhängig. Selbst nach einer vollständigen Demokratisierung Chinas wäre eine Wiedervereinigung unwahrscheinlich, denn dafür haben sich beide Gesellschaften zu sehr auseinander entwickelt. Der unbedingte Anspruch Pekings auf Taiwan passt nicht in die moderne Zeit, sondern ist das Symptom eines irredentistischen Nationalismus, der eine idealisierte territoriale Integrität über das Recht auf Selbstbestimmung stellt. Der Hinweis auf die Wunden, die China durch die Kolonialisierung erlitten habe, ist hier unangebracht: Taiwan war zwar ab 1895 japanische Kolonie, aber heute ist es keine fremde Macht, sondern der Wille der Bevölkerung, der Taiwans Eingliederung verhindert. Die USA haben zwar die Rolle einer Schutzmacht übernommen, betrachten Taiwan aber längst nicht mehr als strategisches Interessensgebiet. Und gegenüber Tibet, das China seit 1950 unter völkerrechtlich und historisch fadenscheinigen Gründen besetzt hält, agiert es selbst als besonders brutale Kolonialmacht. Jede Regung nationaler und religiöser Selbstbestimmung wird dort unterdrückt, zahlreiche Kulturgüter werden im Namen des Fortschritts zerstört, und ein massiver Bevölkerungstransfer von Han-Chinesen in die Provinz droht die Tibeter zumindest in ihrer Hauptstadt Lhasa zur Minderheit zu machen.

Die Beziehungen zwischen China und Taiwan stellen eine seltsame Mischung aus wirtschaftlicher Verflechtung und politischen Spannungen dar. Taiwanesische Unternehmen sind die größten Investoren auf dem Festland, der Warenaustausch wächst rasant. Immer noch gibt es kaum direkte Flüge, weil man sich über die Statusfragen nicht einigen kann, aber die Verkehrsverbindungen werden allmählich besser. Gleichzeitig rüsten beide Seiten seit Jahren auf. 1995 und 1996 unternahm China groß angelegte Manöver vor der Küste Taiwans und zielte mit unbewaffneten Raketen auf die wichtigsten Häfen der Insel. Seither ist auf der militärischen Ebene wieder Ruhe eingekehrt. Dafür aber nehmen die politischen Drohgebärden von Jahr zu Jahr zu. Taiwan bewegt sich in Richtung Unabhängigkeit, während China seinen Anspruch immer lauter erhebt. Im März 2005 verabschiedete der chinesische Volkskongress ein Sezessionsgesetz, das für den Fall der offiziellen Abspaltung Taiwans einer Militäraktion zur Eroberung der Insel die rechtliche Grundlage liefert. Ein einziges Missverständnis, so die Angst mancher Beobachter, könnte einen bewaffneten Konflikt auslösen.

Ein militärischer Konflikt zwischen einem autoritären China und einem demokratischen Taiwan würde den Westen, und vor allem die USA, in ein furchtbares Dilemma stürzen. Wenn Amerika Taiwan zu Hilfe eilt, könnte dies in einen Krieg zwischen zwei nuklear bewaffneten Großmächten münden. Doch Taiwan sich selbst zu überlassen wäre ein Akt der politischen Feigheit, für den sich die Welt noch Jahrzehnte später schämen müsste. Und es könnte China letztlich ermutigen, sein militärisches Gewicht auch gegen andere Staaten in der Region einzusetzen – etwa gegen Vietnam, mit dem es historische Rivalitäten und Grenzstreitigkeiten gibt, oder in Zentralasien.

Nach Jahren des ungefähren Gleichklangs in der China-Politik hat sich nun zwischen den USA und der EU ein bedeutender Konflikt entwickelt, der die erneute transatlantische Annäherung in der Anfangsphase von Bushs zweiter Amtszeit zu überschatten droht. Es geht um jenes Waffenembargo, das von den USA und den europäischen Staaten als Geste des Protests nach der Niederschlagung der Demokratiebewegung 1989 erlassen worden war. In der EU wird das Embargo zunehmend als Anachronismus betrachtet, der nicht mehr zum Zustand der europäischen-chinesischen Beziehungen passt. Die einzigen anderen Länder, gegen die ein EU-Waffenembargo in Kraft ist, sind Burma und Simbabwe. Deutschland, Frankreich und Großbritannien wollen daher gegen den Widerstand der USA das Embargo beenden und stattdessen einen strikten Verhaltenskodex für Rüstungslieferungen beschließen. Sie bezeichnen dies als einen symbolischen Schritt, der China zufrieden stelle, ohne zu vermehrten Waffenverkäufen zu führen. Frankreich argumentiert aber auch, dass mit eingeschränkten Waffenlieferungen China davon abgehalten werden könnte, offensive Systeme in eigener Regie zu entwickeln. Auch eine engere militärische Zusammenarbeit, so die Überlegung, würde China enger an den Westen binden und die chinesische Politik dadurch berechenbarer machen.

In Washington wird das Waffenembargo hingegen als Bollwerk gegen die chinesische Aufrüstungspolitik und als letzte Möglichkeit betrachtet, die Unterdrückung der Menschenrechte in China zu ahnden. Die Bush-Regierung warnt, dass die Lieferung moderner Waffensysteme an die Volksrepublik Taiwan gefährden oder durch Weiterverkäufe in den Händen von Nordkorea, Iran und anderen »Schurkenstaaten« enden könne. Aber auch Japan und Südkorea, die außenpolitisch sonst meist auf Entspannung setzen, lehnen die Aufhebung des Waffenembargos ab, weil sie ein Wettrüsten in der Region fürchten.

In der Politik des Westens gegenüber China spielt das Hitler-Syndrom eine untergeordnete Rolle; selbst US-Hardliner betrachten die Kommunisten in Peking mehr als Partner denn als Feinde. Sie kritisieren aber mit einer gewissen Berechtigung das fehlende Interesse Europas an der Sicherheit Taiwans. »Es besteht kein Gefühl geteilter Verantwortung für das Schicksal einer kleinen Insel unter Druck von einem riesigen und mächtigeren Nachbarn«, schreibt der US-Kolumnist Richard Bernstein in der *In-*

ternational Herald Tribune vom 21. Januar 2005. »Es wird nicht die Sache
Europas sein, wenn ein demokratisches Taiwan unter dem diplomatischen
und militärischen Druck Chinas gezwungen wird, seine De-Facto-Unab-
hängigkeit aufzugeben.«

Die Zukunft Chinas – und das ist das Hauptproblem – bleibt letztlich
ein einziges großes Fragezeichen für alle politischen Planer. China wird sicherlich reicher sein, wahrscheinlich auch innenpolitisch liberaler oder zumindest komplexer. Aber führt dies zu mehr Friedfertigkeit oder zu mehr
Aggressionspotenzial? »Das China von 2010 oder 2015 mag ein freierer
und demokratischer Platz sein«, so heißt es im britischen *Economist* vom
Februar 2005 in einem Kommentar zum Thema Waffenembargo. »Oder es
wird aggressiver und mit modernen Waffen ausgestattet. Wir wissen, wie
das alte China war, nicht einmal die Europäer wissen, wie das neue China
sein wird.«

Tatsächlich gibt es gewisse Anzeichen dafür, dass China sein wachsen-
des politisches und wirtschaftliches Prestige in der Welt zum Anlass
nimmt, die Taiwan-Frage nach eigenen Vorstellungen zu regeln. Hier besteht eine gewisse Gefahr, dass Europa mit Appeasement reagiert. Ohne
Chinas Nationalstolz zu provozieren, muss der Führung in Peking stattdessen immer wieder klar gemacht werden, dass Taiwan auch ohne die diplomatische Anerkennung seiner Unabhängigkeit ein Partner der westlichen
Staatengemeinschaft ist, dessen Sicherheit ein internationales Anliegen
darstellt. China muss sich bewusst sein, dass eine Verhärtung gegenüber
Taiwan Auswirkungen auf seine Wirtschaftsbeziehungen und damit auf
seine Prosperität haben wird. Die chinesische Führung hat bisher die Grat-
wanderung zwischen wirtschaftlichem Pragmatismus und Nationalismus
elegant gemeistert. Der Westen kann nur hoffen, dass ihr das auch in Zukunft gelingt.

6. Russland

Noch nie in der Geschichte wurde die politische Weltkarte so rasch, so grundlegend und so friedlich verändert wie zwischen dem Mauerfall am 9. November 1989 und der Auflösung der Sowjetunion am 8. Dezember 1991. Weit mehr als die Terroranschläge des 11. September 2001 stellen die Ereignisse dieser beiden Jahre den Epochenbruch unserer Zeit dar und wirken bis heute weiter. Die Geschichte des Ostblocks ist allerdings noch nicht zu Ende. Während die Staaten in Ostmitteleuropa durch die Eingliederung in die Europäische Union ihren Platz in der internationalen Ordnung gefunden haben, suchen Russland und die meisten anderen sowjetischen Nachfolgerepubliken noch immer ihre neue Rolle in der Weltpolitik. Auch dies ist eine Herausforderung für den Westen, deren Schwierigkeiten nicht unterschätzt werden sollten.

Kampf gegen den Terror

Vor allem Russland verharrt seit nunmehr 15 Jahren in einem Übergangsstadium – zwischen Diktatur und Demokratie, Staatswirtschaft und Marktwirtschaft, aggressiver Großmacht und kooperativer Mittelmacht. Die frühen Hoffnungen, dass Russland durch freie Wahlen und wirtschaftliche Schocktherapie unumkehrbar auf den Weg in den Westen geführt werden kann, wurden enttäuscht. All jene Rezepte der Liberalisierung und Privatisierung, die in Ostmitteleuropa mehr oder weniger funktioniert haben, wurden in Russland von verschiedenen Eliten missbraucht – zuerst von den so genannten Oligarchen, die unter Präsident Boris Jelzin die wertvollsten Ressourcen des Landes an sich rissen, und dann von den Kadern der ehemaligen Sicherheitsdienste, die unter Wladimir Putin einen Teil der Vermögen wieder zurückholten. Unter Jelzins Präsidentschaft herrschte bis Ende 1999 relativ viel Freiheit, aber wirtschaftliches Chaos, während Putin dem Land wieder etwas mehr Stabilität und Ordnung brachte, allerdings auf Kosten der demokratischen und bürgerlichen Freiheiten.

Auch die Westbeziehungen Russlands sind zwiespältig geblieben. Moskau hat die enge Kooperation mit den USA und der EU gesucht, bei internationalen Krisen geholfen und den Beitritt nicht nur der ostmitteleuropäischen Staaten, sondern auch der 50 Jahre sowjetisch besetzten baltischen Staaten zur EU und NATO akzeptiert. Gelegentliche Spannungen in außenpolitischen Fragen, etwa über Bosnien und den Kosovo, führten zu keinem tieferen Bruch. Die Empörung des Westens über Menschenrechtsverletzungen in Tschetschenien hielten sich über die Jahre in Grenzen, auch weil die Tschetschenen und ihre Verbündeten aus anderen Kaukasus-Regionen mit brutalen Terrorattacken viele Sympathien verspielten. Die Geiselnahme in der Schule von Beslan im September 2004, der mindestens 344 Menschen – darunter 172 Kinder – zum Opfer fielen, war eine der grausamsten Episoden in der Geschichte des modernen Terrorismus.

Der Amtsantritt von George W. Bush brachte zunächst eine Abkühlung des Verhältnisses, unter anderem weil Bush mit dem ABM-Vertrag über Raketenabwehrsysteme das älteste Ost-West-Rüstungskontrollabkommen aufkündigte. Doch nach dem 11. September wandelten sich Bush und Putin zu engen Verbündeten im Kampf gegen den islamistischen Terror, den beide als größte Bedrohung für ihre Nationen betrachten. Die Anti-Terror-Allianz überdauerte die Meinungsverschiedenheiten hinsichtlich des Irakkriegs, bei dem Russland mit Deutschland und Frankreich eine gemeinsame Ablehnungsfront bildete. So hat sich Russland alles in allem im UNO-Sicherheitsrat, in den G8, der Gruppe der führenden Industriestaaten, und im NATO-Russland-Rat als verlässlicher Partner für den Westen erwiesen.

Putin erhält zunehmend amerikanische Rückendeckung für seinen unbarmherzigen Kampf gegen den tschetschenischen Separatismus, den er als entscheidende Front im Krieg gegen die islamische Gefahr präsentiert. Die Kritik der USA an der russischen Tschetschenien-Politik ist nach dem 11. September 2001 deutlich leiser geworden. Seit dem Massaker von Beslan zieht Bush direkte Parallelen zwischen Al-Qaida und den Tschetschenen.

Im Gegensatz zum US-Präsidenten ist Putin jedoch keineswegs von einem Hitler-Syndrom getrieben, denn er betrachtet den Terror der Tschetschenen nicht als existenzielle Bedrohung für die russische Nation. Seine Tschetschenien-Politik ist das typische Verhalten eines zerfallenden multinationalen Imperiums gegenüber abtrünnigen Randregionen, motiviert von der Furcht, dass deren Unabhängigkeitsbestrebungen auch andere Gebiete zum Aufstand verleiten könnten.

Diese Sorge ist nicht unberechtigt. Tatsächlich haben die tschetschenischen Rebellen in den vergangenen Jahren versucht, den Konflikt mit der Zentralregierung in die benachbarten Kaukasus-Republiken zu tragen. Es war ein Angriff tschetschenischer Rebellen auf das benachbarte, ebenfalls muslimische Dagestan, der im August 1999 den zweiten Tschetschenien-Krieg auslöste. Aber Moskaus Entscheidung zur Entsendung der Armee in das Krisengebiet, aus dem sich die russischen Truppen einige Jahre zuvor zurückgezogen hatten, besaß auch eine starke innenpolitische Komponente: Sie machte Putin, der gerade erst zum Premier ernannt worden war, äußerst populär und katapultierte ihn innerhalb weniger Monate als Nachfolger Boris Jelzins in das Präsidentenamt.

Putin versprach damals, den Widerstand in der rebellischen Republik in kurzer Zeit niederzuschlagen. Die Armee ging mit großer Brutalität und ebenso großer Inkompetenz vor. Die Hauptstadt Grosny wurde fast völlig zerstört, bis zu 80 000 Menschen wurden getötet, darunter eine große Zahl von unbeteiligten Zivilisten. Vom Ziel der Befriedung der Provinz ist der Kreml sechs Jahre danach noch meilenweit entfernt. Die von Russland eingesetzten Statthalter haben keinerlei Rückhalt in der Bevölkerung von Grosny und können keine stabile politische Lösung herbeiführen. Als militärische Kraft sind die Rebellen zwar besiegt, dafür aber haben sie mit den Mitteln des Terrors die Republik praktisch unregierbar gemacht, die gesamte Kaukasus-Region destabilisiert und in Moskau durch mehrere spektakuläre Attentate und Geiselnahmen das tägliche Leben der Menschen gefährdet.

So grausam der tschetschenische Terror auch ist, er kann nur im Zusammenhang mit jenem Leid verstanden werden, das die russische Armee seit 1999 den Tschetschenen zufügt. Auf sie passt das Bild des Bienenschwarms, der durch das militärische Vorgehen der Moskauer Regierung erst zu jener Gewalt angestachelt wurde, die der Krieg eigentlich hätte verhindern sollen. Doch trotz der zahlreichen Aufforderungen aus dem Ausland weigert sich Russland nach wie vor, mit legitimen politischen Vertretern der Tschetschenen zu verhandeln. Präsident Aslan Maschadow wurde 1997 demokratisch ins Amt gewählt, zwei Jahre später beim Einmarsch der russischen Truppen in den Untergrund getrieben und im März 2005 schließlich von einem Sonderkommando erschossen. Er hatte sich von den Gräueltaten tschetschenischer Extremisten sowie der Geiselnahme von

Beslan distanziert und bis zuletzt eine Verhandlungslösung mit Moskau gesucht. Doch der Kreml stellte ihn als Terroristen hin, mit dem es keine Gespräche geben könne. Russlands Strategie besteht darin, ohne Rücksicht auf Menschenrechte und Opferzahlen den tschetschenischen Bienenschwarm auszuräuchern und die Existenz eines politischen Konflikts schlichtweg zu negieren. Solch eine Politik kann nur eine autoritäre Regierung verfolgen.

Unbehagen

Nicht nur wegen Tschetschenien nimmt im Westen das Unbehagen über Putins Kurs neuerdings wieder zu. Die Schaffung einer von oben gesteuerten Pseudo-Demokratie, die Unterdrückung der meisten unabhängigen Medien, die Missachtung des Rechtsstaates bei der Zerschlagung des Ölkonzerns Yukos und der Inhaftierung seines unbequemen Gründers Michail Chodorkowskij sowie die anhaltenden Menschenrechtsverletzungen in Tschetschenien legen nahe, dass Putin ein autoritärer Staat mit kapitalistischen Zügen vorschwebt – eine Art chinesisches Modell oder eine Sowjetunion ohne Planwirtschaft. Die Nagelprobe für Putins Bekenntnis zu den demokratischen Spielregeln wird sein, ob er sich 2008 an die Verfassung hält und auf eine dritte Amtszeit verzichtet oder einen Grund sucht, seine derzeit noch populäre Herrschaft zu verlängern. Das wäre zwar eine innenpolitisch vergebene Chance für all jene Russen, die für einen freiheitlichen und demokratischen Staat eintreten, aber noch kein Grund für den Westen, Russland als außenpolitische Bedrohung zu betrachten. Für Deutschland oder Frankreich gab es daher auch bisher keinen Anlass, allzu laute Kritik an Putin zu üben oder die wachsenden wirtschaftlichen Beziehungen infrage zu stellen. Gerhard Schröders Beschreibung des russischen Präsidenten als »lupenreinen Demokraten« ist für einen deklarierten Realpolitiker wie den deutschen Kanzler allerdings mehr als gewagt.

Die Lage würde sich jedoch ganz anders darstellen, falls Russland die bestehende Tendenz zur Machtausübung auch außerhalb seiner Grenzen verstärken sollte. Russland hat seinen Anspruch auf die Führungsrolle in der Gemeinschaft Unabhängiger Staaten (GUS), die 1991 aus der Sowjetunion hervorging, de facto nie aufgegeben. Durch Truppenstationierungen und wirtschaftliche Druckmittel, vor allem durch Öl- und Gaslieferungen, mischt Moskau in der Innenpolitik der meisten Staaten in Zentralasien, dem Kaukasus und den Grenzregionen zur erweiterten EU mit. Dabei muss der Kreml hin und wieder Rückschläge verkraften. In Zentralasien gibt es dank autoritär geführter Einparteienregierungen kaum Probleme. Aber in Georgien kam durch die »Rosenrevolution« im Dezember 2003 der pro-amerikanisch orientierte Michail Saakaschwili an die Macht, und selbst in der abtrünnigen Region Abchasien konnte Moskau seinen Kandidaten nicht durchsetzen. In Weißrussland erweist sich der autoritär regierende Machthaber Alexander Lukaschenko zunehmend als politische und finanzielle Belastung. Vor allem aber ist die Ukraine, die größte und wichtigste Nachbarrepublik, durch den Wahlsieg von Oppositionsführer Viktor Juschtschenko, der erst durch die »orangene Revolution« im Winter 2004 möglich wurde, der Kontrolle Russlands entglitten. Putin setzte alle Mittel ein, um Juschtschenko zu verhindern, und erlitt eine schmerzliche Niederlage. Obwohl sich Putin vorerst mit dem neuen ukrainischen Präsidenten arrangiert, besitzt der Kreml weit reichende Möglichkeiten zur Einmischung und Destabilisierung des Nachbarlandes, die er in den kommenden Jahren unter Umständen nützen wird.

Wird sich Russland damit abfinden können, dass es auch im »nahen Ausland« nur einer von mehreren Spielern ist, dass GUS-Staaten wie die Ukraine oder Georgien die Mitgliedschaft in der NATO oder der EU suchen? Ein solcher Bruch mit vielen Jahrhunderten zaristischer und sowjetischer Großmachtpolitik wäre nicht nur im Interesse der Region, sondern im Interesse Russlands, denn für dessen wirtschaftliche und politische Entwicklung sind imperiale Ambitionen schädlich. Doch die Hinweise häufen sich, dass Putin und andere russische Politiker eine derartige Ausbreitung westlicher Institutionen in der traditionellen Einflusssphäre des Landes nicht akzeptieren werden. Eine Einkreisung durch eine feindliche Allianz gehört zu den Horrorvorstellungen der russischen Geschichte. Und da Russland selbst wegen seiner Größe und seiner transkontinentalen Interessen niemals in der Lage sein wird, in die EU einzutreten, müsste es auf die Dauer hinnehmen, von EU-Staaten oder zumindest von westlich orientierten Ländern, die die EU-Mitgliedschaft anstreben, umringt zu werden. Es wäre daher keine völlige Überraschung, wenn Putin oder seine Nachfolger eines Tages mit militärischen Drohungen oder gar mit Waffengewalt

zum Beispiel die Integration der Ukraine in die Europäische Union zu verhindern suchten.

Dann aber wären die Interessen des Westens tatsächlich direkt berührt
– vor allem jene der Europäer. Die Erweiterung in Richtung Osten und
Südosten mag vielen EU-Bürgern als lästige, unnötige und sogar für den
Zusammenhalt der Union gefährliche Politik erscheinen, und die Begeisterung für eine Aufnahme der Ukraine in die EU ist in Brüssel auch nach
Juschtschenkos Wahlsieg eher verhalten. Aber man darf dabei nicht übersehen, dass diese Erweiterungspolitik den Kern der europäischen Geostra-
tegie darstellt. Durch die Demokratisierung und die Schaffung eines gemeinsamen Wirtschaftsmarktes soll auf dem gesamten Kontinent ein
Friedensraum entstehen, von dem kein Krieg mehr ausgehen kann. Der
EU-Beitritt dient hier einerseits als Anreiz für Reformen, andererseits als
praktisch unvermeidbare Konsequenz für Staaten, die den Reformprozess
im europäischen Sinn vollendet haben.

Diese Strategie ist bisher auf beeindruckende Weise aufgegangen: Vor
allem die finanziellen Verlockungen einer EU-Mitgliedschaft sind so stark,
dass immer mehr Staaten den vom Westen gewünschten Weg der Demokratisierung und freien Marktwirtschaft einschlagen. Der EU-Beitritt von acht
ehemals kommunistischen Staaten im Mai 2004 – darunter Polen und die
drei baltischen Staaten – strahlte rasch auf die Ukraine aus und könnte auch
in anderen ehemaligen Sowjetrepubliken die autoritären politischen Strukturen aufbrechen. Sollte Russland je versuchen, eine Demokratiebewegung
in einem Nachbarstaat niederzuschlagen, wäre dies die größte Herausforderung für die europäische Politik seit dem Krieg in Jugoslawien. Und wie
könnte man darauf angemessen reagieren? Sollte Europa dies als Kriegserklärung betrachten und mit harten Gegenmaßnahmen – Wirtschaftssanktionen, einem Einfrieren der politischen Kontakte und der direkten Unterstützung für die unterdrückten Demokraten – reagieren und dadurch eine
neue Eiszeit in den Ost-West-Beziehungen riskieren? Oder sollte man erneut
der Realpolitik den Vorrang einräumen und einer Konfrontation mit der
nach der Anzahl der Sprengköpfe größten Atommacht der Welt aus dem
Weg gehen? Was kurzfristig vernünftig wirkt, wäre ein Verrat an den grundlegenden politischen Werten der europäischen Gemeinschaft.

Auch die USA, die eine Putin-freundliche Politik mit der Förderung
der demokratischen Werte in Russland zu vereinbaren suchen, befänden

sich in der Klemme, obwohl Washington weniger direkt betroffen wäre als die Staaten der EU. Auch die Amerikaner dürften momentan kaum ein Bedürfnis nach einer ernsthaften Konfrontation mit Moskau verspüren. Sollte sich im Kreml jedoch eine zunehmend autoritäre und außenpolitisch aggressive Führung etablieren, wären die alten Ressentiments und Denkmuster des Kalten Kriegs schnell wieder präsent. Dann könnte in den USA ein dramatischer Meinungsumschwung ganz ähnlich wie in den ersten Jahren nach 1945 einsetzen, während Europa wahrscheinlich erneut zum Appeasement neigen würde.

Noch ist ein solches Szenario so wenig wahrscheinlich, dass sich die politischen Entscheidungsträger nicht mit ihm auseinander setzen müssen. Doch gerade um eine solche Entwicklung frühzeitig abzuwenden, wäre es nützlich, wenn die Regierungen in den USA und in Europa der Moskauer Führung schon jetzt möglichst deutlich machen, dass ein diktatorisch und imperialistisch agierendes Russland als adäquater Partner nicht mehr in Frage käme und an wirtschaftlichen Vorteilen massiv verlieren würde. Der Kalte Krieg ist zwar glücklicherweise vorüber, und seine auf dem Hitler-Syndrom beruhenden Verhaltensmuster bieten kein Zukunftsmodell für die Ost-West-Beziehungen der nächsten Jahre, aber ein wenig mehr Härte in den Ansagen westlicher Politiker wäre sicher nicht fehl am Platz.

Die Überwindung des Hitler-Syndroms

Am Morgen des 3. November 2004 ging ein Seufzer der Enttäuschung durch Europa: Mit Ausnahme der Polen hatte sich die große Mehrheit der Europäer einen Wahlsieg des demokratischen Präsidentschaftskandidaten John Kerry gegen Amtsinhaber George W. Bush gewünscht. Die Hoffnungen auf eine Entspannung schienen dahin. Doch in den Wochen nach Bushs Wiederwahl verbesserte sich das transatlantische Klima: Die Europäer akzeptierten die Entscheidung der Amerikaner, und die Bush-Regierung suchte einen neuen Dialog mit den europäischen Verbündeten. Seine Europareise im Februar 2005 inszenierte Bush als Versöhnungsfeier mit Jacques Chirac und Gerhard Schröder, den beiden schärfsten Kritikern des Irakkriegs.

Ein wichtiger Impuls war eine Änderung in der Rhetorik der US-Regierung: Nicht mehr der Kampf gegen das Böse in der Welt steht nunmehr im Vordergrund, sondern der Vormarsch des Guten. In seiner Vereidigungsrede im Januar 2005 verlor Bush kein Wort über den Krieg gegen den Terror, Al-Qaida oder die »Schurkenstaaten«, sondern empfahl die Ausbreitung von Freiheit und Demokratie als besten Weg zur Sicherung des Weltfriedens. »Das Überleben der Freiheit in unserem Land hängt zunehmend von dem Erfolg der Freiheit in anderen Ländern ab«, verkündete er. »Es ist daher die Politik der USA, das Wachstum von demokratischen Bewegungen und Institutionen in jeder Nation und Kultur zu fördern, mit dem endgültigen Ziel, die Tyrannei in unserer Welt zu beenden.«

Diese idealistische, aber kämpferische Botschaft ist kein völliger Sinneswandel. Sie entspricht immer noch der Denkweise der amerikanischen Neokonservativen, zeugt allerdings auch vom Einfluss der Thesen des ehemaligen sowjetischen Dissidenten Nathan Sharansky, der nach Israel auswanderte, dort in die Politik ging und als Minister dem Kabinett von Ariel Scharon angehört. In seinem Buch *The Case for Democracy* beschreibt Sharansky die Demokratie als Allheilmittel gegen Angst, Repression und Krieg. Wenn ein amerikanischer Präsident diese Rhetorik übernimmt, klingt das für europäische Ohren naiv und angesichts der Unterstützung der USA für so viele Diktaturen auch verlogen. Dazu kommt, dass Sharanskys Botschaft ein simplistisches Weltbild widerspiegelt, das jenem des Hitler-Syndroms entspricht: Mit Diktaturen lässt sich nicht verhandeln, sie müssen bedingungslos bekämpft werden. Trotzdem ist es für skeptische Europäer leichter, sich mit dem Ziel der Demokratisierung als mit einer Kriegserklärung zu identifizieren, zumal die Idee der Demokratie in den Monaten nach Bushs Wiederwahl einige beeindruckende Erfolge erzielt hat: In der Ukraine verhinderte die »orangene Revolution« einen massiven Wahlschwindel und brachte Viktor Juschtschenko an die Macht; im Irak gab die Mehrheit der Bevölkerung trotz der großen Gefahr, von Terroristen ermordet zu werden, bei den ersten freien Wahlen ihre Stimme ab; und auch in anderen arabischen Staaten – von Saudi-Arabien über Ägypten bis zum Libanon – zeigen sich zögerliche Schritte in Richtung Demokratisierung.

Ein weiterer taktischer Grund für die Verbesserung der transatlantischen Beziehungen ist die wachsende Ratlosigkeit gegenüber den internationalen Krisen: Waren Amerikaner und Europäer vor dem Irakkrieg fest davon überzeugt, jeweils die einzig richtige Antwort auf das Problem Saddam Hussein zu kennen – Angreifen sagten die einen, Verhandeln die anderen –, so bieten sich für die Krisenherde von Iran bis Nordkorea keine derart eindeutigen Lösungen an. Weder Amerikaner noch Europäer wissen wirklich, wie man dem Iran begegnen soll, denn sogar eine von Bush eingesetzte Kommission hat nicht mehr herausgefunden, als dass die Geheimdienstinformationen über den Stand des iranischen Atomwaffenprogramms zu ungenügend seien, um klare Entscheidungen zu treffen. Ebenso lückenhaft ist die Wissenslage über Nordkorea, ebenso unklar sind die strategischen Optionen zur Verhinderung seines Atomprogramms. Der Kampf gegen Terror war leichter, als Osama bin Laden Al-Qaida von Afghanistan aus lenkte, während heute unzählige Zellen in aller Welt Operationen planen und durchführen.

Die Reflexe von Amerikanern und Europäern gegenüber internationalen Bedrohungen sind prinzipiell gleich geblieben, etwa im Umgang mit dem Iran: Als Bush im Frühjahr 2005 erklärte, er würde die diplomatischen Initiativen der Europäer unterstützen, schwang die Drohung eines Militärschlags stets mit. Und als europäische Politiker ihre Frustration über die Hinhaltetaktik der Mullahs zugaben und Konsequenzen androhten, konnte man heraushören, dass dies nur halbherzig erfolgte und eine Hintertür für weitere Verhandlungen offen blieb. Immer noch erscheint den Europäern die US-Politik als kriegstreiberisch, während die Amerikaner die europäischen Politiker für zu nachgiebig halten.

Dennoch sind zumindest Ansätze vorhanden, dem Dialog der Schwerhörigen zu entkommen, der die transatlantischen Beziehungen mehrere Jahre geprägt hat, und die Basis für eine gemeinsame oder zumindest abgestimmte Politik neu zu beleben. In einem ersten Schritt dorthin müssen sich beide Seiten der nicht ganz rationalen Tendenzen der anderen bewusst werden, ohne die daraus folgenden politischen Präferenzen von vornherein zu disqualifizieren. Das Hitler-Syndrom ist ein Faktor der amerikanischen Außenpolitik, und in Europa ist die Appeasement-Mentalität immer vorhanden. Trotzdem kann es sein, dass in bestimmten Situationen die jeweilige Sichtweise jenseits des Atlantiks Recht behält. Daher sollte man von gegenseitigen Schuldzuweisungen und Pauschalverurteilungen zugunsten einer sachlichen Beurteilung der aktuellen Konfliktlage Abstand nehmen. Wenn Bush für ein hartes Vorgehen gegen ein bestimmtes Regime plädiert, steht dahinter nicht zwangsläufig eine irrationale Kriegslust, sondern möglicherweise eine wohl überlegte Taktik. Wenn Europäer zu Vorsicht mahnen und der Diplomatie eine Chance geben wollen, kann sich das als Schlüssel für eine friedliche Lösung erweisen. Krieg oder Frieden? Militärisches Handeln oder Diplomatie? Das sind Fragen der Umstände, keine Fragen des Charakters, und es gibt kein historisch begründetes Patentrezept, das eine schlüssige Antwort darauf zu allen Zeiten liefert.

Die richtige Reaktion auf Bedrohungen hängt von der Natur der Bedrohung ab, und diese erkennt man häufig erst, wenn sie bereits vorüber ist. Im Sommer 1914 haben die europäischen Großmächte zu schnell gehandelt, 1938 zu langsam. Winston Churchill hat 1940 mit seiner Standfestigkeit Europa vor der NS-Barbarei gerettet, doch der nordirische Polizeioffizier, der 1969 auf katholische Demonstranten schießen ließ, hat seinem Land nur Unglück gebracht. Im Vietnamkrieg wurde eine Gefahr bekämpft, die es auf diese Weise gar nicht gab, im zerfallenden Jugoslawien wurde die Bedrohung, die von Slobodan Milošević' Regime ausging, hingegen unterschätzt. Wie die Geschichte über den Irakkrieg von 2003 urteilen wird – als neues Vietnam oder als Beginn einer positiven Entwicklung in der arabischen Welt –, werden wir erst in einigen Jahren wissen.

Das heißt aber nicht, dass man resignieren und die politischen Weichenstellungen dem Zufall überlassen sollte. Selbst in Zeiten der Unsicherheit gibt es Möglichkeiten, Außenpolitik effektiver zu gestalten und das Risiko des politischen Irrweges zu minimieren. Da die Erfahrung aus einer Krise nicht unbedingt auf die nächste übertragbar ist, müssen alle Seiten präzise beobachten und nüchtern analysieren, vernünftige Argumente vorbringen und die Bereitschaft zeigen, aufgrund neuer Fakten oder Entwicklungen einen einmal eingeschlagenen Kurs zu korrigieren. Vor allem aber müssen sich die Entscheidungsträger der Folgen einer falschen Politik bewusst sein. Das »Worst-Case-Szenario«, das Militärs so gerne als Grundlage ihrer Entscheidungen nehmen, kann genauso durch das Handeln wie durch das Nicht-Handeln eintreten. Eine vorausschauende Politik unter unsicheren Bedingungen beginnt nicht mit Vorpreschen, sondern mit Vortasten. Dabei ist es auch in dieser Phase wichtig, die Optionen für ein entschlossenes Handeln in der Tasche zu haben und diese einzusetzen, sobald die Umstände danach rufen. Geschichtliche Parallelen können sich als nützlich erweisen, geben aber keine eindeutigen Lösungen vor. Die Geschichte wiederholt sich selten, so wie man es erwartet – nicht einmal, wie Karl Marx einst behauptete, als Farce.

Energischer Multilateralismus

Kritiker machen der amerikanischen Außenpolitik zwei grundsätzliche Vorwürfe: dass sie erstens allein und zweitens falsch entscheidet. Den Unilateralismus der Bush-Regierung bewerten die Europäer als Verstoß gegen die internationale Ordnung. Wenn dieser noch dazu in militärische Entscheidungen wie den Irakkrieg mündet, geht der außenpolitische Konsens vollends verloren. In den USA wird das ständige Pochen vieler europäischer Regierungen auf die Vereinten Nationen dagegen als Taktik empfunden, um ein entschlossenes Handeln in Eigenverantwortung auf jeden Fall zu vermeiden. Der Weg zu einer effektiveren gemeinschaftlichen Politik des Westens beginnt daher mit der Frage nach den richtigen Entscheidungsprozessen in der internationalen Arena.

Nicht nur unter US-Republikanern wachsen seit den Neunzigerjahren die Frustrationen über die Vereinten Nationen und deren multilaterales Krisenmanagement, legte die UNO doch in den Balkankriegen, in Ruanda oder gegenüber den ständigen Verletzungen von UNO-Resolutionen durch Saddam Hussein massive Schwächen an den Tag. Die Antwort der Bush-Regierung – eine radikale Absage an die UNO und die Entscheidung für einen überheblichen Unilateralismus – stellt allerdings keine wirkliche Alternative dar, sondern birgt noch größere Gefahren in sich.

Der Hauptvorwurf gegen die USA und Großbritannien vor und während des Irakkriegs lautete, dass diese ohne UNO-Mandat handelten und dadurch das Völkerrecht verletzten. Die Kritik ist im Prinzip berechtigt, aber nur dann relevant, wenn man das Völkerrecht als übergeordnete Rechtsordnung betrachtet, der sich jede Nation unterordnen muss – so wie jeder Bürger die Gesetze seines Staates zu befolgen hat. Doch diese Analogie hält einer genaueren Prüfung nicht stand, denn weder in seiner Rechtsprechung noch in der Umsetzung ist das Völkerrecht mit den zwingenden Normen eines demokratischen Rechtsstaats zu vergleichen. Es bleibt ein juristisch-politisches Konstrukt: nützlich als Orientierungshilfe, aber nicht die letzte Instanz über Recht und Unrecht.

Die Probleme beginnen damit, dass die Regierungen vieler UNO-Mitglieder ihre Bürger nicht einmal im eigenen Land legitim vertreten. Zwar hat die Zahl der UNO-Staaten, die vorbehaltlos Demokratien genannt werden können, seit dem Zusammenbruch des Kommunismus deutlich zugenommen, aber nach wie vor kann man nicht behaupten, dass eine Abstimmung unter den 191 Staaten in der UNO-Vollversammlung automatisch den Willen der Weltbevölkerung widerspiegelt. Die Vollversammlung hat in internationalen Konflikten letztlich nur eine beratende Funktion, das entscheidende Gremium ist der Weltsicherheitsrat. Dort geht die Macht von den fünf ständigen Mitgliedern aus, die das Recht haben, jeden Entschluss durch ein Veto zu blockieren. Von diesen Ländern sind nur die USA, Frankreich und Großbritannien wahre Demokratien, die wiederum nur sich selbst und nicht die große »freie Welt« vertreten. China ist eine Diktatur, wo der Wille des Volks kaum gehört und oft brutal unterdrückt wird; und Russland bleibt von einer echten Demokratie noch immer weit entfernt. Beide sind nicht nur wegen ihres Hangs zur Unterdrückung anderer Völker – von Tibet bis Tschetschenien – keine glaubwürdigen Vollstrecker einer liberalen Weltordnung. Die übrigen zehn Mitglieder des Weltsicherheitsrates – in jüngster Zeit zum Beispiel Deutschland, Chile, Pakistan, Algerien, Syrien oder Spanien – werden von der Vollversammlung aufgrund einer geografischen Quotenregelung für jeweils zwei Jahre gewählt und können streng genommen ebenso wie die ständigen Mitglieder nur für sich, nicht aber für alle Staaten der Welt sprechen. Kein Mitglied des Sicherheitsrates ist durch Wahlen berechtigt, die globalen Interessen der gesamten Weltbevölkerung zu vertreten. Doch ohne demokratische Legitimierung fehlt den Beschlüssen einer Regierung die moralische Autorität – das gilt für einen Staat genauso wie für eine imaginäre »Weltregierung« unter dem Dach der Vereinten Nationen.

Hinzu kommt, dass die Umsetzung von UNO-Entschlüssen selten reibungslos verläuft. Keine nationale Verfassung wird innerhalb eines Staats so lückenhaft eingehalten wie die UNO-Charta in der Welt. Es gibt schließlich weder eine Weltpolizei noch eine Weltarmee, und die Souveränität einer Nation besitzt einen hohen Stellenwert. Ein UNO-Mandat für eine militärische Intervention gegen ein rechtsbrüchiges Mitgliedsland ist nur unter besonderen Umständen zu erreichen – die Besetzung Kuwaits durch den Irak 1990 war eine solche Ausnahme. Realpolitisch spielt die UNO zwar eine wichtige und konstruktive Rolle, die durch die Reformvorschläge ihres Generalsekretärs Kofi Annan noch verstärkt werden kann. Aber was in der Weltpolitik richtig und falsch ist, kann nicht allein die Frage entscheiden, ob eine Resolution im Weltsicherheitsrat zustande kommt oder nicht.

Die in Washington weit verbreitete Skepsis gegenüber den Vereinten Nationen ist daher nicht ganz unberechtigt, die Absage an den Multilateralismus durch die Bush-Regierung hingegen schon. Denn abgesehen von den politisch-ethischen Fragen sind multilaterale Entscheidungsprozesse einfach effektiver als unilaterale – genauso wie pluralistische Demokratien den Diktaturen meist überlegen sind. Der Multilateralismus öffnet den Blick für andere Meinungen und Perspektiven, er ermöglicht eine intelligentere Diskussion und eine tiefer gehende Erforschung des Gegners. Er löst die Politiker aus ihrer Fixierung auf die öffentliche Meinung im eigenen Land und den innenpolitischen Druck ebenso wie aus den Denkmustern der Geschichte, die aus dem Hitler-Syndrom hervorgegangen sind. Ein multilaterales Handeln ist meist ein pragmatisches Handeln. Eine breite internationale Koalition kann den notwendigen militärischen

Druck auf Aggressoren kreieren und dabei den Unterhändlern genügend Zeit lassen, um alle diplomatischen Optionen auszuloten.

Allerdings besteht bei multilateralen Entscheidungsprozessen stets die Gefahr, dass sich die beteiligten Staaten gegenüber akuten Bedrohungen nur auf ein Mindestmaß an gemeinsamen Positionen einigen können – etwa eine zaghafte Resolution, eine neuerliche Verhandlungsmission oder ineffektive Wirtschaftssanktionen –, die vom Aggressor nicht ernst genommen werden. Gefordert ist ein »energischer Multilateralismus«, der dort bremst, wo Nachdenken nötig ist, und dort handelt, wo Gefahr in Verzug ist. Er baut nicht ausschließlich auf die UNO, sucht aber – anders als die wechselnden »Koalitionen der Willigen« der Bush-Regierung – sehr wohl den Konsens mit gleich gesinnten Staaten – in Ostasien mit Japan und Südkorea, in der alten Welt mit den großen europäischen Verbündeten. Für solche informellen Allianzen bieten sich Staaten mit ähnlichen Werten und Interessenslagen an, aber auch Russland und China können sich in manchen Konflikten als nützliche Verbündete erweisen. Schließlich sind beide Mächte genauso daran interessiert, dass unberechenbare Länder wie der Iran oder Nordkorea nicht in den Besitz von Atomwaffen gelangen.

Wer heute ein Beispiel für erfolgreichen Multilateralismus sucht, findet ihn am ehesten innerhalb der EU. Die Union wird zwar vielfach für langsame Entscheidungen und mühsame Kompromisse verurteilt, und ihre gemeinsame Außen- und Sicherheitspolitik besteht erst in Ansätzen. Aber dort, wo gemeinsame Interessen betroffen sind, handeln die 25 Mitgliedsstaaten immer wieder rasch und effektiv. Das reicht von der Außenhandelspolitik bis zum Erweiterungsprozess, der seit mehr als einem Jahrzehnt Stabilität nach Ostmitteleuropa exportiert und nun auch die Türkei auf den Weg zur liberalen Demokratie nach westlichem Vorbild führt. Selbst das internationale Krisenmanagement der EU wird im Vergleich zu den Neunzigerjahren allmählich besser: Während der »orangenen Revolution« in der Ukraine Ende 2004 haben der designierte EU-Außenminister Xavier Solana und andere europäische Politiker wie Polens Staatspräsident Aleksander Kwaśniewski erfolgreich jene Mittlerrolle gespielt, die bis dahin den Amerikanern vorbehalten war.

Doch auf der weltpolitischen Bühne bleibt Europa eine zweitrangige Macht. Nur die USA besitzen die politische und militärische Muskelkraft, Aggressoren einzudämmen, abzuschrecken oder zu besiegen. Und was immer man von der amerikanischen Politik halten mag, sie bleibt die mächtigste Verteidigungslinie gegen die Barbarei. Zwar begehen auch die USA immer wieder Verstöße gegen die Menschenrechte und das Völkerrecht, grundsätzlich aber bleiben sie auf dem richtigen Weg, der zumindest vom Anspruch her der Verbreitung von Demokratie und Marktwirtschaft dient. Die USA haben keine territorialen Ansprüche an andere Staaten und betreiben keine systematische Ausbeutung. Man mag der Globalisierung in ihrer real existierenden Form skeptisch gegenüberstehen, doch die von den USA forcierte freie Marktwirtschaft erweist sich für Milliarden von Menschen als der beste Weg zu mehr Wohlstand und Sicherheit.

In ihren unilateralen Reaktionen auf die Terrorangriffe des 11. September ist die amerikanische Hypermacht an die Grenzen ihrer Möglichkeiten gestoßen. Sie kann die Expertise und die Vernunft der Europäer genauso brauchen wie ihre wirtschaftlichen Ressourcen und ihre »weiche Macht«, ihr Ansehen im Rest der Welt. Als Forum für einen energischen Multilateralismus bietet sich daher vor allem die NATO an. Mit dem Ende des Kalten Kriegs hat die Nordatlantische Allianz an militärischer Bedeutung verloren und sucht derzeit etwas verzweifelt eine neue Rolle. In den vergangenen Jahren drohte sie zunehmend zwischen den außenpolitischen Ambitionen der EU und der Missachtung durch die USA aufgerieben zu werden. Der Aufruf des deutschen Bundeskanzlers Gerhard Schröder zur Reform der NATO ist im Februar 2005 unter den meisten Verbündeten zunächst auf Skepsis gestoßen, weil er nicht abgesprochen war. Von der Sache her aber war der Vorstoß konstruktiv. Eines der Ergebnisse der Europareise von US-Präsident George W. Bush war dann auch die Aufwertung der NATO. Gerade weil in der Allianz die Militärs den Ton angeben, genießt sie mehr Glaubwürdigkeit in Washington als andere internationale Organisationen. Und das NATO-Prinzip der Einstimmigkeit verhindert, dass die USA oder andere große Staaten die kleineren überfahren können.

Ein größerer Einfluss der NATO bedeutet keine neue Blockbildung, aus der Mächte wie Russland, China oder Indien sich ausgeschlossen fühlen. Es geht hier um die Schaffung eines Forums, in dem demokratische Staaten multilaterale Politik diskutieren, beschließen und koordinieren, ohne dass sie von den oft unberechenbaren Mehrheitskonstellationen im Weltsicherheitsrat der UNO und vor allem vom Abstimmungsverhalten Russlands und Chinas abhängig sind. Natürlich ist es besser, wenn die Regierungen in

Moskau und Peking in eine politische oder militärische Intervention eingebunden sind, aber es sollte keine zwingende Voraussetzung zum Handeln sein. Der Kosovokrieg, der wegen Russlands Widerstand ohne UNO-
Mandat, aber mit dem Segen der NATO geführt wurde, steht auch Jahre
später immer noch als vorbildlicher Akt für eine internationale Allianz
gegen Menschenrechtsverletzungen und Aggression, auch wenn der Suche
nach einer nachhaltigen Lösung bislang kein Erfolg beschieden war. Welche Fehler auch immer vor und während des Kosovokriegs begangen wurden – das Fehlen eines UNO-Mandats war das geringste Problem.

Viele europäische Kommentatoren schieben die Schuld am Niedergang des Multilateralismus den USA und vor allem den Neokonservativen
in der Bush-Regierung zu. Von allen Fehlern der heutigen US-Politik ist die
Unfähigkeit, den Verbündeten zuzuhören, der schwerst wiegende. Ein Umdenken ist von dieser Regierung kaum zu erwarten. Aber es liegt auch an
den Europäern, die Amerikaner wieder von den Vorzügen des Multilateralismus zu überzeugen. Nach Bushs Wiederwahl ist diese Aufgabe dringli-
cher denn je. Der Weg dorthin führt jedoch weder über die kritiklose Ein-
ordnung in eine »Koalition der Willigen« noch über das reflexartige
Anprangern der amerikanischen Politik, sondern über einen konstruktiven
Dialog, der für den nüchternen Umgang mit Bedrohungen unumgänglich
ist. Das erfordert von Europa eine stärkere Bereitschaft zum entschlossenen
politischen und militärischen Handeln sowie eine rasche Modernisierung
der europäischen Streitkräfte, die immer noch für den Abwehrkrieg gegen
die sowjetischen Panzer statt für Kriseneinsätze in fernen Ländern gerüstet
sind. Deutschland und die anderen EU-Staaten werden ihre Truppen künf-
tig auch in Kampfzonen und nicht nur zum Wiederaufbau einsetzen müssen. Zwei Jahre nach dem Krieg gegen den Irak wird es höchste Zeit, dass
Europa dieses Schlüsselland der Nahost-Region nicht länger als rein amerikanisches Problem betrachtet und sich dort engagiert. All das kostet Geld,
möglicherweise auch Menschenleben. Aber es ist der einzige Weg, wenn
Europa von den USA als Partner für einen energischen Multilateralismus
ernst genommen werden will. Damit können die Europäer ihren Ruf als
Appeaser und realitätsferne Utopisten, den sie bei den konservativen Meinungsmachern in Washington genießen, am besten widerlegen.

Ein solcher Multilateralismus lässt die Möglichkeit eines unilateralen
Vorgehens eines oder mehrerer der beteiligten Länder offen. Derzeit ist ein

solcher Alleingang ausschließlich seitens der USA realistisch, für die Zukunft aber ist es auch vorstellbar, dass Europa in einem Krisenherd eingreifen will, während die US-Regierung aus innenpolitischen Überlegungen auf die Bremse tritt. Es gibt dramatische Situationen, etwa bei einem Genozid, in denen die Pflicht zum Handeln Vorrang haben muss gegenüber dem Wunsch nach internationaler Abstimmung. Doch es ist unwahrscheinlich, dass bei einer echten humanitären Katastrophe oder einem offenen Akt der Aggression kein Bündnis zustandekommt. Wenn es um Bedrohungen der internationalen Ordnung und der Menschenrechte geht, verfolgen demokratische Gesellschaften die gleichen Interessen und ziehen daher am gleichen Strang. In all den Fällen, in denen sich in den vergangenen Jahren die USA zu unilateralem Handeln gezwungen sahen, weil die europäischen Verbündeten sich weigerten zu kooperieren, waren die Argumente für eine Intervention nicht überzeugend und erwiesen sich nach dem amerikanischen Alleingang als äußerst fragwürdig. Dies war in Vietnam genauso der Fall wie zuletzt im Irak. Die kritische Haltung der Verbündeten bleibt das beste Korrektiv für unüberlegte Handlungen.

Engagement und Containment

Doch welche Art der Politik soll sich aus den multilateralen Entscheidungsprozessen ergeben? Gemeinsam zu handeln heißt ja noch nicht, richtig zu handeln. In den ersten Jahren des Balkankriegs war die Politik zwischen den USA und der EU abgestimmt – und hat dennoch versagt. Und auch wenn sich Amerikaner und Europäer heute in der Iranpolitik einigen, bleibt die Frage offen, ob durch den eingeschlagenen Weg das Mullah-Regime von seinem nuklearen Kurs abgebracht werden kann.

Das größte Problem beim Umgang mit politischen Bedrohungen ist, wie in diesem Buch immer wieder betont wurde, das unsichere Wissen über deren Natur und deren Potenzial – ihr Potenzial zum Bösen wie auch zur Reform und Besserung. Eine große, aber klar erkennbare Bedrohung mag für einzelne Staaten Existenz gefährdend sein, für die internationale Staatengemeinschaft aber ist sie manchmal leichter handhabbar als eine geringere Bedrohung, die sich nicht so genau einschätzen lässt. Im letzteren Fall ist es für die beteiligten Staaten schwieriger, ein gemeinsames Vorgehen abzustimmen und eine geschlossene Front aufrechtzuerhalten. Ein solcher Feind erfordert ein entschlossenes, aber gleichzeitig flexibles Vorgehen – eines, das ihn von Aggressionen abschreckt und gleichzeitig Anreize bietet, sein Verhalten zu ändern. Stattdessen sieht er sich oft einer Staatengemeinschaft gegenüber, die uneinig, unentschlossen und in den entscheidenden Momenten unflexibel agiert.

Die Wahl der angemessenen außenpolitischen Mittel lässt sich eben nicht in eine für alle Situationen passende Formel gießen. Aber auf der Suche nach dem richtigen Umgang mit Aggressoren formulierte vor 60 Jahren der Vordenker der amerikanischen Außenpolitik, George Kennan, eine Strategie, die auch angesichts der heutigen Krisen äußerst nützlich erscheint. Containment – die Eindämmung eines Aggressors – war genau jener Mittelweg zwischen Konfrontation und Appeasement, der bei schwer abschätzbaren Bedrohungen den größten Spielraum und damit die größte Chance auf Erfolg bietet. Kennan hatte keinerlei Illusionen über die grausame Natur des Stalinismus, doch er legte die Betonung auf Stalins defensiven und sogar paranoiden Charakter. Dabei ging es ihm darum, einen militärischen Konflikt mit der Sowjetunion zu vermeiden, ohne substanzielle Konzessionen zu machen. Die Zeit, davon war Kennan überzeugt, würde zugunsten des freien Westens arbeiten: Die Konfrontation mit der Sowjetunion solle durch einen langsamen Regimewandel und nicht durch einen gewalttätigen Regimewechsel beendet werden. Mit Entsetzen musste er ansehen, wie seine Prinzipien des Containment später als Rechtfertigung für eine andauernde Konfrontationspolitik verwendet wurden. Er entwickelte sich zunehmend zum deklarierten Kritiker der amerikanischen Politik im Kalten Krieg und blieb bis zu seinem Tod mit 101 Jahren im März 2005 ein Gegner einer übermäßig militarisierten Außenpolitik.

In den Grundzügen ist das Containment auf gegenwärtige Konflikte übertragbar. Es beruht darauf, einer direkten militärischen Konfrontation so weit wie möglich aus dem Weg zu gehen und auf indirektem Wege eine Änderung des Verhaltens zu erzielen. Das gelingt dann am besten, wenn man das gegnerische Regime in ein Netz von politischen und wirtschaftlichen Abhängigkeiten verstrickt, ohne sich selbst abhängig zu machen. Das Beispiel der Schweiz und Schwedens, die im Zweiten Weltkrieg Hitlers Militärmaschine durch Goldgeschäfte und Rohstofflieferungen funktionstüchtig erhielten, ist nicht typisch für die Zeit nach 1945. Die Erfahrungen der vergangenen Jahrzehnte haben gezeigt, dass wachsende Beziehungsgeflechte mit der Außenwelt in vielen Diktaturen einen langsamen Regimewandel auslösen – am dramatischsten in China, aber auch in der Sowjetunion und den Satellitenstaaten. Vielleicht haben die Kremlherrscher gedacht, sie könnten den Handel mit dem Westen zur Stärkung der eigenen Macht ausnützen, aber sie haben sich dabei verrechnet. Anders als die Kommunisten in Moskau ist Fidel Castro in Havanna hingegen immer noch an der Macht – einzementiert durch die destruktive Isolations- und Boykottpolitik der USA. Ohne ein langfristig angelegtes Engagement fehlen nicht nur die Anreize, die ein Regime zum Wandel anspornen, sondern auch die Druckmittel, mit denen Fehlverhalten ohne Rückgriff auf militärische Mittel sanktioniert werden kann.

Verfolgt man eine solche politische Strategie, darf man sich nie dazu verleiten lassen, die Grausamkeit und das Aggressionspotenzial des Gegners zu unterschätzen oder gar zu ignorieren. Gutgläubigkeit ist genauso gefährlich wie die Missachtung der moralischen Werte bis hin zum »nihilistischen Relativismus«, den Hannah Arendt anprangerte. Diese Lehre aus dem Scheitern der Appeasement-Politik gegenüber dem Dritten Reich bleibt gültig, auch wenn sie im Hitler-Syndrom pervertiert worden ist. Auch hier hat Kennan mit seinen Warnungen vor Stalin ein Exempel statuiert. Containment bedeutet, ständig auf der Hut zu sein, sich nicht auf pure Versprechungen zu verlassen, Verletzungen früherer Vereinbarungen nicht zu akzeptieren oder sich durch eine Salami-Taktik ständig neue Zugeständnisse abringen zu lassen. Genauso muss die jeweilige Führungsmacht – in der Praxis die USA oder die EU – darauf achten, dass die Verbündeten nicht aus Eigeninteresse aus der geschlossenen Front ausscheren. Und niemals darf man in eine Entspannungspolitik so viel investieren, dass ein Kurswechsel nicht mehr oder nur unter großen Verlusten möglich ist. Das Beziehungsgefährt muss politisch lenkbar bleiben. Wenn Engagement keinen Erfolg zeigt und die Gefahr wächst, dann müssen die Fähigkeit und die Bereitschaft zum raschen militärischen Handeln vorhanden sein. Der potenzielle Aggressor muss sich genügend fürchten, damit er sich bei jedem seiner Schritte die möglichen Konsequenzen überlegt.

Containment ist die ideale Antwort auf die Bedrohungen der heutigen Zeit. Auch die USA wissen, dass ein Angriff auf den Iran oder Nordkorea nur in einer Katastrophe münden würde. Der Weg der beiden Regimes zur Atommacht muss gestoppt werden, ohne sie in ihrer Existenz zu bedrohen.

Ebenso kann kein Krieg das Phänomen des Dschihad-Terrorismus aus der islamischen Welt vertreiben; und dennoch lässt sich die Terrorgefahr durch die Wahl der richtigen Mittel eindämmen. Sogar im Nahost-Konflikt bietet Containment eine Antwort auf die Frage, wie man der Gefahr, die von den palästinensischen Extremisten für den Friedensprozess ausgeht, am ehesten begegnen kann: Hamas, Islamischer Dschihad und andere Terrororganisationen lassen sich nicht mit Gewalt auslöschen, aber ihr Einfluss kann durch eine sensible Politik, die auf die Psychologie der Palästinenser Rücksicht nimmt, zurückgedrängt werden. Mit Palästinenserpräsident Mahmud Abbas scheint Israel einen brauchbaren Partner für diese schwierige Aufgabe gefunden zu haben.

Rückblickend hat sich gezeigt, dass zwischen den beiden Irakkriegen von 1991 und 2003 auch gegenüber Saddam Hussein die westliche Containment-Politik ihren Zweck erfüllte. Dies betont der amerikanische General und zeitweilige Nahost-Vermittler Anthony Zinni in einer vernichtenden Kritik an der Bush-Regierung im Mai 2004: »Der erste Fehler, der in die Geschichtsbücher eingehen wird, ist der Glaube, dass eine Containment-Politik nicht funktioniert. Sie hat sicherlich gegenüber der Sowjetunion funktioniert, gegenüber Nordkorea und anderen. Sie ist nicht angenehm durchzuführen, sie erfordert ständig Truppen, und es gibt Zeiten mit Gewalt. Aber Containment ist deutlich billiger als die Alternative, wie wir jetzt herausfinden.«

In Bezug auf den Irak ist diese Debatte vorbei. Was immer man von der Entscheidung der Bush-Regierung hält, Saddam Hussein gewaltsam zu stürzen, die Politik hat neue Fakten im Mittleren Osten geschaffen – neue Risiken und neue Möglichkeiten. Die anhaltende Gewalt im Irak geht Hand in Hand mit einem Erwachen der Demokratie in manchen arabischen Ländern, die Bushs umstrittene Entscheidungen vielleicht eines Tages in einem anderen Licht erscheinen werden lassen. Aber gerade in einer solchen Phase des Umbruchs ist eine Politik des umsichtigen Vortastens gefordert, die tatsächliche Bedrohungen weder übersieht noch überzeichnet, die vom Verstand und nicht von Emotionen oder falschen Lehren aus der Geschichte gesteuert wird. Ein ähnliches Fingerspitzengefühl wird notwendig sein, wenn die politische Entwicklung in China und Russland in eine gefährliche Richtung geht und die beiden Staaten durch eine aggressive Politik ihre Nachbarn oder ganze Regionen bedrohen.

Es wäre dabei falsch zu fordern, dass der Westen in all diesen Fragen immer nur Geschlossenheit zeigt. Gewisse Meinungsverschiedenheiten sind nicht nur zulässig, sondern sogar erwünscht, weil sie die Qualität der Debatte verbessern. Entscheidend bleibt, dass anderslautende Positionen als ebenso legitime Einschätzungen einer schwierigen Lage und nicht von vornherein als gefährliche Irrwege gewertet werden. Wer auf diese Weise agiert, wird zwischen Raubtieren und Bienenschwärmen unterscheiden können. Er wird sich nicht vom Hitler-Syndrom treiben lassen und dennoch nicht in die Falle des Appeasement tappen. Ein solcher pragmatischer Zugang gegenüber weltpolitischen Gefahren bietet den USA und Europa die größte Chance, sich im Nahen Osten, im Iran, im Kampf gegen den islamistischen Terrorismus sowie in allen anderen internationalen Krisenherden auf ein gemeinsames Vorgehen zu verständigen. Und darin liegt der Schlüssel für eine sicherere Welt. Auch im neuen Jahrhundert bleibt es eine lebenswichtige Erkenntnis: Die mächtigste Waffe gegen alle Tyrannen und Aggressoren ist die transatlantische Einigkeit.

Literatur

Albright, Madeleine, *Madame Secretary – Die Autobiographie*. Bertelsmann, München 2003.

Arendt, Hannah, *Elemente und Ursprünge totalitärer Herrschaft*. Piper, München 2003.

Ash, Timothy Garton, *Freie Welt. Europa, Amerika und die Chance der Krise*. Carl Hanser, München 2004.

Bender, Peter, *Das Ende des ideologischen Zeitalters. Die Europäisierung Europas*. Severin und Siedler, Berlin 1981.

Brzezinski, Zbigniew, *The Choice: Global Domination and Global Leadership*. Basic Books, New York 2004.

Burke, Jason, *Al-Qaida*. Winkler, Düsseldorf 2005.

Clarke, Richard, *Against All Enemies*. Hoffmann & Campe, Hamburg 2004.

Clinton, Bill, *Mein Leben*. Econ, Berlin 2004

Daalder, Ivo H. und James M. Lindsay, *America Unbound: The Bush Revolution in Foreign Policy*. Brookings Institution Press, Washington (DC) 2003.

Eberstadt, Nicholas, »The Persistence of North Korea«. *Policy Review* Nr. 127, Oktober 2004.

Elon, Amos, *Nachrichten aus Jerusalem*. Fischer, Frankfurt, 1998.

Enzensberger, Hans Magnus, »Hitlers Wiedergänger«. *Der Spiegel*, 6/1991 (4. Februar 1991).

Ferguson, Niall, *Der falsche Krieg*. Deutscher Taschenbuch Verlag, München 2001.

Ferguson, Niall, *Empire: How Britain Made the Modern World*. Penguin Books, London 2004.

Flynn, Stephen, *America the Vulnerable: How Our Government Is Failing to Protect Us from Terrorism*. HarperCollins, New York 2004.

Frey, Eric, *Division and Détente: The Germanies and Their Alliances.* Preager, New York 1987.

Frey, Eric, *Schwarzbuch USA.* Eichborn, Frankfurt 2004.

Frisch, Max, *Biedermann und die Brandstifter.* Suhrkamp, Frankfurt 1996.

Frum, David und Richard Perle. *End to Evil: How to Win the War on Terror.* Ballantine Books, New York 2003.

Gaddis, John Lewis, *Strategies of Containment: A Critical Appraisal of Postwar American National Security Policy.* Oxford University Press, Oxford 1982.

German Marshall Fund. *Transatlantic Trends 2004. www.transatlantic-trends.org.*

Gordon, Philip und Charles Grant, »A Compact Between the United States and Europe«. *www.brookings.edu/comm/news/20050216compact.htm*

Harrer, Gudrun, *Kriegs-Gründe.* Mandelbaum, Wien 2003.

Hedges, Chris, *War is a Force that Gives Us Meaning.* Anchor Books, New York 2003.

Hersh, Seymour M., »The Coming Wars«. *The New Yorker*, 24. Januar 2005.

Holbrooke, Richard, *To End A War.* Random House, New York 1998.

Joffe, Josef, »Die Offensive des Islamo-Faschismus«. *Die ZEIT* 13/2004 (19. März 2004).

Kagan, Robert, *Macht und Ohnmacht. Amerika und Europa in der neuen Weltordnung.* Siedler, Berlin 2003.

Kennan, George, »The Sources of Soviet Conduct«. *Foreign Affairs*, Juli 1947.

Lewis, Bernhard, *Der Untergang des Morgenlandes.* Lübbe, Bergisch Gladbach 2002.

May, Ernest, *Lessons of the Past: The Use and Misuse of History in American Foreign Policy.* Oxford University Press, Oxford (UK) 1975.

Miller, Steven (Hrsg.), *Military Strategy and the Origins of the First World War.* Princeton University Press, Princeton (NJ) 1985.

National Commission on Terrorist Attacks Upon the United States, *The 9/11 Report.* St. Martin's Press, New York 2004.

Neustadt, Richard und Ernest May, *Thinking in Time: The Uses of History for Decision Makers.* Free Press, New York 1988.

Nye Jr., Joseph S., *Das Paradox der amerikanischen Macht.* Europäische Verlagsanstalt, Hamburg 2003.

Oberdorfer, Don, *The Two Koreas: A Contemporary History*. Addison Wesley, Reading (MA) 1997.

Orwell, George, *1984*. Ullstein, Berlin 1994.

Podhoretz, Norman, »World War IV: How It Started, What It Means, and Why We Have to Win«. *Commentary*, September 2004.

Pollack, Kenneth, *The Persian Puzzle*. Random House, New York 2004.

Pollack, Kenneth und Ray Takeyh, »Taking on Teheran«. *Foreign Affairs*, März/April 2005.

Posen, Barry, *The Sources of Military Doctrine: France, Britain and Germany Between the World Wars*. Cornell University Press, Ithaka (NY) 1984.

Powers, Samantha, *A Problem from Hell: America and the Age of Genocide*. Basic Books, New York 2002.

Prestowitz, Clyde, *Schurkenstaat*. Winkler, Düsseldorf 2004.

Rüb, Matthias, *Der atlantische Graben. Europa und Amerika auf getrennten Wegen*. Zsolnay, Wien 2004.

Schelling, Thomas, *The Strategy of Conflict*. Harvard University, Cambridge (MA) 1960.

Schmidt, Helmut, *A Grand Strategy for the West*. Yale University Press, New Haven (CT) 1985.

Segev, Tom, *Die siebte Million. Der Holocaust und Israels Politik der Erinnerung*. Rowohlt, Hamburg, 1995.

Sharansky, Nathan, *The Case for Democracy*. Public Affairs, New York 2004.

Silber, Laura und Allan Little, *Bruderkrieg*. Styria, Graz 1995.

Tuchman, Barbara, *August 1914*. Fischer, Frankfurt 1996.

Tuchman, Barbara, *Die Torheit der Regierenden*. Fischer, Frankfurt 1989.

Waltz, Kenneth, *Man, the State and War: A Theoretical Analysis*. Columbia University Press, New York 1954.

Woodward, Susan, *Balkan Tragedy: Chaos and Dissolution After the Cold War*. Brookings, Washington (DC) 1995.

Register